Collection
MENTION

Gestion & Management

La collection Mention

À paraître

Collection
MENTION

Gestion & Management

Commencez avec les meilleurs professeurs

EYROLLES

Groupe Eyrolles
61, bd Saint-Germain
75240 Paris cedex 05

www.editions-eyrolles.com

Annexes et bibliographies

Les annexes et les bibliographies sont accessibles en ligne à l'adresse :

www.editions-eyrolles.com/mention

ISBN : 978-2-212-53882-3

Sommaire

Chapitre 1

Qu'est-ce qu'une entreprise ?

ROBERT PAPIN

Fondateur d'HEC Entrepreneurs,
agrégé de l'université,
président de l'European Entrepreneurship
Education (Fondation 3E).

Une entreprise est-elle une exploitation de l'homme par l'homme ? L'émanation d'un système capitaliste qui permet à des patrons d'imposer leur volonté aux salariés ? Une unité économique qui crée la richesse d'un pays ? Un lieu où des hommes et des femmes peuvent satisfaire leurs aspirations et s'épanouir ?

La liste des définitions qui ont été données de l'entreprise est sans limites. Certains économistes vous diront volontiers qu'une entreprise est une entité au sein de laquelle un certain nombre d'hommes et de femmes apportent leurs compétences pour produire des biens ou des services et les vendre afin de réaliser des profits. Ces profits permettront de rémunérer les différents facteurs de production sous la forme de salaires versés aux employés, d'intérêts payés aux prêteurs d'argent (les banquiers), d'impôts réclamés par l'État et les collectivités locales, et de profits distribués à ceux qui sont juridiquement les propriétaires de l'entreprise (un entrepreneur individuel ou les actionnaires qui ont apporté le capital ayant permis de créer une société).

Cette longue définition traduit imparfaitement la réalité, parce qu'il existe des entités à but non lucratif, telles les associations, et que certaines entreprises publiques n'ont pas pour vocation première de réaliser des profits, mais de satisfaire à faibles prix de vente des besoins considérés par l'État comme des besoins d'intérêt général (transports urbains, acheminement du courrier, distribution d'électricité, etc.).

Notre définition est également réductrice par rapport à la réalité parce qu'il existe peu de points communs entre la microentreprise commerciale, artisanale ou de services constituée d'une seule personne, et la multinationale qui emploie des milliers de salariés et commercialise des centaines de produits différents vendus dans le monde entier.

La France compte environ 2,6 millions d'entreprises. Quelque 52 % d'entre elles n'emploient aucun salarié et 41 % emploient de 1 à 9 salariés. Cela signifie que 93 % de nos entreprises sont des TPE, de très petites entreprises qui comptent moins de 10 salariés. Les entreprises de 10 à 250 salariés, considérées comme des PME par la législation européenne, représentent à peine 7 % du nombre total des entreprises, et les grandes entreprises, de plus de 250 salariés, à peine 0,1 % de ce nombre total.

LES ENTREPRISES EXISTENT DEPUIS L'APPARITION DU PREMIER HOMME SUR TERRE

Les besoins élémentaires d'entretien, de sécurité et d'être respecté

Nous avons défini l'entreprise comme la réunion d'un certain nombre d'hommes et de femmes qui rassemblent leurs compétences pour produire des biens ou des services et les vendre afin de réaliser des profits. Sous sa forme la plus dépouillée, l'entreprise peut être une entreprise individuelle constituée d'un seul individu. L'objectif de cet individu est certes de gagner de l'argent, mais il est d'abord de satisfaire le besoin de se nourrir, de se vêtir, de sécurité (se loger, se protéger contre des agresseurs), mais aussi le besoin d'être respecté et de s'épanouir dans son activité professionnelle.

Si la vocation d'une entreprise est de satisfaire les besoins ci-dessus mentionnés, alors les entreprises sont aussi vieilles que le monde et Adam est l'ancêtre de tous les entrepreneurs. Pour assurer sa subsistance, il consacrait probablement son activité à la cueillette de fruits, et un humoriste déclarerait volontiers que l'arrivée d'Ève a dû lui poser un épineux problème : celui de la désignation du chef. Certains experts vous diront qu'une entreprise peut fonctionner avec plusieurs chefs, comme les coopératives agricoles ou les coopératives ouvrières de production. « Faux », vous répondront d'autres experts qui vous démontreront, à juste titre, que ces structures juridiques ne fonctionnent bien que si elles ont un chef efficace à leur tête.

Ce type de débat n'aurait pas intéressé les descendants directs d'Adam et Ève, préoccupés non seulement d'assurer leur besoin d'entretien, mais également leur besoin de sécurité contre les prédateurs prêts à leur voler le fruit de leurs chasses ou de leurs cueillettes. Ce besoin de sécurité justifiait la désignation de chefs de guerre capables de donner l'exemple et d'organiser, de coordonner, de contrôler l'action de leurs « subordonnés » pour les mener au combat avec le maximum d'efficacité.

Du besoin de sécurité au besoin de conquête

Partant de l'idée que la défensive n'a jamais permis de gagner une guerre, le besoin de sécurité des premiers hommes s'est rapidement traduit en besoin de conquête, et c'est pourquoi les entreprises les plus redoutables ont été les entreprises militaires.

Même si les entrepreneurs modernes ne peuvent être assimilés aux premiers guerriers, ces mêmes guerriers devaient se vêtir et disposer d'armes fabriquées par des individus plus doués pour le travail manuel que pour le maniement des haches de pierre, des lances et des massues. Ces premiers artisans devaient échanger le fruit de leur travail contre de la nourriture. Ils pratiquaient donc le troc et c'est pourquoi le commerce remonte lui aussi à la nuit des temps.

Par ailleurs, s'il est osé d'assimiler les entreprises guerrières à nos entreprises modernes, il convient toutefois de signaler que la stratégie des grandes entreprises s'est largement inspirée des concepts développés par la stratégie militaire, et nombre de dirigeants de PME invoquent volontiers les concepts de guérilla qui ont été développés par Mao Tsé-toung. Ce dernier a notamment écrit que l'important n'était pas d'avoir en toutes circonstances des moyens supérieurs à ceux de l'adversaire, mais de disposer de cette supériorité de moyens aux lieux et aux moments critiques, d'où l'importance de la mobilité, du secret et de l'information sur les projets et ressources de l'adversaire, du concurrent.

Mao Tsé-toung a puisé ses écrits dans Sun Tzu, auteur d'un ouvrage, *l'Art de la guerre*, rédigé voici maintenant plus de 2 000 ans, et Sun Tzu a lui-même été largement influencé par Wu Ch'i. Ce général chinois est né vers 430 avant Jésus-Christ et il fut un exceptionnel chef de guerre dans l'État de Wei, à l'époque des royaumes combattants. Durant cette période, des armées bien entraînées, rassemblant plusieurs centaines de milliers d'hommes, étaient capables de manœuvrer d'une manière indépendante ou coordonnée en exécutant des ordres transmis par des sonneries, des gongs, des tambours et des bannières. La plupart de ces armées disposaient d'un état-major réunissant de nombreux spécialistes : météorologues, cartographes, officiers d'intendance, ingénieurs. Elles pratiquaient la stratégie et la tactique avec grand art, et certains experts militaires ont affirmé qu'elles auraient été capables de causer à Alexandre le Grand infiniment plus de tracas que ne le firent les Grecs, les Perses ou les Indiens.

La stratégie et la tactique militaire ne sont pas nées avec Wu Ch'i. Elles existent depuis que les hommes se battent, et la troisième dynastie de l'ancienne Égypte a excellé dans ces domaines. Cette dynastie est née environ 2 700 ans avant notre ère et c'est sous la quatrième dynastie, entre 2600 et 2500 avant notre ère, que les trois grandes pyramides de Gizeh ont été érigées. Ces œuvres gigantesques ont été le fruit de véritables entreprises qui ont mobilisé des milliers d'hommes et au sein desquelles régnait une division du travail comparable à celle des grandes entreprises européennes du XIXe siècle. Tous ceux qui travaillaient sur ces chantiers étaient rémunérés, et les maîtres artisans et architectes avaient atteint un tel niveau d'excellence que certaines confréries du bâtiment les considèrent aujourd'hui comme leurs ancêtres.

L'activité de négoce

Cependant, même s'il existe des preuves évidentes que des entreprises commerciales, artisanales et de services existent depuis la nuit des temps, la plupart des auteurs d'ouvrages économiques affirment volontiers que les premiers entrepreneurs de l'histoire ont été des marchands. L'*Iliade* et l'*Odyssée* d'Homère mentionnent leur existence en Grèce dès le XIe siècle avant notre ère ; et dès le IIIe millénaire avant J.-C., les Phéniciens organisent des expéditions vers les empires égyptiens ou assyriens pour échanger des produits locaux (éventuellement des esclaves) contre des produits exotiques. Ces expéditions sont à haut risque mais, si elles réussissent à échapper aux pirates et aux tempêtes, les profits peuvent être considérables.

Au IVe siècle avant notre ère, le commerce se développe dans le bassin méditerranéen sous l'impulsion des Crétois, des Phéniciens et des Grecs, qui vendent dans tout l'Orient des étoffes, des armes, du vin, de l'huile ou du papyrus.

Les thalassocraties grecques, en particulier Athènes, vont impliquer l'État dans ce commerce en le réglementant. À partir du IIe siècle av. J.-C., la Chine et surtout l'Empire romain organisent les marchés commerciaux afin d'améliorer la fluidité, la sécurité des échanges, et de profiter du marché d'un bassin méditerranéen qui possède déjà quelque 80 millions de consommateurs potentiels.

L'activité industrielle est cependant balbutiante. Elle voit le jour à proximité des mines, qui sont généralement propriété de l'État mais dont l'exploitation est concédée à des particuliers. La production industrielle reste essentiellement domestique ou concentrée en de petites unités consacrées à la fabrication d'armes ou de produits textiles. L'économie dans son ensemble est une économie d'autosuffisance et elle survit grâce aux prélèvements de ressources effectués sur l'ensemble des territoires conquis. Ce sont les armées qui profitent de l'innovation technique, rarement les activités de production.

La décadence de l'Empire romain au IVe siècle et les grandes invasions, à partir du Xe siècle, vont provoquer le déclin du commerce et il faudra attendre le Moyen Âge pour assister à un regain du négoce. Aux XIe, XIIe et XIIIe siècles, des cités italiennes et hanséatiques s'enrichissent avec le commerce maritime, qui repose sur des entrepreneurs capables de prendre des risques et de lancer des projets d'envergure. Ce sont les prémices d'une organisation moderne de l'entreprise avec la séparation des fonctions de direction, d'exécution et de production.

L'activité bancaire

L'activité bancaire existe depuis longtemps : elle puise probablement ses racines dans les temples, des lieux protégés qui pouvaient abriter des trésors. Les prêtres, et notamment les prêtres sumériens, à partir du IVe millénaire avant J.-C., prêtaient une partie de ces trésors et demandaient à être remboursés pour un montant légèrement supérieur au montant des prêts. Avec l'apparition de la monnaie, ces activités se déplaceront vers les orfèvres, les collecteurs d'impôts, mais il faudra attendre le Moyen Âge pour assister à la création d'une véritable activité bancaire sous l'impulsion de banquiers italiens. Ces derniers tirent leur nom des bancs de bois sur lesquels ils échangent les monnaies ou remettent, en contrepartie de celles-ci, des lettres de change qui peuvent être transformées à leur tour en monnaie par d'autres banquiers.

Au XIVe siècle, la banque d'affaires apparaît à Florence et à Gênes autour de grandes familles qui créent des sociétés anonymes, mais aussi et surtout des sociétés en commandite. Dans ces dernières, les commanditaires apportent les capitaux et reçoivent une partie des profits réalisés. Les commandités, le plus souvent des marchands, organisent les expéditions et sont responsables des fonds qui leur sont confiés. Cette structure juridique existe encore aujourd'hui.

L'activité industrielle

L'invention de l'imprimerie et la découverte de l'Amérique au XVe siècle entraînent un nouvel essor du commerce international. Les premières entreprises industrielles apparaissent, le plus souvent à partir d'entreprises marchandes, comme ces drapiers anglais qui se regroupent pour monter des ateliers de tissage.

Mais c'est à partir de la fin du XVIIe siècle que l'Angleterre connaît une véritable révolution industrielle grâce à l'invention de la machine à vapeur. Cette invention débouche sur la création du métier à tisser et sur la naissance d'une véritable industrie textile. Au XIXe siècle, la machine à vapeur débouche également sur la construction des chemins de fer, lesquels entraînent la naissance d'industries, comme celle de l'acier, et la création de grandes entreprises industrielles. Celles-ci sont bâties pour durer. Elles emploient des milliers d'ouvriers, mobilisent de plus en plus de capitaux, favorisent l'innovation technologique et permettent à des milliers de salariés de recevoir un revenu régulier. Ces salariés deviennent des consommateurs dont le pourvoir d'achat augmente, ce qui permet le développement du commerce et la création de grands magasins.

Les débuts de l'entreprise moderne

À la fin du XIXe siècle, de nouveaux secteurs d'activité apparaissent avec la chimie, l'électricité, les télécommunications, le pétrole. Une deuxième révolution industrielle permet aux industries lourdes de se développer au sein de groupes tels que Krupp et Wendel. La production de masse devient une réalité, l'éducation se développe, des journaux sont créés, le client est à présent l'objet de sollicitations, et l'on commence à parler de marketing et de publicité.

Le XXe siècle voit la naissance de l'automobile et l'émergence de nouvelles méthodes de production. Ford met en œuvre la fabrication à la chaîne et des consultants tels que Taylor prônent l'organisation scientifique du travail. Celle-ci repose sur la décomposition de ce travail en tâches élémentaires, sur la spécialisation des ouvriers, l'optimisation des temps de fabrication, la rémunération au rendement. L'individu a le sentiment de devenir un robot, mais il faut produire au maximum pour satisfaire des besoins considérables.

Deux guerres mondiales vont donner un coup de frein au développement économique de l'Europe en provoquant la destruction des infrastructures et des coupes sombres en vies humaines. Au lendemain de la Seconde Guerre mondiale, il faut reconstruire et à nouveau produire le maximum de biens et de services pour répondre à des besoins considérables.

Les entreprises sont donc en position de force. Elles sont protégées de la concurrence par des droits de douane élevés et leurs bénéfices leur permettent de former les milliers de diplômés qu'elles peuvent embaucher. Elles recherchent des hommes et des femmes possédant de solides connaissances techniques, et la mission des patrons est d'organiser, de coordonner et contrôler les moyens de production qu'ils ont à leur disposition. Les postes de commandement sont généralement occupés par des ingénieurs et techniciens, le management des entreprises est le plus souvent un management autocrate ou paternaliste, et la mission des subordonnés est d'exécuter ce que veut le chef, sous peine d'être sanctionnés.

UN NOUVEAU TYPE DE MANAGEMENT

Un monde en perpétuelle mutation

En 1973, la première crise du pétrole va favoriser l'émergence d'un nouveau type de dirigeant. Cette année-là, beaucoup de services de planification stratégique de grandes entreprises disparaissent, parce qu'ils n'ont pas été capables de prévoir cette crise du pétrole. Pire encore, cela ne sert plus à grand-chose de planifier à cinq ou dix ans, car les dirigeants vont désormais évoluer dans un environnement bousculé.

Les besoins élémentaires des consommateurs dans les pays occidentaux sont satisfaits et l'influence de ces consommateurs sur les décisions des entreprises a fortement augmenté. Les barrières douanières sont tombées, le coût du transport maritime et aérien a chuté, la diffusion des informations est quasi instantanée, et la concurrence, auparavant locale, est devenue une concurrence internationale. Les marges bénéficiaires des entreprises sont donc dorénavant beaucoup plus faibles, et le moindre incident conjoncturel peut provoquer leur disparition. Par ailleurs, le rythme d'apparition de nouveaux produits et de nouvelles technologies s'est accéléré, et les pouvoirs publics ont réduit la liberté de manœuvre des entreprises en intervenant dans des domaines aussi variés que la politique des prix, du crédit, la législation sociale ou la fiscalité.

La nécessaire adaptation du dirigeant

Un dirigeant ne peut donc plus se contenter de gérer le quotidien. Sous peine de périr très vite, il doit sortir de sa tour d'ivoire pour évoluer dans un monde en perpétuelle mutation, un monde où l'initiative, l'ouverture d'esprit et l'aptitude à s'adapter ont pris le pas sur la prudence et l'expérience.

Depuis plusieurs décennies, ces changements de valeurs ont affecté toute la vie de l'entreprise. Aux titres, on commence à préférer les performances, aux diplômes, la formation permanente. Les grandes firmes augmentent leur souplesse en créant de petites unités décentralisées. Aux règlements et procédures, elles substituent de plus en plus la gestion par objectifs. La hiérarchie et l'autorité perdent leur rigidité au profit des « commandos » et de l'autodiscipline. Plutôt que l'obéissance et la prudence, nombre de dirigeants privilégient désormais le goût du risque et de l'initiative. Là où le patron du passé ne voyait que des problèmes, le patron performant préfère ne voir que des opportunités. L'avenir appartient dès lors à une nouvelle race d'entrepreneurs.

Les dirigeants qui réussissent à s'abstraire du quotidien pour réfléchir à l'avenir, anticiper les évolutions et détecter les opportunités, ceux qui sont capables de faire ensuite réagir très vite leurs collaborateurs pour que l'entreprise saisisse ces opportunités, ceux-là possèdent des atouts incomparablement plus précieux que la connaissance du métier ou l'aptitude à organiser, coordonner et contrôler, qualités que les managers du passé continuent d'exiger de leurs subordonnés.

Le dirigeant de la nouvelle économie doit ainsi repenser en permanence ses processus de fabrication et sa chaîne logistique, tirer profit de l'informatique à tous les niveaux de la gestion, favoriser le partage des informations et augmenter la polyvalence de ses collaborateurs. Pour atteindre ce dernier objectif, il doit disposer de structures flexibles et réactives qui favorisent la délégation, mais également la collaboration de tous ceux qui sont engagés dans le processus d'innovation, quelles que soient la nature de leur activité et leur position dans la hiérarchie.

Face à la nouvelle économie

Les chefs d'entreprise qui évoluent dans les secteurs producteurs ou utilisateurs de haute technologie et tous ceux qui utilisent de la main-d'œuvre hautement qualifiée sont entrés dans une économie de la connaissance, dans un « knowledge management ». Est-ce à dire que tous les autres dirigeants resteront condamnés à comprimer leurs coûts pour résister à leurs concurrents ?

Certes non, car l'adaptation aux besoins de la clientèle a toujours été une nécessité, quelles que soient la taille de l'entreprise et la nature de ses activités. Par ailleurs, les nouvelles technologies de l'information et de la communication sont exploitables par tous les dirigeants. Enfin et surtout, le succès du manager de demain a toujours été largement conditionné par ses qualités de stratège, de meneur d'hommes et de gestionnaire. L'émergence de la « Net-économie » a simplement mis en exergue l'importance de la curiosité, de l'imagination et de l'agilité mentale, mais ce sont là des qualités qui ont toujours fait partie de la panoplie du bon stratège. Il n'était pas nécessaire de leur accoler un nouveau terme anglo-saxon ou de laisser entendre que l'adaptation à l'environnement était le privilège de ceux qui évoluent dans les nouveaux métiers d'une « nouvelle » économie.

Face à la concurrence de nouveaux pays émergents et à l'internationalisation

Mais si de nombreux dirigeants ont réussi à tirer profit des mutations provoquées par l'émergence des nouvelles technologies de l'information et de la communication, sauront-ils s'adapter à la concurrence de nouveaux pays émergents ?

Alors que les pays à faibles coûts de main-d'œuvre réservaient hier leurs activités à des produits de faible valeur ajoutée, fabriqués en grandes quantités, de nouveaux pays émergents, tels la Chine, l'Inde et les pays de l'Est, maîtrisent aujourd'hui les nouvelles technologies. Leurs cadres sont performants et leurs coûts de production resteront pendant des décennies inférieurs à ceux des pays développés. Dans tous les secteurs économiques, la concurrence sera donc exacerbée pour les grandes sociétés et pour les PME des pays développés.

Afin de survivre et se développer, les grandes entreprises seront condamnées à perdre leur identité nationale pour devenir internationales. Si elles veulent comprimer leurs coûts et conquérir des parts de marché dans les pays émergents, elles devront augmenter la mobilité internationale de leurs ressources humaines et financières, réduire l'impact des pesanteurs sociales et fiscales de leur pays d'origine, transférer, si nécessaire, leur siège et leurs centres de recherche hors de nos frontières, et confier les postes clés à des étrangers.

Pour satisfaire des actionnaires souvent étrangers, beaucoup de patrons privilégieront la rentabilité à court terme en imposant à leurs subordonnés des objectifs trop ambitieux, susceptibles de les démotiver. D'autres patrons de grandes firmes réaliseront que la source du succès n'est pas dans l'enrichissement financier personnel, mais dans l'épanouissement de leurs collaborateurs, de leur famille, de leur entreprise, de leur pays. Ces patrons-là continueront de privilégier les vertus de la fidélité, de la générosité et du respect d'autrui. Nul doute qu'en insufflant ces valeurs à leurs collaborateurs, ils sauront mobiliser ces derniers pour affronter la concurrence avec de sérieux atouts.

Mais qu'adviendra-t-il des PME qui constituent les forces vives de notre économie ? Si les dirigeants de ces entreprises se sont endurcis dans la crise, beaucoup d'entre eux gaspillent une partie de leur énergie dans la résolution de mille difficultés quotidiennes qui les empêchent de rester ouverts sur leur environnement pour y détecter les opportunités et les dangers.

Motiver durablement les collaborateurs

Le grand défi de ces patrons consiste à déléguer de véritables responsabilités à des collaborateurs désireux de les exercer. Pour motiver ces collaborateurs, le chef d'entreprise doit leur proposer un grand dessein. Comme le disait si bien Kissinger, la compression des coûts ou l'augmentation des profits ne permettra jamais de motiver durablement un collaborateur, quel que soit le charisme de son patron. Par contre, la possibilité de rendre service à autrui et notamment aux clients, en améliorant la qualité des prestations qui leur sont proposées, pourrait bien constituer le grand dessein exposé par Kissinger. Cela pourrait également augmenter la rentabilité de l'entreprise et permettre à celle-ci de mieux résister à la concurrence des grandes sociétés.

Cette convergence entre les motivations des collaborateurs et l'intérêt du dirigeant pourrait en outre conduire le dirigeant à faire évoluer son style de management sans avoir le sentiment de violer sa propre personnalité. En effet, si les collaborateurs et leur supérieur hiérarchique sont unis dans le désir de mieux servir le client, le patron sera enclin à ne voir en ces collaborateurs que les qualités susceptibles de servir la clientèle, au lieu de mettre en exergue des défauts difficiles à corriger. Il percevra plus rapidement leur véritable potentiel, acceptera plus volontiers de leur donner de véritables responsabilités et de les former pour qu'ils atteignent des objectifs ambitieux. Il en fera donc des hommes et des femmes « debout », qui seront fiers des produits ou des services vendus par l'entreprise, fiers de servir le client, fiers d'expérimenter et fiers de gagner.

Cependant, quelle que soit la taille de l'entreprise, qu'il s'agisse d'une PME ou d'une grande société, les dirigeants performants devront toujours cultiver leurs qualités de meneurs d'hommes, de stratèges et de gestionnaires financiers.

Les entreprises naissent, se développent et meurent comme les êtres humains

Janvier 1990 : Robert Pilas a 22 ans, il est marié et travaille depuis six ans avec son père artisan maçon. Il a été formé « à la dure » et connaît donc le métier. Il décide de se mettre à son compte en créant une petite entreprise spécialisée dans la pose du carrelage. Son père a rencontré le propriétaire d'une chaîne de supermarchés qui souhaite installer un point de vente dans la région. Il accepte de confier à Robert la pose de 600 mètres carrés de carrelage dans le nouveau supermarché.

Grâce à ses économies, Robert achète un petit camion d'occasion et obtient un modeste prêt personnel de son banquier pour acquérir une bétonnière et un micro-ordinateur. Son père lui donne l'outillage dont il a besoin, ainsi qu'un petit terrain sur lequel il pourra entreposer son matériel. Le premier client de Robert accepte de lui verser un premier acompte grâce auquel il achètera le carrelage qu'il doit poser.

Avec l'aide de la chambre des métiers, Robert accomplit un petit stage de formation à la gestion et s'inscrit comme artisan maçon avant d'embaucher un compagnon en contrat à durée déterminée. Ce compagnon l'aidera à réaliser son premier chantier. Robert est désormais patron d'une entreprise individuelle, et son épouse Michèle prendra les rôles de secrétaire, comptable, facturière. Michèle ne connaît pas grand-chose en comptabilité, mais cette comptabilité est très simple et l'expert-comptable de son beau-père se chargera des relations avec l'administration fiscale. Il rédigera également les bulletins de salaire du compagnon.

Robert se lance avec enthousiasme dans l'aventure. Chaque matin, il se lève à 5 heures, prend rapidement son petit déjeuner et part au volant de son camion pour s'approvisionner en sable et ciment auprès d'un fournisseur de matériaux. À 8 heures, il est sur le chantier, heureux, dit-il, de commencer enfin sa journée de travail avec son compagnon. Tard le soir, il rejoint son domicile pour rédiger des devis, organiser le travail du lendemain, dîner hâtivement et se coucher pour se relever à 5 heures le lendemain.

Robert vit dans l'enthousiasme, mais son épouse vit dans la crainte de voir disparaître toutes les économies du ménage. Lui ne s'en rend pas compte et, comme beaucoup de créateurs, il ne partage avec Michèle que ses soucis, très rarement ses rêves d'avenir, sans réaliser que sa femme pourrait être tentée de divorcer. Pourtant Robert pourrait préserver son ménage s'il prenait un peu de temps pour discuter avec Michèle de ses projets, afin qu'elle ait le sentiment d'en partager avec lui la paternité. S'il essayait d'expliciter avec elle ses motivations, ses objectifs et ce qui le rendrait pleinement heureux dans la vie, il augmenterait d'ailleurs très fortement ses chances de succès, car les dirigeants qui ont fait l'effort de bien se connaître réussissent dans la vie.

Il est effet beaucoup plus facile d'atteindre un objectif ambitieux dès lors que l'on sait quel est cet objectif. Cela permet notamment de surmonter le sentiment de découragement que l'on éprouve lorsqu'on constate que tous les amis qui nous ont incité à créer une entreprise nous laissent curieusement tomber quand nous leur demandons de mettre un peu d'argent dans notre projet. Comme ils se sentent un peu coupables de nous abandonner, ils sont ensuite tentés de nous demander s'il ne serait pas prudent d'abandonner notre projet !

De nombreux créateurs vivent très mal cette situation, et ceux qui réussissent à surmonter les mille petits obstacles à la création d'entreprise éprouvent le sentiment grisant de prendre une revanche sur ceux qui prédisaient leur échec. Beaucoup se prennent alors pour des « Rambo du management » qui vont mesurer leur efficacité à leur capacité à régler eux-mêmes mille difficultés quotidiennes. C'est probablement la raison pour laquelle ces dirigeants-là ont tendance à s'entourer de simples exécutants, afin de continuer de résoudre eux-mêmes mille petits problèmes qu'ils auraient pu déléguer. Ces patrons ne réalisent pas qu'en s'entourant de simples exécutants et en prenant sur leurs épaules les responsabilités des autres, ils deviennent prisonniers du quotidien et n'ont plus le temps de rester ouverts sur leur environnement pour y détecter les opportunités et les dangers.

C'est dans la capacité d'un dirigeant à percevoir ses motivations, et sur sa vision du futur de son entreprise que réside en partie son aptitude à vaincre les obstacles à la création et au développement de cette entreprise. C'est en sachant quels objectifs il désire atteindre dans cinq ans ou dix ans qu'il trouvera la force de s'entourer de collaborateurs auxquels il donnera de véritables responsabilités, afin qu'ils puissent contribuer à la réalisation des objectifs de leur dirigeant. C'est en aidant en permanence ces collaborateurs à relever des défis qu'il en fera des hommes et des femmes fiers de leur métier.

Les patrons qui, en revanche, se laissent guider par les événements, éprouveront tôt ou tard des difficultés à surmonter les obstacles qui les attendent. Cela a été le cas pour Robert Pilas.

Trois ans après avoir créé son entreprise, la chance sourit à notre dirigeant. Après trois années de vaches maigres durant lesquelles il s'est battu pour décrocher de petits chantiers, il entre dans une phase de croissance et d'euphorie. Sa compétence est reconnue, il est devenu le spécialiste de la pose de carrelages en grandes surfaces. Pour faire face à la demande, il a embauché une douzaine d'ouvriers et deux contremaîtres. La structure de son entreprise ressemble à un râteau : le manche représente le chef, qui commande les dents du râteau, à savoir de simples exécutants auxquels Robert demande juste de comprendre rapidement et d'exécuter tout aussi rapidement ce qu'il veut.

Michèle a laissé tomber la comptabilité et le secrétariat, qui devenaient trop compliqués, pour se consacrer à l'éducation de leurs deux enfants. Robert l'a remplacée par Françoise, une secrétaire comptable au fort tempérament qui va prendre en mains la comptabilité et tenir l'agenda de son patron. Ce dernier est présent sur tous les chantiers, son chiffre d'affaires a fortement augmenté et c'est peut-être pourquoi il commence à penser que les difficultés appartiennent au passé. Hélas, un jour son banquier l'appelle : le compte bancaire de Robert accuse un fort découvert et certains fournisseurs viennent de présenter des factures pour un montant important. Impossible pour la banque d'augmenter ses crédits à court terme. Que s'est-il passé ?

Robert a tout simplement oublié le petit stage de management accompli avant de s'installer comme artisan. Ses clients sont des supermarchés qui le règlent généralement à 60 jours. Cela signifie qu'en moyenne, pour l'ensemble des chantiers d'une année, les crédits clients représentent 60 jours de chiffre d'affaires annuel, soit 1/6e de ce chiffre d'affaires annuel. Si ce même chiffre d'affaires est de 12 millions d'euros, alors le montant des crédits consentis aux clients représente en moyenne 2 millions d'euros. Ce montant, qui n'est pas disponible pour payer les charges de l'entreprise, constitue un besoin permanent qui devrait être financé grâce à la rentabilité de l'entreprise. Si cette rentabilité est insuffisante, le dirigeant devra solliciter des crédits bancaires à court terme, et si le chiffre d'affaires de l'entreprise augmente de 25 % pour atteindre 15 millions, alors le crédit clients augmentera lui aussi de 25 % pour atteindre 2,5 millions d'euros, soit une augmentation de 500 000 euros. Si le banquier refuse d'augmenter ses crédits à court terme, l'entreprise ne pourra pas payer ses fournisseurs ou ses salariés et elle sera en *dépôt de bilan*.

Robert échappe miraculeusement à cette catastrophe, car son père accepte de vendre sa maison de campagne pour prêter à son fils la somme dont il a besoin, mais Michèle a failli quitter le domicile conjugal avec les deux enfants. Il oublie l'incident, tout en sachant qu'il convient de ne pas augmenter inconsidérément son chiffre d'affaires lorsque cette augmentation ne débouche pas sur un accroissement de bénéfices suffisant pour financer ce que l'on appelle le *besoin en fonds de roulement*.

Robert va alors donner un nouvel essor à son affaire et entrer dans une phase de confort et d'autosatisfaction. Il crée des filiales dans quatre départements et modifie sa structure juridique pour adopter le statut de société anonyme. Il décide en outre de recruter des cadres. Il se charge lui-même de ce recrutement, et les candidats sont agréablement surpris de constater que Robert consacre beaucoup plus de temps à parler de lui qu'à faire parler ses interlocuteurs. Alors qu'il aurait pu choisir des hommes et des femmes désireux de se dépasser, il choisit des individus à l'échine souple, respectueux et sympathiques. La structure de l'entreprise va ressembler à un soleil en caoutchouc. Le roi-soleil occupe le centre du dispositif, et la distance entre le roi et ses sujets est fonction de la capacité de ces derniers à saisir et exécuter rapidement ce que veut le roi.

Comme un individu peut comprendre plus ou moins rapidement des instructions données entre deux portes, la distance entre tel ou tel collaborateur et le chef va varier au gré des circonstances, c'est pourquoi la structure prend la consistance du caoutchouc. Le chef modifie en permanence les responsabilités de chacun, « court-circuite » en permanence la hiérarchie, et quand tel ou tel responsable d'un service veut obtenir des informations sur tel ou tel autre service, il doit passer par le bureau du patron ; Françoise, qui est toujours là, lui fait alors comprendre qu'il met son nez dans ce qui ne le regarde pas. Une philosophie s'instaure donc très vite dans l'entreprise : faire ce que veut le chef et ne pas s'occuper du reste. Les cadres n'exercent plus de véritables responsabilités, qui reposent entièrement sur les épaules du patron. Ce dernier est heureux, car il peut consacrer tout son temps à résoudre mille difficultés.

Michèle est également heureuse, car l'entreprise gagne de l'argent. Elle peut donc fréquenter les meilleures boutiques de la ville. Son mari est devenu un notable qui adore raconter sa vie. Membre de la chambre des métiers et de la Fédération du bâtiment, il ne repousse pas l'idée de se présenter comme conseiller général si l'on venait à le solliciter.

Mais il n'aura pas le temps de profiter de cette opportunité : ses quatre filiales lui donnent de plus en plus de soucis. Leurs responsables sont sans cesse pendus au téléphone pour demander des instructions au patron, leur chiffre d'affaires ne correspond pas aux prévisions de Robert, des clients sont mécontents, des compagnons démissionnent et l'expert-comptable évoque des détournements possibles d'argent dans l'un des établissements.

Alors qu'à ses débuts Robert se levait dans l'enthousiasme à 5 heures du matin, il se réveille toujours à la même heure, mais n'a plus la force de sortir du lit avant 7 heures. De 5 à 7 heures, il se tourne donc alternativement vers le passé et vers le futur. Quand il se tourne vers le passé, il est fier de ce qu'il a fait, mais quand il se tourne vers l'avenir, il s'interroge sur ce qu'il faudrait faire pour préserver l'acquis. Il réalise que la rentabilité n'est plus ce qu'elle était auparavant, malgré le développement de l'affaire. Il se doute qu'il conviendrait peut-être de céder la société ou de diversifier ses activités. Mais son fils ne veut pas prendre sa relève, et le prix de cession que Robert a proposé à un acquéreur extérieur est le double de celui que ce dernier pouvait accepter de payer. Quant à diversifier ses activités, Robert est convaincu qu'il n'aura pas la force de s'engager dans une aventure qui pourrait présenter des risques comparables à ceux qu'il a pris lorsqu'il s'est mis à son compte. Quand il se lève à 7 heures pour affronter les mille difficultés quotidiennes, il est déjà fatigué.

Quelques années plus tard, un jeune carreleur plein d'enthousiasme, ancien compagnon de Robert, se met à son compte dans la région après avoir obtenu un beau marché d'un grand de la distribution. Il veut devenir le leader de son secteur. Quinze ans plus tard, son entreprise compte 850 salariés, répartis en 4 sociétés qui ont chacune à leur tête un encadrement performant. Une société est spécialisée dans le carrelage. Les autres consacrent leurs activités au revêtement de sols, au nettoyage des façades, à la location d'échafaudages. Chaque entreprise est leader dans son secteur.

Le patron reste ouvert sur son environnement pour y détecter les opportunités ; il consacre beaucoup de temps à choisir ses collaborateurs et à les former. Lui-même a suivi des cours du soir pour acquérir une formation en gestion financière. Il a créé un centre d'apprentissage et constitué un conseil de surveillance qui rassemble des personnes extérieures qui viennent lui apporter des idées. Et quand il rencontre d'autres dirigeants, ils ne se racontent pas mutuellement leur vie, mais parlent du futur et comparent les performances de leurs sociétés. De jeunes diplômés rêvent désormais de venir travailler dans ce groupe où, de l'apprenti au directeur général, tout le monde est bien dans sa peau, heureux d'exercer des responsabilités, fier de servir les clients, fier de relever des défis, fier de gagner.

Ah, j'oubliais de vous dire que l'entreprise de Robert a disparu depuis quinze ans. Vous avez deviné pourquoi…

Pour aller plus loin, consultez la bibliographie en ligne.

Chapitre 2

Stratégie

Yvan Allaire

Professeur émérite de stratégie,
université du Québec à Montréal (Uqàm),
professeur associé à HEC Montréal,
président du conseil de l'Institut sur la gouvernance
d'organisations privées et publiques

Mihaela Firsirotu

Professeur de stratégie,
université du Québec à Montréal (Uqàm),
titulaire de la Chaire J. Armand Bombardier
en gestion des entreprises transnationales

DÉFINIR LE CONCEPT DE STRATÉGIE

Bien entendu, la stratégie trouve souvent sa cohérence et sa logique implacable après les faits, dans des chroniques et des récits bien structurés. D'ailleurs, les observateurs à l'esprit sceptique prennent un malin plaisir à souligner les aspects accidentels et fortuits des stratégies des entreprises, faisant ainsi jouer un rôle important au hasard et à la chance dans le succès des entreprises. Même certains dirigeants d'entreprise se plaisent à raconter comment telle ou telle « stratégie » fut le résultat de circonstances fortuites. Napoléon ne disait-il pas qu'il préférait un général chanceux à un général talentueux ? Il ne fait aucun doute que le destin des entreprises comme celui des hommes est tributaire en partie, mais en partie seulement, d'une bonne étoile.

Quoi qu'il en soit, la stratégie est toujours présente là où se prennent les décisions qui influent sur le cours des sociétés et des organisations. Amalgame d'intuition et de calcul, soumise aux aléas du hasard, la stratégie reflète néanmoins le jugement et l'expérience des preneurs de décision. Le succès, la pérennité, voire la survie des entreprises sont tributaires des choix stratégiques des dirigeants, ainsi que de leur habileté à exécuter des initiatives stratégiques judicieuses.

> Ainsi, la stratégie d'entreprise, selon notre perspective, est un ensemble cohérent de choix et de mesures à prendre pour réaliser une certaine vision de l'entreprise et créer une valeur économique durable dans un contexte de marché donné.

La stratégie doit toujours chercher à concilier le *souhaitable* et le *réalisable*. Son *exécution* requiert soit le renforcement, soit le changement, soit la mise en place d'un assemblage cohérent de valeurs, de compétences, de ressources, de systèmes de gestion, de processus et de structures pour livrer la stratégie de marché choisie. Nous appelons cet assemblage un *système stratégique*.

Chaque terme de cette définition est important :

1. « Un ensemble cohérent de choix… » : toute stratégie est faite de choix entre les avantages, les coûts et les risques des différentes options qui s'offrent à l'entreprise ; elle comporte des arbitrages (*trade-offs*) entre objectifs et ressources, entre le souhaitable et le réalisable. Ces choix et ces arbitrages doivent être cohérents entre eux et conséquents avec l'objectif de création de valeur économique durable. Dans le monde réel des entreprises, tissé d'intérêts divergents, de calculs individuels et de visions conflictuelles, l'établissement de ces choix cohérents et le maintien de ces arbitrages représentent le premier test du leadership stratégique. La situation suivante, fréquente en pratique, offre un exemple d'arbitrage :

Une entreprise juge qu'il serait souhaitable d'étendre ses activités à de nouveaux marchés géographiques à un rythme accéléré, mais estime que ses ressources sont insuffisantes pour ce faire. Des choix s'imposent à elle :

– ajuster le rythme de développement aux capacités de l'organisation et ainsi risquer que des concurrents s'établissent les premiers dans ces nouveaux marchés, avec tous les avantages que cela confère ;

– déplacer des ressources depuis ses opérations actuelles vers ces nouveaux marchés à fort potentiel, au risque d'affaiblir les opérations actuelles ;

– acquérir rapidement de nouvelles ressources, ce qui suppose un endettement additionnel ou une émission de nouvelles actions (et une dilution des actionnaires actuels), ainsi que le risque de mal choisir ces ressources ou de mal les intégrer.

2. « de mesures à prendre… » : la stratégie doit inclure les principales démarches et mesures qui donnent leur substance aux choix cohérents de la direction, et notamment indiquer la nature et l'ampleur des changements à effectuer quant aux valeurs et aux systèmes de gestion qui ont cours dans l'entreprise.

3. « pour réaliser une certaine vision de l'entreprise… » : ces choix, ainsi que les mesures à prendre, sont guidés et commandés par la conception que la direction se fait de son entreprise, de son développement, de la place qu'elle devrait occuper dans les marchés pertinents.

4. « et créer une valeur économique durable… » : l'entreprise doit dégager à tout le moins une rentabilité suffisante et continue pour payer le juste prix demandé par tous ses fournisseurs, y compris les « fournisseurs » de talents et de capitaux. Une rentabilité insuffisante se traduira, le cas échéant, par un retrait de ces ressources essentielles à la croissance et à la survie de l'entreprise.

5. « dans un contexte de marché donné » : l'entreprise évolue dans un contexte composé de trois marchés distincts. Il s'agit :
   – du *marché des produits et des services,* où elle doit affronter une concurrence plus ou moins vive dans un cadre particulier de réglementations ;
   – du *marché du « talent »,* un talent plus ou moins rare, plus ou moins mobile selon les cadres juridique, sociopolitique et culturel de la société ambiante ;
   – du *marché des capitaux,* qui exerce des pressions plus ou moins fortes sur les orientations et les stratégies de l'entreprise ; les sources de capitaux sont plus ou moins patientes, plus ou moins prédominantes sur les autres « parties prenantes » (*stakeholders*) que sont les employés, les clients, la société civile.

Les pays et les époques diffèrent grandement quant au rôle et à l'importance relative de ces trois marchés pour la gestion stratégique. Les bouleversements dans ces trois marchés au cours des vingt dernières années ont eu une influence profonde, mais encore mal comprise, sur les stratégies des entreprises, le style de leadership et les modes de gestion, voire sur la nature et le rôle mêmes de l'entreprise dans nos sociétés.

De toute évidence, les contextes économique, juridique et sociopolitique propres à chaque société civile encadrent et contraignent la stratégie des entreprises. Les « nouveaux » modes de gestion, les stratégies du jour, les recettes et les panacées à tous les maux des entreprises prennent toujours forme et racine dans les dynamiques sociale, politique et économique d'un lieu et d'une époque. Or, du fait de l'immense capacité de production et de diffusion du système américain en ce domaine, ce lieu et cette époque sont presque toujours les États-Unis d'aujourd'hui.

Dans la mesure où le contexte de l'entreprise canadienne ou européenne s'apparente au contexte américain, il est raisonnable de s'abreuver à cette abondante fontaine. Cependant, il faut faire preuve de discernement. Les valeurs sociales, la mobilité du talent et des ressources, les structures politiques, le système économique et juridique, ainsi que le caractère et le fonctionnement des marchés financiers et commerciaux diffèrent suffisamment entre le Canada et l'Europe, d'une part, et les États-Unis, d'autre part, pour que les enjeux stratégiques des entreprises soient également de nature différente et commandent des stratégies adaptées à leur contexte propre.

Au cours des dernières années tout particulièrement, des concepts et des pratiques de gestion stratégique d'origine américaine se sont propagés à l'échelle mondiale (du moins dans tous les pays développés), bien que leur raison d'être, leur finalité et les valeurs qui les sous-tendent soient essentiellement des produits du système économique et sociopolitique américain. L'imitation servile et l'application dogmatique des approches américaines, parfois remises en question aux États-Unis même, donnent souvent des résultats médiocres et peuvent résulter en des entreprises infirmes, inadaptées à leur véritable contexte.

Nous introduisons ici plusieurs exemples américains pour montrer tel ou tel aspect de la stratégie. Cependant, nous proposons une conception de la stratégie fermement ancrée dans les réalités propres à chaque société, sensible aux différences et critique à bien des égards envers le modèle américain.

QUELLES SONT LES CARACTÉRISTIQUES D'UNE BONNE STRATÉGIE ?

Qu'elle soit privée, publique, gouvernementale ou coopérative, qu'elle soit une multinationale ou une PME, une entreprise n'est finalement que l'aboutissement des choix stratégiques présents et passés de ses dirigeants. Ces choix reflètent des analyses et des intuitions plus ou moins justes, plus ou moins heureuses, et ils mènent à des réalisations plus ou moins conformes aux intentions de départ.

La stratégie dans les entreprises bien gérées procède en deux temps et à deux niveaux. D'une part, il y a toujours une *stratégie en voie d'actualisa-*

tion dans l'entreprise, manifeste dans un flux continu d'activités, d'ini tiatives et d'opérations, conséquence, en partie du moins, de décisions et choix passés ; en ce sens, la « stratégie » donne sa substance présente à l'entreprise. D'autre part, l'avenir de toute entreprise repose sur ce que devrait être sa stratégie pour l'avenir. Les dirigeants doivent « précéder » mentalement leur entreprise, établir ce que deviendra l'entreprise dans sa projection actuelle, définir, si nécessaire, de nouvelles orientations, puis influer sur le cours et la direction de l'entreprise.

« Penser la stratégie », c'est justement s'interroger sur le devenir d'une organisation, sur les choix qui s'offrent à elle, sur les incertitudes qui marquent son destin. La stratégie d'une entreprise reflète la qualité de son information, sa capacité d'innovation et l'efficacité de son leadership pour mener à bien à la fois la réflexion stratégique et l'exécution de la stratégie.

En simplifiant un tantinet, nous pouvons donc dire que la qualité d'une stratégie dépend de trois opérations distinctes, que nous appelons les trois « i » de la stratégie : *information*, *innovation*, *implantation.* Chacune de ces activités fait appel à des habiletés distinctes.

Les trois « i » de la stratégie

- Par *information*, il faut bien sûr entendre la mise en place de systèmes formels de collecte, de tri et d'analyse des données stratégiques ; mais cette activité comporte aussi l'établissement de réseaux informels de renseignements et d'antennes dans différents milieux. Elle suppose une démarche continue et dynamique de recherche d'informations quantitatives et qualitatives de la part des cadres et des dirigeants. Elle exige une haute capacité d'analyse et de synthèse, une démarche professionnelle impartiale, libre de préjugés, de conclusions prématurées et d'*a priori,* lesquels empoisonnent ou façonnent trop souvent le jugement des dirigeants d'entreprise. La finalité de cette activité, c'est bien sûr la formulation d'un *diagnostic* sur le degré d'adaptation de l'entreprise à ses contextes présents et futurs.

- Par *innovation*, nous voulons souligner un aspect très précieux de la démarche stratégique : l'habileté à voir des options, des possibilités que d'autres n'ont pas vues, à proposer une *vision* et à imaginer une stratégie qui surprenne et déroute la concurrence. L'innovation stratégique n'est pas qu'une intuition sans fondement analytique, qu'une heureuse lubie ; elle se fonde sur l'analyse mais va souvent au-delà. Elle fait appel à l'utilisation imaginative de l'information disponible. Elle est souvent le résultat d'une « imitation créatrice », d'un transfert de ce qui a été observé dans un secteur d'activité à un autre secteur. Elle définit une nouvelle approche, une nouvelle configuration stratégique qui a échappé à d'autres observateurs ayant pourtant accès aux mêmes données et aux mêmes analyses. Les sociétés Dell, McDonald's, FedEx, le Cirque du Soleil, ainsi que les puissants systèmes de vente au détail comme Wal-Mart, Carrefour ou Amazon.com doivent tous leurs origines à quelque innovation stratégique.

- Par *implantation*, nous voulons insister derechef sur l'exécution, dans ce milieu social et politique qu'est une organisation, d'une intention stratégique, d'un plan d'action concret. L'implantation stratégique exige une compréhension nuancée de l'organisation dans toutes ses manifestations formelles et informelles. Elle mise sur une flexibilité d'exécution qui permet d'adapter la stratégie aux humeurs et aux réalités propres à chaque organisation. Les dirigeants doivent sentir le rythme de changements dont est capable leur entreprise, la pousser dans ses limites, augmenter sa plasticité, sa capacité d'adaptation. Toutefois, ils doivent prendre garde de ne pas la surcharger de changements au point d'en paralyser le fonctionnement et de semer le désarroi chez ses membres.

Une stratégie reposant sur une bonne qualité d'information, une bonne dose d'innovation et une implantation habile garantit pertinence et valeur ajoutée. Une autre méthode d'évaluation – qui recoupe en partie cette dernière – de l'à-propos d'une stratégie consiste à se poser les questions suivantes :

1. La stratégie proposée est-elle créatrice de valeur économique durable ?

2. La stratégie proposée est-elle fondée sur un diagnostic implacable de la situation de l'entreprise et de l'évolution de ses marchés ? Quel est ce diagnostic, et quelle vision des marchés sous-tend la stratégie proposée ?

3. La stratégie proposée s'appuie-t-elle sur une vision claire et une mission opérationnelle ? Propose-t-elle des orientations claires et innovatrices ?

4. La stratégie proposée comporte-t-elle des mesures explicites visant à composer avec les risques majeurs et les principales vulnérabilités de l'entreprise ?

5. La stratégie proposée est-elle explicite à propos de l'architecture de l'organisation à mettre en place, des principaux changements à effectuer pour réussir son exécution ?

Si un dirigeant d'entreprise (ou d'unité stratégique) ne peut répondre clairement et succinctement à ces questions, c'est que sa réflexion stratégique est incomplète, et la démarche stratégique de l'entreprise éminemment perfectible. Nous ne traiterons ici que des trois premiers aspects d'une bonne stratégie. Le lecteur désireux de pousser plus avant sa réflexion sur ces sujets peut consulter notre ouvrage *Stratégies et moteurs de performance* (voir bibliographie en ligne).

La stratégie proposée est-elle créatrice de valeur économique durable ?

Selon nous, la stratégie dans l'entreprise privée se doit de produire une valeur économique durable pour l'entreprise ; c'est le *score* de la partie, le test qui détermine si l'entreprise peut continuer de « jouer ». Cet objectif transcendant est nécessairement compatible avec une prise en considération des intérêts et attentes de multiples parties, mais dans un cadre qui maintient la primauté du rôle économique de l'entreprise.

Cette emphase que nous mettons sur la création de valeur économique ne signifie pas, bien au contraire, que seuls les actionnaires doivent être satisfaits de la performance de l'entreprise et de ses dirigeants. Le *score* de l'entreprise est indubitablement économique, mais pour obtenir un excellent score, celle-ci doit faire appel au talent et à la passion de tout son personnel, ainsi que se bâtir une bonne réputation comme employeur, comme fournisseur de biens et services, comme acheteur, comme citoyen des régions et pays où elle opère, et protéger cette réputation. La création *durable* de valeur économique repose sur une performance impeccable et soutenue liée à toutes ces dimensions.

Certes, il arrive qu'en certaines périodes, comme ce fut le cas au cours des années 1990, *la création de valeur pour les actionnaires ne soit pas synonyme ou équivalente à la création de valeur économique*. En effet, pour un ensemble de raisons ayant surtout trait à des systèmes de rémunération pernicieux, la recherche de « maximisation de la valeur des actionnaires » s'est trop souvent axée sur le court terme et sur des acrobaties comptables et financières. Cette « création de valeur » s'est avérée éphémère et a été suivie d'une importante destruction de valeur. La société Enron est devenue le symbole de cette époque débridée.

La véritable création de valeur économique provient de leviers et d'initiatives stratégiques bien concrètes. Les mesures économiques et financières sur lesquelles elle repose doivent être fortement associées sur le long terme à la valeur donnée à l'entreprise par les marchés financiers et boursiers, bien qu'à court terme, particulièrement dans des périodes d'euphorie boursière, la relation entre elles soit ténue. C'est pourquoi il est si hasardeux de relier étroitement et directement la rémunération variable des dirigeants à la valeur boursière de leurs entreprises, comme cela se fit dans les années 1990, et continue de se faire dans les grandes entreprises du modèle américain.

Notre cadre de réflexion stratégique comporte un modèle économique qui met en relation la performance de l'entreprise et son action stratégique, un aspect étrangement absent dans la plupart des textes académiques sur la stratégie (voir Allaire et Firsirotu, 2004, pour une présentation détaillée d'un modèle économique de l'entreprise). Il nous semble évident que l'on ne peut débattre de la qualité des stratégies et de la gestion des entreprises sans tenir compte de leurs résultats financiers, ainsi que de l'appréciation sur une longue période qu'en ont fait les marchés financiers, lorsqu'il y a lieu.

Les différences de performance boursière d'entreprises d'un même secteur sont des révélateurs de la pertinence de leurs choix stratégiques, ainsi que de la qualité de leur exécution et de leur gestion.

La stratégie proposée est-elle fondée sur un diagnostic implacable de la situation de l'entreprise et de l'évolution de ses marchés ?

Un premier attribut d'une stratégie bien conçue consiste en un *bon diagnostic* de la situation de l'entreprise dans ses marchés actuels ou futurs. Ainsi, une première série de questions à formuler dès le début d'une réflexion stratégique porte sur le niveau de performance de l'entreprise dans ses marchés présents, sur l'évolution probable de ces marchés et sur le niveau de préparation de l'organisation pour faire face à des contextes différents, le cas échéant.

Les dirigeants de toute entreprise ont la responsabilité incontournable de s'interroger franchement et sans complaisance sur la performance actuelle ou anticipée de leur entreprise. Nous proposons à la figure 2.1 quatre diagnostics quant à la relation entre l'entreprise et ses marchés. Il s'agit pour la direction d'établir si l'entreprise, comme organisation, fournit une performance de bon niveau dans le contexte de ses marchés actuels, comment ce contexte de marché est susceptible de changer au cours des prochaines années et comment l'entreprise pourra se tirer d'affaire dans une telle éventualité.

La continuité et l'adaptation graduelle

Une première situation, faite de continuité et d'adaptation graduelle, est celle où la direction estime que l'entreprise est bien ajustée aux exigences actuelles de ses marchés et que les marchés dans lesquels elle devra évoluer à l'avenir seront semblables au contexte de marché actuel. Cette évaluation de la part de la direction peut résulter de plusieurs circonstances : 1. La direction estime qu'il est peu probable que des événements nouveaux viennent perturber le contexte actuel 2. L'entreprise dispose de ressources suffisantes pour façonner le type d'environnement de marché dans lequel elle souhaite évoluer 3. Les changements surviendront, estime-t-on, à un rythme permettant à l'entreprise de s'y ajuster graduellement.

L'entreprise cherchera bien sûr à améliorer sa performance, en s'appuyant sur de solides programmes pour diminuer ses coûts et augmenter ses parts de marché, mais dans un cadre de continuité et d'adaptation graduelle.

À l'évidence, la situation idéale est que la stratégie en cours et les modes d'exploitation de l'entreprise, bien que toujours perfectibles, donnent de bons résultats. Cette situation est même tellement attrayante que certains gestionnaires se convainquent facilement que telle est la réalité, en dépit de signes évidents ou avant-coureurs du contraire.

Une gestion en mode continu pendant de longues périodes peut être appropriée et souhaitable. Cela dit, des périodes marquées d'ajustements économiques, de transformations technologiques et réglementaires ainsi que d'innovations radicales menacent toutes les entreprises, même les plus grandes. Il est bon de se rappeler que de toutes les grandes entreprises qui constituaient l'indice Dow Jones à son origine, une seule survit encore près de cent ans plus tard : la General Electric.

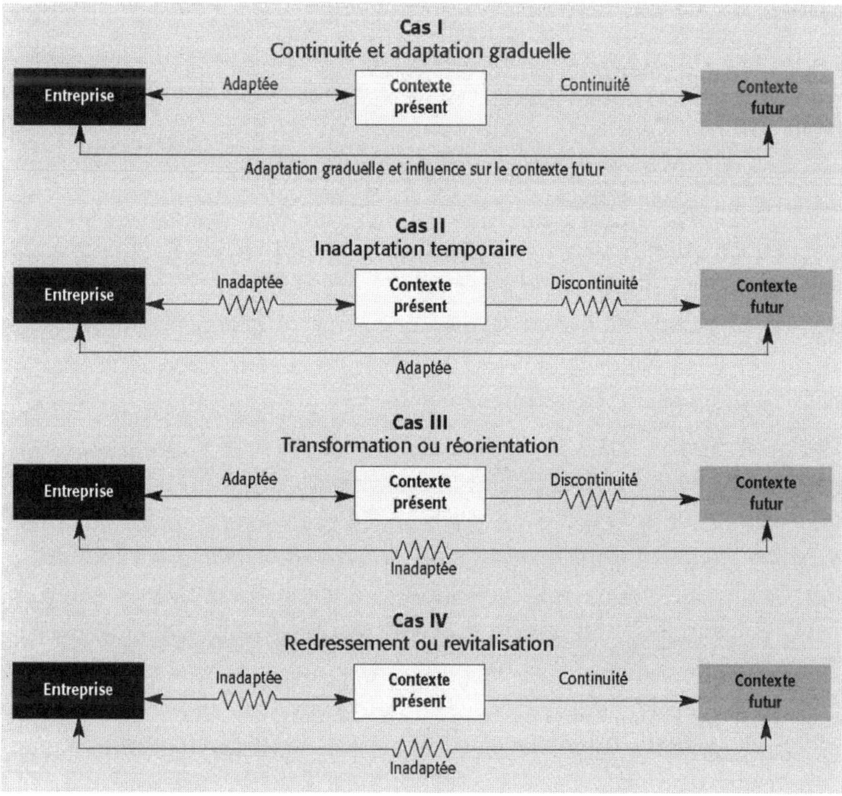

Figure 2.1 – Diagnostics sur l'entreprise et ses marchés

L'inadaptation temporelle

Dans le deuxième cas, celui d'une inadaptation temporaire, la direction pourra conclure que, malgré une performance assez médiocre ou franchement mauvaise, le contexte de marché futur est favorable à son entreprise telle qu'elle est présentement constituée. Les problèmes actuels découlent de phénomènes défavorables mais passagers. Dans la mesure où la direction ne se trompe pas sur le caractère transitoire de la contre-performance actuelle, une stratégie différente n'est ni nécessaire ni souhaitable. On peut citer ici les entreprises avant-gardistes qui proposent des produits tout à fait nouveaux à des marchés en émergence et encore sous-développés. L'incursion précoce de Genentech dans le domaine de la biotechnologie en constitue un exemple frappant, comme d'ailleurs, au moment de leur création, Apple, Microsoft et Intel dans d'autres secteurs. Il en va de même du pionnier de la librairie virtuelle Amazon.com.

Pourvu qu'elles persistent et qu'elles disposent de capitaux suffisants, ces entreprises peuvent finir par voir leur audace pleinement récompensée. Cependant, il se peut aussi que leurs projets soient prématurés et qu'elles connaissent la déconfiture avant que le marché sur lequel elles comptaient ne se manifeste.

Enfin, il arrive que des événements troublent temporairement le contexte d'une entreprise. Cependant, lorsque les circonstances normales auxquelles l'entreprise est bien adaptée seront rétablies, sa performance économique atteindra de nouveau un niveau acceptable. En fait, la direction juge que le contexte futur ressemblera au contexte passé, pour lequel l'entreprise est bien adaptée. Cette situation est certainement plausible, mais il se peut aussi qu'il s'agisse d'une illusion à laquelle s'accroche une direction d'entreprise qui refuse – ou qui est incapable – de décoder les véritables raisons de sa piètre performance.

L'*Encyclopædia Britannica* offre un exemple saisissant de discontinuité technologique, ainsi que de la difficulté d'en bien saisir l'importance dans un premier temps, et à temps pour éviter la faillite. Fort heureusement pour elle, l'entreprise s'est ressaisie et a mis en place une nouvelle stratégie arrimée à ses forces et correspondant au nouveau contexte technologique. En 1994, la firme a développé Britannica Online, et en 1999, elle a mis en ligne avec grand succès la première version du site Britannica.com.

La transformation ou la réorientation

Une troisième situation peut amener deux stratégies distinctes : la transformation ou la réorientation de l'entreprise. En l'occurrence, la direction estime que l'entreprise est bien adaptée à ses marchés actuels et qu'elle affiche un niveau de performance tout à fait acceptable. La direction prévoit cependant que l'entreprise devra évoluer dans un avenir prochain, dans un contexte de marché très différent du contexte actuel. Cette nouvelle réalité peut résulter soit de changements pressentis dans les marchés, les technologies, la réglementation ou la concurrence (transformation), soit des propres démarches de l'entreprise visant à lui donner une nouvelle orientation, à la faire se déplacer vers des champs d'activités promettant davantage de croissance et de rentabilité (réorientation).

La société General Electric, sous l'impulsion de Jack Welch, a opéré une profonde transformation de ses façons de faire et de gérer. En devenant PDG en 1981, Welch était convaincu que GE, bien que profitable et tranquille à l'époque, allait bientôt devoir affronter de nouveaux concurrents et de nouvelles exigences de marché pour lesquels l'entreprise n'était pas prête. Welch était particulièrement inquiet de la lenteur du changement chez GE ; il était convaincu qu'il lui fallait accélérer le rythme de changement et il mit donc en place des initiatives spécifiques à cet effet, comme les « *work out* » et la « *boundaryless organisation* ».

À la même époque, John Akers, PDG d'IBM, tentait, sans succès, de réaliser en temps utile une transformation de l'entreprise. Son échec a mené à son remplacement par Lou Gerstner, à qui incombé la tâche de redresser la situation (voir plus bas, au paragraphe « Le redressement ou la revitalisation »).

Une opération de réorientation survient lorsque la direction d'une entreprise choisit d'abandonner les secteurs traditionnels dans lesquels œuvrait historiquement l'entreprise, ou bien d'y ajouter de nouveaux secteurs d'activités non reliés à ceux-ci. En fait, pour des raisons stratégiques (souvent discutables et contestées *a posteriori*), la direction choisit de changer la nature et la mission de l'entreprise.

La société Vivendi Universal fournit un bon exemple de réorientation : d'une entreprise de gestion de services publics, la Générale des eaux en a fait, par le truchement de nombreuses acquisitions, une société de la convergence et du multimédia. Cette stratégie s'est finalement avérée désastreuse, conduisant l'entreprise aux portes de la déconfiture.

Les situations où la direction estime qu'une transformation de l'entreprise s'impose soulèvent de nombreux enjeux. Parce que la performance actuelle de l'entreprise est perçue comme satisfaisante, voire excellente, il est difficile pour les dirigeants de faire comprendre les raisons de leur démarche et de mobiliser tous les niveaux de l'organisation derrière leur vision d'un nécessaire changement radical. En effet, cette volonté de changement se fonde sur des risques appréhendés par les dirigeants, mais non encore perceptibles ni ressentis par la plupart des membres de l'organisation.

Il arrive souvent, et c'est une autre source de difficulté, que les membres de la direction, tout en convenant que des changements importants s'imposent, soient profondément divisés quant à la nature de ces changements. L'entreprise peut, nous l'avons souvent observé, devenir un lieu de débats longs et parfois acrimonieux, sans que quiconque puisse trancher dans une direction ou l'autre. En effet, comme le diagnostic porte sur les contextes futurs, il peut être difficile de déterminer qui a raison, bien que les opinions divergentes soient exprimées honnêtement.

Le redressement ou la revitalisation

Les résultats observés par la direction commandent un diagnostic de redressement lorsque la performance de l'entreprise est si mauvaise sur le moment et selon un avenir prévisible, que sa survie même est en péril.

La presse d'affaires contient de multiples comptes rendus de tentatives de redressement de grandes entreprises : IBM par Lou Gerstner, Canadien National par Paul Tellier, Intel par Andy Grove, Sears Roebuck & Co. par Arthur Martinez, British Aerospace par Sir Richard Evans, Nissan par Carlos Ghosn, etc.

Puisque dans ces cas de redressement, la survie même de l'entreprise est en jeu, il faut instaurer des mesures énergiques afin de gagner le temps nécessaire pour exécuter le redressement en profondeur de l'organisation. Pour le leader qui doit effectuer un redressement (ou tout changement radical), un état évident de crise constitue un outil inestimable. Il n'y a rien de tel qu'une crise pour ouvrir les esprits et pour donner au changement un rythme et une ampleur qu'il ne saurait acquérir autrement.

Pour prendre l'exemple de la société IBM, il est évident qu'Akers dirigeait une entreprise qui en 1986 se croyait encore forte, prospère et capable de s'ajuster graduellement aux changements dans ses marchés. Or en 1993, Gerstner est nommé PDG justement parce que l'entreprise est maintenant en pleine crise financière et que sa déconfiture devient une réelle possibilité. Akers voulait, mais n'a pas su exécuter une stratégie de transformation. Gerstner a donc dû exécuter une stratégie de redressement, ce qu'il a fait avec brio. Sans rien enlever au mérite de Gerstner, il faut bien admettre qu'une transformation est beaucoup plus difficile à réussir qu'un redressement. Toutefois, l'un comme l'autre exigent une qualité de leadership hors du commun.

Une situation de revitalisation se distingue d'un redressement en ce que la performance de l'entreprise est médiocre mais sa survie n'est pas menacée, du moins dans un avenir prévisible. Au cours des dernières années, plusieurs entreprises ont dû procéder, avec un succès mitigé, à des opérations de revitalisation : Compaq, Hewlett-Packard, Daimler-Chrysler, Ford, Motorola, British Petroleum. Il faut noter que l'entreprise qui ne réussit pas à revitaliser à temps sa performance connaîtra, tôt ou tard, la faillite. Dans ces situations de revitalisation, la direction de l'entreprise doit rendre réelle et tangible la possibilité d'une crise prochaine, rendre concrets et imminents les dangers qui découlent des modes de gestion et de fonctionnement en cours dans l'organisation.

La formulation de la stratégie

Des quatre cas de diagnostic présentés à la figure 2.1, les situations de transformation et réorientation, ainsi que les situations de redressement et de revitalisation, mènent à des interventions stratégiques sans précédent dans l'entreprise. Bien entendu, tout changement entraîne des modifications dans les habitudes, les coutumes et les procédures. Ce sont là des aspects inévitables, mais aisément surmontables lorsque le changement proposé est légitime dans le cadre des arrangements culturels qui ont cours dans l'organisation.

Toutefois, les choses sont tout autres lorsque les changements que l'on se propose d'apporter aux objectifs, à la stratégie et aux modes de gestion et d'exploitation doivent être accompagnés de changements dans ce qui est tenu pour acquis, dans les attitudes fondamentales, dans les valeurs et croyances communes, dans les attentes et les postulats qui constituent les racines mêmes de l'organisation. Le changement est radical lorsqu'il vise non seulement les caractéristiques tangibles de l'organisation – comme la stratégie, les structures de l'organisation et les systèmes de gestion –, mais aussi, inévitablement, ses valeurs fondamentales et son système de croyances et de présupposés, c'est-à-dire la culture de l'entreprise.

La formulation de la stratégie débute donc par un diagnostic d'ensemble afin de déterminer si le cours de l'entreprise doit être changé fondamentalement en raison de changements appréhendés ou d'opportunités nouvelles, ou simplement pour améliorer une performance médiocre ou carrément désastreuse dans le contexte actuel.

La figure 2.2 fournit un outil simple pour effectuer ce diagnostic. À l'aide des deux questions proposées dans cette figure, la direction devrait articuler sa perception des enjeux globaux de performance de son entreprise, et déterminer en conséquence le type de stratégie organisationnelle appropriée aux circonstances. Dans l'entreprise la moins complexe, l'établissement de ce diagnostic se fait d'abord au niveau de chaque entité – ou unité – stratégique de l'entreprise. Cette démarche sera suivie d'un diagnostic d'ensemble, souvent le reflet des diagnostics portés par les différentes unités de l'entreprise.

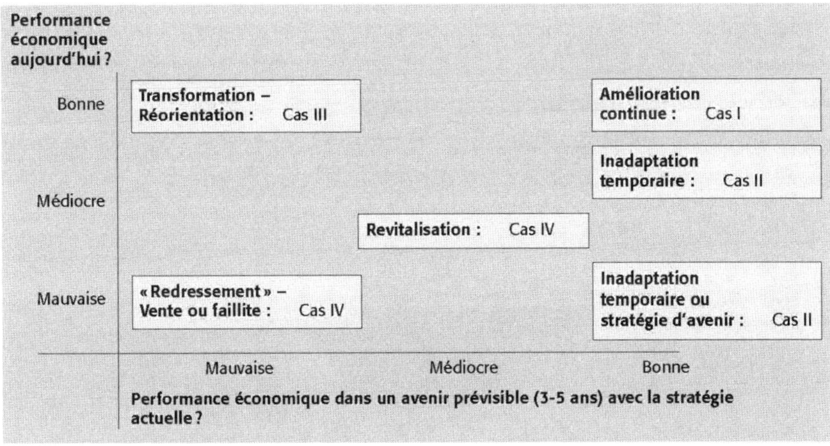

Figure 2.2 – Diagnostic sur la performance attendue de l'entreprise au regard de sa stratégie actuelle

La stratégie proposée définit-elle clairement le positionnement de l'entreprise, l'innovation sur laquelle elle s'appuie et la vision de l'avenir qui l'anime ?

Une stratégie d'entreprise bien conçue propose une *vision de l'avenir*. Elle se décline en une *mission* pour l'entreprise qui définit l'étendue de ses aspirations, son champ ultime d'activité. Elle comporte une *stratégie de marché* claire et persuasive, ainsi qu'une projection de ce que l'entreprise deviendra si les actions envisagées sont menées à terme.

Cette vision de l'entreprise en devenir doit atteindre un double but : être à la fois stimulante et engageante pour les membres de l'organisation, et fournir un encadrement et une justification pour les actions futures de l'organisation. La vision doit exprimer avec éloquence une solution globale aux enjeux et défis que l'entreprise doit relever à une époque particulière de son existence. La figure 2.3 présente de façon succincte les caractéristiques d'une bonne vision stratégique.

La *stratégie*, quant à elle, doit servir de guide dans l'action et de mécanisme pour l'établissement des priorités. Largement diffusée dans l'entreprise, elle est le filon, le leitmotiv, l'orientation qui donnent une cohérence et une rationalité au flux rapide des décisions et des actions, lesquelles sont incompréhensibles autrement, et peuvent paraître arbitraires et inconséquentes aux membres de l'organisation.

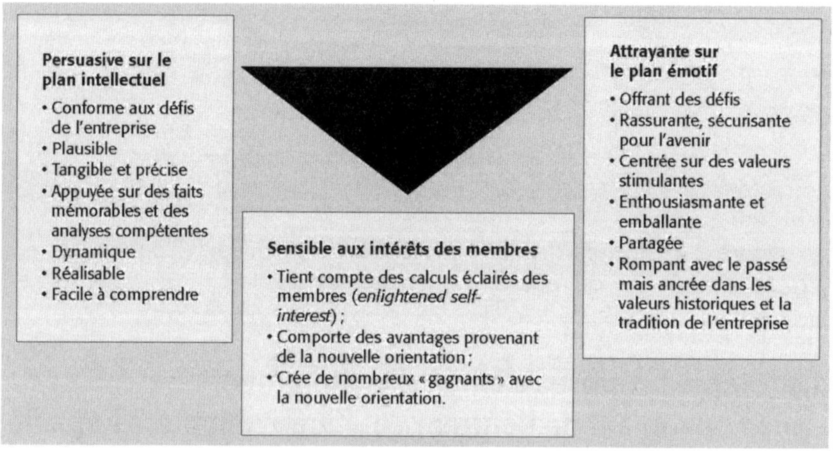

Figure 2.3 – Les caractéristiques d'une bonne vision stratégique

Si toute entreprise se doit de proposer une vision et une mission d'ensemble, il est bien évident que, dans la grande entreprise, le choix des stratégies de marchés et des missions opérationnelles se fait à plusieurs niveaux. Il est d'usage de distinguer, pour les fins de la stratégie, entre le niveau « entreprise » (souvent affublée de l'anglicisme « corporatif ») et le niveau des unités, divisions ou filiales.

La distinction entre ces deux niveaux est rendue nécessaire par le caractère diversifié et complexe des activités d'une grande entreprise. Cette diversification peut mener à de grandes entreprises comme

General Electric, Vivendi, AOL-Time Warner, Siemens, Alstom, United Technologies, DaimlerChrysler, LVMH, Bouygues, entreprises qui œuvrent toutes dans plusieurs secteurs industriels non reliés.

La croissance et l'innovation de produits peuvent aussi faire en sorte que l'entreprise, tout en demeurant centrée sur son marché largement défini, en vienne à couvrir plusieurs segments de ce marché et plusieurs marchés géographiques distincts (GM, IBM, Axa, Renault-Nissan, Publicis, Unilever, L'Oréal, Nestlé, etc.).

(Le lecteur intéressé par les défis stratégiques et les enjeux propres à ces deux types d'entreprises pourra consulter Allaire et Firsirotu, 1993, 2004.)

La mission et la stratégie de l'unité stratégique

Toute entreprise d'une certaine taille et présentant une certaine diversité est amenée à adopter une structure faite de plusieurs divisions, unités d'affaires ou filiales. Chacune de ces parties constituantes est imputable de sa performance et responsable des produits et des marchés précis qui lui sont assignés. Chaque entité doit se doter d'une stratégie adaptée à ses contextes propres.

La stratégie de chaque unité/division/filiale porte principalement sur les enjeux de marchés et de concurrence. Une définition opérationnelle de la mission et du champ stratégique de l'entreprise sert de point de départ pour l'analyse et la formulation d'une stratégie. Nous proposons que cette définition s'articule autour de trois axes, ou dimensions, tels qu'illustrés à la figure 2.4 :

1. Produits et services offerts.
2. Marchés géographiques et groupes d'acheteurs ciblés.
3. Compétences, habiletés ou technologies à valoriser ou à développer.

En identifiant, pour chacun de ces trois axes, l'envergure non pas actuelle mais qui est visée, on obtient une définition du champ d'activités, que nous appelons la *mission opérationnelle* de l'unité (adapté de Abell, 1980). Cette mission constituera la pierre d'assise de la réflexion stratégique, des choix et des plans d'action pour l'unité. Tout changement apporté au champ stratégique ainsi défini suite à un élargissement de la gamme de produits/services ou à une expansion sur de nouveaux marchés géographiques, représente un changement important de mission et de stratégie pour l'entreprise entière.

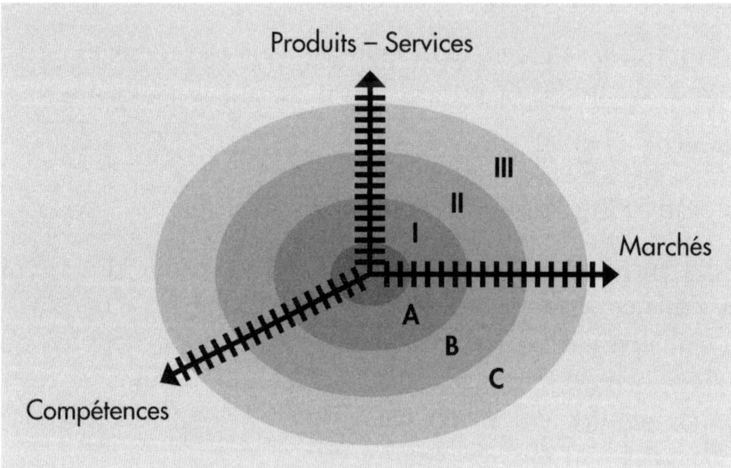

Figure 2.4 – Champ stratégique

Orientations stratégiques claires et innovatrices

Le choix d'un champ stratégique, et sa déclinaison opérationnelle sous la forme d'une mission parmi toute la gamme des possibilités, constituent en fait la décision stratégique qui déterminera tout un train de mesures et de décisions. La stratégie adoptée par l'unité peut prendre, *grosso modo*, l'une ou l'autre de ces deux formes :

- *La stratégie vise à changer radicalement le contexte et la structure mêmes du marché*. L'entreprise cherche à changer en sa faveur les règles du jeu. Toutes les grandes stratégies ont ce caractère radical, déstructurant pour l'industrie et les marchés. Les stratégies de Dell, McDonald's, Amazon.com, Ikea, Toys'R'Us, Carrefour, Bombardier – dans les jets régionaux –, EasyJet, Costco, Home Depot, Microsoft, Amazon.com, eBay, Fnac, Pierre Cardin, ont toutes bouleversé les règles du jeu qui prévalaient jusqu'à leur arrivée. Leur stratégie vise à créer un nouveau marché ou à proposer une nouvelle façon de répondre aux besoins et attentes d'un segment d'acheteurs.

- *La stratégie vise à tirer un avantage maximal du contexte et de la structure de marché tels qu'ils se présentent.* Les firmes occupant une place dominante dans un marché optent tout naturellement pour une telle approche. La stratégie se préoccupe alors largement des agissements des concurrents et s'articule autour des parts de marché. La rivalité entre Pepsi-Cola et Coca-Cola, Quick et McDonald's, *Le Monde* et *Le Figaro*, ou encore entre les différentes marques d'automobiles, relève de ce type de stratégie.

PEUT-ON FORMER DES STRATÈGES ? NAÎT-ON OU DEVIENT-ON BON STRATÈGE ?

Nombre d'excellents dirigeants sont des autodidactes immensément curieux (bien que leur curiosité soit souvent délimitée par leurs intérêts), qui savent tirer de leurs expériences, bonnes et mauvaises, ainsi que de celles des autres, tous les enseignements utiles pour améliorer leur performance comme dirigeants. De toute évidence, certaines personnes possèdent un talent naturel qui les prédispose au leadership : caractère affirmé, énergie physique débordante, esprit analytique, curiosité intellectuelle, sens inné de l'influence, ouverture d'esprit, habileté à communiquer de façon persuasive, etc.

Comme dans les autres domaines (du sport professionnel à la chirurgie cérébrale), il est essentiel que le futur dirigeant puisse avoir accès à l'expérience des autres, directement par *coaching* ou mentorat, ou de façon plus formelle par l'apprentissage consigné dans les textes. Des concepts et des modèles éprouvés peuvent en effet lui fournir des grilles d'analyse et de réflexion utiles sur les enjeux de la gestion stratégique.

Il est possible de renforcer considérablement les aptitudes naturelles d'un dirigeant en puissance par une formation appropriée concernant l'information, le premier « i » de la stratégie. Il est également plausible que, par une étude intense de multiples situations et de cas d'entreprises, par des efforts structurés pour lui faire acquérir une façon systémique de concevoir toute entreprise ou organisation, l'on puisse développer chez le futur dirigeant sa capacité à penser de façon innovatrice, le deuxième « i » de la stratégie.

L'implantation, le troisième « i » de la stratégie, se prête toutefois mal à un apprentissage en dehors du terrain. Cependant, lorsqu'il s'agit d'exécuter, de mettre en branle des changements importants dans une organisation, qu'il s'agisse d'une *transformation*, d'une *réorientation*, d'une *revitalisation* ou d'un *redressement* (situations que nous avons décrites plus tôt), la maîtrise de théories et de modèles éprouvés pourra fournir un guide précieux au dirigeant pris dans la tourmente de ces opérations.

Consciemment ou non, les gens d'action procèdent toujours selon une certaine « théorie » du changement. Ils sont un peu l'équivalent de ces « hommes pratiques » dont Keynes disait qu'ils étaient les esclaves inconscients de quelque économiste défunt. Les dirigeants ont en fait le choix entre leur « théorie » implicite, faite de notions éparses et appuyée sur une expérience fragmentaire, d'une part, et une « théorie » explicite, éprouvée et éclairante quant à la démarche à suivre, d'autre part.

La contribution de l'apprentissage formel au développement des aptitudes du leader comme « agent de changement » est significative, et néanmoins limitée. Elle ne dépasse pas le cadre des capacités de

« gestion technique ». Les aptitudes *politiques* et *symboliques*, si essentielles pour réussir une opération de changement stratégique, naissent de la fusion de l'expérience pertinente et d'un talent inné.

Pour conclure, il faut retenir que la pensée stratégique n'est pas faite de sauts périlleux dans les conjectures. Ouverte et libre de préjugés et de conventions, la pensée stratégique se distingue de la futurologie échevelée par un ancrage dans le possible et par le dur « test de réalité » qu'elle s'impose. Elle sait reconnaître et tenir compte de l'héritage du passé ainsi que du rythme de changement propre aux institutions et aux individus. Le stratège ne doit rêver que d'un œil et s'assurer que ses plans, pour paraphraser un beau mot de Napoléon, sont faits des rêves du personnel, qui devra leur donner substance.

Pour aller plus loin, consultez la bibliographie en ligne.

Chapitre 3

Marketing

JEAN-MARC LEHU

Maître de conférences en marketing
à l'université Paris 1-Panthéon Sorbonne,
conseil en entreprises sur les stratégies
de marques

Le constructeur automobile Henry Ford (1863-1947) est souvent cité en contre-exemple du marketing pour avoir toujours privilégié la production de masse plutôt que le souhait du client. Mais sa célèbre phrase : « *In any color, so long as it's black* », sur le choix limité à la couleur noire pour le célèbre Model T, n'est qu'un raccourci historique trompeur. Le Model T aurait-il pu séduire plus de 15 millions d'acheteurs sans marketing ? Non ! En réalité, les premiers modèles T de 1908 furent produits en bleu, gris, vert ou rouge ! Le noir fut retenu dès 1913, non pour simplifier la fabrication avec une seule couleur (près de trente sortes de noir étaient utilisées suivant les pièces), mais pour tenir compte des attentes du client. La couleur noire était peu coûteuse et offrait donc à la T un prix accessible au plus grand nombre. Elle était durable, tout comme peut/doit l'être l'achat d'une voiture. Trait d'union indispensable entre l'entreprise et ses clients, le marketing leur permet de se comprendre pour leur bénéfice respectif et mutuel.

IDENTIFIER LA FONCTION MARKETING

Gestion commerciale et *mercatique*, synonymes souvent promus en lieu et place de *marketing*, n'ont jamais supplanté ce dernier terme anglo-saxon, qui demeure aujourd'hui encore beaucoup plus significatif. Peter Drucker a ainsi écrit : « Le but du marketing est de rendre la vente superflue. Le but du marketing est de si bien connaître et comprendre le client que le produit ou le service corresponde exactement à ce qu'il recherche et qu'il se vende tout seul. Idéalement, le marketing devrait se résumer à un client prêt à acheter. »

Du concept à la science de gestion

Repères historiques

En ayant à l'esprit le sens du verbe anglais *to market*, « offrir à la vente », on perçoit les racines du marketing dès les premiers pas du commerce. Le marketing d'un marchand chinois, égyptien ou phénicien n'était peut-être pas aussi élaboré qu'il peut l'être aujourd'hui, mais il se devait déjà de correspondre au mieux à un besoin pour susciter un achat. Toutefois, jusqu'à la fin du XIXe siècle, la production demeura généralement bien inférieure à la consommation potentielle, et le marketing en tant que facilitateur d'échanges n'avait encore que peu d'intérêt.

L'essor des manufactures, puis des usines et des techniques de production de masse, permit progressivement de réduire ce déséquilibre entre offre et demande. De nouveaux modes de distribution apparurent avec les grands magasins (Le Bon Marché en 1852), le supermarché (avec Michael Cullen en 1930 aux États-Unis et Édouard Leclerc en France en 1949) ou encore l'hypermarché (Carrefour en 1963). Ils furent accompagnés de nouveaux habillages des produits (développement du packaging) et surtout de nouvelles désignations (essor des noms de marques plutôt que de simples catégories de biens), soutenues par une communication nécessaire pour informer et séduire.

Les définitions du marketing

Il existe autant de définitions du marketing que d'auteurs. En 1952, à la page 21 du rapport annuel de la General Electric, l'un de ses managers, Ralph Cordiner, lui donna une signification précurseur souvent citée :

> *« Ainsi le marketing, au travers de ses études et de sa recherche, établira, pour l'ingénieur et la personne en charge de la planification et de la production, ce que le client recherche dans un produit donné, le prix qu'il est prêt à payer pour lui, ainsi que l'endroit et le moment où il le désire. »*

Pourtant, dès 1935, la National Association of Marketing Teachers lui avait offert une première définition officielle :

> *« Le marketing est la conduite d'activités commerciales qui orientent le flux de biens et de services des producteurs vers les consommateurs. »*

L'American Marketing Association (AMA) l'adopta en 1948 et ce n'est qu'en 1960 qu'une révision fut envisagée. Elle aboutit en 1985 à une nouvelle définition dans laquelle les grandes variables d'action sont à l'honneur :

> *« Le marketing est le processus de planification et de mise en application de la conception, de la définition du prix, de la communication et de la distribution d'idées, de biens et de services, afin de créer des échanges qui satisfont les objectifs individuels et organisationnels. »*

En 2004, l'AMA révisa cette définition pour lui donner sa formulation actuelle :

> *« Le marketing est une fonction organisationnelle et un ensemble de processus pour la création, la communication et la délivrance de valeur aux consommateurs et pour la gestion de la relation client de telle manière qu'ils puissent bénéficier à l'organisation ainsi qu'à ses parties prenantes. »*

Vers un marketing scientifique et créatif

Démarche souvent itérative autrefois, nourrie au mieux par le bon sens, le marketing est aujourd'hui devenu une véritable science de gestion. Chaque jour, de nouveaux travaux de recherche scientifique contribuent à approfondir la compréhension des comportements humains, des interactions entre les différentes variables d'action, de la formation et de l'évolution des marchés. Ils permettent de guider le professionnel dans ses choix stratégiques et ses décisions opérationnelles.

Mais si le marketing est une science, selon les conditions définies par Shelby Hunt dans son livre sur la théorie moderne du marketing, il sait aussi être créatif dans sa recherche d'idées. En marge du classique *brainstorming* développé par Alex Osborn dès 1939, il existe de nombreuses autres techniques, comme la synectique proposée par William Gordon en 1961, qui offre une approche plus heuristique et qui, d'un environnement très général, progresse (souvent par analogies) vers le sujet, éliminant ainsi certaines inhibitions ; ou encore l'analyse morphologique imaginée par Fritz Zwicky en 1969, consistant à identifier de nouvelles associations entre les éléments constitutifs d'un ensemble.

Les quatre objectifs majeurs du marketing

Le but du marketing fut jadis de vendre. Il y a encore peu, sa mission consistait à faire acheter. Mais dans une société (multi-)équipée, son rôle consiste aujourd'hui surtout à permettre le réachat renouvelé. Pour cela, quatre objectifs majeurs doivent être atteints.

Adapter l'offre de l'entreprise en permanence

L'orientation marché vise à adapter l'offre de l'entreprise au regard des besoins identifiés chez les clients potentiels. Elle peut notamment s'appuyer sur l'innovation, des coûts maîtrisés ou encore l'adjonction de services, alors qu'une entreprise orientée production aspire à maximiser les ventes *via* le volume de la production, sans prendre en considération nature et aspirations du marché. En 2002, Philip Kotler et ses collègues insistaient sur l'importance de passer d'un schéma produire-et-vendre à un schéma percevoir-et-répondre, en fonctionnant avec des équipes interdépartementales en charge des processus. Ce reengineering promeut alors un marketing holistique réunissant les activités de recherche, de création et de délivrance de la valeur, dans l'optique d'une relation durable et mutuellement profitable.

Satisfaire les clients en maîtrisant les coûts

L'adaptation de l'offre aspire à la faire correspondre au mieux aux besoins et aux envies des consommateurs ciblés. Une correspondance la plus parfaite possible (qualité, délais, prix, garanties, services…) qui aboutisse à un état psychologique exprimant le contentement, la satisfaction. Mais l'obtention de la satisfaction est un processus complexe qui ne saurait se substituer à celui de profitabilité qui doit toujours animer l'entreprise pour sécuriser son existence. Joëlle Vanhamme rappelle que la satisfaction spécifique à une transaction fait intervenir des variables affectives (humeur, satisfaction à l'égard de la vie, sentiments, émotions, tempérament…), mais également des variables cognitives (attentes, normes, idéal, performances perçues, attributions, équité, qualité perçue, valeur perçue…). La logique voudrait qu'un consommateur satisfait renouvelle spontanément et naturellement ses achats en faveur du produit et/ou de la marque qui l'ont satisfait et devienne, ainsi, fidèle. Si le lien peut exister, il n'est cependant pas automatique. Nombre de clients continuent d'apprécier les marques et les produits qu'ils ne consomment pourtant plus.

Obtenir la fidélité des clients les plus rentables

Il ne faut pas confondre fidélisation et rétention. La rétention illustre une sédentarisation de tout ou partie de la clientèle. Elle peut être due à une absence de choix, une consommation routinière ou toutes sortes de contraintes imposées au consommateur. En revanche, la fidélité exprime une consommation renouvelée, *et* librement choisie *et* appréciée. Dans la plupart des secteurs d'activité (notamment ceux à fort taux de rotation des produits), la recherche et l'acquisition d'un nouveau client peuvent coûter cinq à dix fois plus cher que l'obtention de sa fidélité.

Cela explique le développement, ces dernières années, de stratégies marketing élaborées visant à solliciter la fidélité des clients. Elles conduisent à mettre en place une gestion de la relation client (GRC ou CRM, *Customer Relationship Management*) et à étudier leur potentiel respectif, afin de moduler les investissements marketing en conséquence. Car tous les clients n'ont pas la même valeur, suivant leur profil démographique, leurs caractéristiques économiques, leurs habitudes de consommation… D'où la prise en considération croissante de la valeur à vie du client (CLV, *Customer Lifetime Value*), qui combine sa valeur actuelle nette et sa valeur potentielle, calculée à l'aide de modèles prédictifs, variables notamment suivant la nature du bien, le type de marché, la structure des coûts considérée…

Créer constamment de la valeur

En décrivant le principe de chaîne de valeur, Michael Porter a mis en lumière le fait que l'avantage concurrentiel d'une entreprise trouvait sa source dans chacune de ses activités, qu'elles soient de base (logistique amont, production, logistique aval, marketing et vente, services) ou de soutien (infrastructure, gestion des ressources humaines, recherche et développement, achats). C'est le but de l'entreprise tout entière que de créer de la valeur, et celui du marketing en particulier. Cette valeur, portée à la connaissance du client, peut constituer la plus puissante incitation à acheter le bien ou le service proposé. Mais si la nature et l'ampleur de la valeur sont sujettes à satisfaire le consommateur, il faut retenir que la satisfaction est toujours un état temporaire. Seul un processus d'innovation constante permettra la perception d'une valeur renouvelée et donc l'intérêt d'un réachat. En ce sens, Stephan Thomke et Eric von Hippel militent pour faire du consommateur un innovateur partenaire, en l'impliquant le plus en amont possible dans le processus de développement d'offres *ad hoc*.

COMPRENDRE LE CONSOMMATEUR

Le test ultime de la réussite d'une offre commerciale repose entre les mains d'un consommateur moderne, en définitive beaucoup plus complexe que le « simple » *homo œconomicus*, décisionnaire rationnel décrit par le modèle économique néoclassique. Tenter de décrypter au mieux ses besoins, ses attentes et ses envies implique également de tenir compte de l'écosystème dans lequel il évolue.

Le consommateur

Les différents rôles du consommateur

Si le consommateur est *a priori* celui qui consomme, utilise le produit, il n'est pas nécessairement l'initiateur (celui fait connaître le produit), le décideur (celui qui prend la décision de l'achat ou des modalités de l'achat), ni même l'acheteur (celui qui procède à l'acte physique de l'achat) ou le payeur (celui qui finance l'achat), sans oublier l'influenceur ou le prescripteur (un leader d'opinion, un expert, un parent ou autre qui va orienter son choix). La distinction de ces rôles importe en marketing, car les arguments ainsi que les modalités d'information et de sensibilisation diffèrent. De plus, dans le respect de la théorie des rôles, un même individu pourra agir différemment suivant le contexte dans lequel il se situe, la nature de son engagement, l'influence ou les pressions culturelles qu'il subit, les personnes du groupe au sein duquel il se situe et/ou avec qui il a des interactions. Le plus souvent, l'individu consommateur a tendance à agir en fonction des normes de la société à laquelle il appartient, dans une optique de conformisme ou en fonction des attentes perçues des autres membres du groupe.

D'autres, au contraire, agiront consciemment en opposition à ces normes par volonté d'anticonformisme, ou simplement pour faire preuve d'une indépendance exprimée.

Besoins et motivations

Le marketing ne crée pas le besoin. Il peut en revanche le révéler ou porter à la connaissance du consommateur que ce besoin existe chez d'autres et qu'il peut être satisfait. Les besoins sont caractéristiques d'une insatisfaction d'intensité variable. Ils sont dynamiques. Dès qu'un besoin est satisfait, un autre surgit. En 1943, Abraham Maslow a décrit une hiérarchie universelle qui sied bien aux sociétés occidentales matérialistes.

La hiérarchie des besoins selon Maslow

La hiérarchie établie par Maslow présuppose qu'un besoin ne peut être satisfait que si celui qui le précède dans la hiérarchie est lui-même satisfait. Elle comporte cinq catégories classées : les besoins physiologiques, de sécurité ou d'assurance, sociaux ou d'appartenance, d'estime, et les besoins de s'accomplir.

Selon Freud, la majorité de ces besoins relève de l'inconscient. Les consommateurs sont naturellement motivés à trouver le moyen de satisfaire leurs différents besoins. Mais les motivations sous-jacentes à une décision d'achat peuvent parfois s'opposer et susciter un conflit dans l'esprit du consommateur. On parlera de *dissonance cognitive* lorsque la cohérence rationnelle est mise à mal par la contradiction de deux éléments d'information. Naît alors une situation de conflit de motivations : soit un conflit approche-évitement, lorsque avantages et inconvénients paraissent être de même poids, soit un conflit approche-approche, lorsque le consommateur est en présence d'une alternative dont les deux options sont attirantes, soit encore un conflit évitement-évitement, lorsque le choix porte sur deux options peu désirables.

Attitude et comportement

L'attitude est un ensemble de prédispositions personnelles à l'égard d'un produit, d'une marque, d'une idée, d'un comportement… une tendance psychologique de force variable s'appuyant sur des bases objectives ou non, une évaluation positive ou négative qui peut également dépendre du système de valeurs de l'individu… Elle se compose de trois types d'éléments : cognitifs (éléments d'information et de croyance), affectifs (éléments émotionnels) et conatifs (éléments d'intention et de prédisposition). En fonction de l'individu, du bien ou de la situation d'achat, la hiérarchie des effets sera différente. Ainsi, suivant le degré d'implication présumé ou identifié chez l'individu, le marketeur tentera de renseigner en premier lieu tantôt ses croyances (cas de forte implication), tantôt ses émotions (cas de faible implication). Dès lors, parce que les attitudes découlent de processus complexes, le marketing aspirera davantage à concevoir une offre qui leur corresponde, plutôt que tenter de les modifier en conséquence.

Une attitude est généralement durable, mais elle peut évoluer. Elle est stable lorsqu'une situation d'équilibre existe entre les éléments en présence. Elle est utilisée en marketing pour tenter de prédire le comportement d'achat de l'individu, et différents modèles ont été développés en ce sens. Dans la *théorie de l'action raisonnée*, la version étendue du plus célèbre de ces modèles – proposée initialement par Martin Fishbein en 1963 –, on considère qu'il est possible de sensibiliser le consommateur en modifiant sa perception du produit/de la marque, en modifiant la valeur des critères considérés, en permettant la mémorisation d'informations publicitaires, en suscitant des réponses cognitives, ou en introduisant un contexte émotionnel.

Le processus de décision d'achat

Souvent modélisé, comme en 1961 par Robert Lavidge et Gary Steiner en une séquence de six étapes (prise de conscience, connaissance, appréciation, préférence, conviction et achat), le processus de décision d'achat peut considérablement varier selon l'individu, la nature du bien ou encore le contexte de l'achat pris en compte. Ces modèles se répartissent en deux grandes familles : les *modèles compensatoires* (les attributs négatifs et les attributs positifs peuvent se compenser lors de l'évaluation pour permettre la décision) et les *modèles non compensatoires* (l'existence d'un attribut négatif entraînera une décision de rejet).

Le processus de décision suppose donc une conclusion sous forme de choix (ne pas acheter, acheter, quoi acheter, comment acheter, rechercher la variété *vs* la fidélité) et implique souvent la possibilité d'un risque perçu par le consommateur. Un risque qui peut rendre le processus plus complexe et parfois même incertain. Ce risque est multifacette : physique, financier, perte de temps, performance, psychologique, social, fonctionnel… et complexifie parfois l'évaluation des alternatives.

Mais ce processus d'achat peut aussi être aidé par l'expérience du consommateur, ses croyances, les conseils de prescripteurs, l'observation de groupes de référence, le complément de cautions indépendantes (labels, appellations, certificats…).

Enfin, il varie naturellement suivant la nature de l'achat. On distinguera l'achat *prémédité* (envisagé en amont, avant le contact avec le produit), l'achat *raisonné* (étudié sur la base d'une ou plusieurs sources d'information), l'achat *routinier* (réalisé par inertie), l'achat *d'impulsion* (spontané, à la vue du produit ou de ses conditions de vente), l'achat *compulsif* (incontrôlé et obsédant) et l'achat *spéculatif* (anticipant une modification des conditions de vente).

L'environnement

L'étude du marché

Les interactions qui peuvent exister entre le consommateur et l'environnement contraignent le marketeur à inclure l'étude minutieuse de ce dernier pour identifier les acteurs, percevoir les opportunités, discerner des tendances porteuses, tenir compte des évolutions (technologiques, légales, sociétales…) et déterminer certains choix. Toute démarche marketing efficace repose sur un système d'information marketing (SIM) performant (outils de collecte, données, techniques d'analyse et de gestion). Il doit fournir une vue précise et objective du marché. Il pourra s'agir d'identifier et de localiser l'offre, de déterminer et mesurer la demande, de recenser les contraintes…

Il existe deux familles de sources d'information. Les *sources internes* sont disponibles dans l'entreprise (comptabilité, tests de production, veille concurrentielle, rapports sectoriels et relevés de vente, études thématiques passées…), et les *sources externes* qui se divisent en deux grandes catégories :

- D'une part les *données secondaires*, qualifiées ainsi parce qu'elles existent déjà lors de l'apparition du besoin d'information. Il peut s'agir de données statistiques, d'analyses de cas, de bases de données, de rapports, d'enquêtes passées, d'organismes publics ou privés…
- D'autre part les *données primaires*, qui sont collectées après l'apparition du besoin d'information pour plusieurs demandeurs (*via* des *enquêtes omnibus*) ou pour l'entreprise seule. Ces données regroupent des études sur l'environnement avec une vision longitudinale (études de panels) ou à un temps *t*. Dans ce dernier cas, on trouve des études quantitatives qui privilégient la description, mais permettent dans certains cas d'obtenir une vue représentative de l'ensemble du marché, et des études qualitatives qui privilégient la compréhension, mais portent le plus souvent sur de plus petits groupes qui ne sont pas nécessairement représentatifs de l'ensemble.

Les tests

L'utilisation du SIM doit permettre d'orienter le marketeur vers des choix stratégiques pertinents. Mais la validation de ces choix implique souvent des tests :

- des tests de concept – pour s'assurer que l'idée même est porteuse –, qui seront ensuite complétés, suivant la nature du bien ou du service, par des tests techniques (taille, poids, résistance, fiabilité, usure, facilité d'utilisation…) ;
- des tests de nom (disponibilité, acceptabilité, facilité de mémorisation, évocation, déclinaison à l'international…) ;
- des tests sensoriels (matières et matériaux, formes, goût, couleurs, bruits…) ;
- des tests de packaging (design, conditionnement et emballage)…

On peut y procéder en laboratoire (tests *in vitro*), en invitant des consommateurs dans un univers *ad hoc*, et/ou en conditions naturelles, en confiant le produit au consommateur pour qu'il l'essaye chez lui (tests *in vivo*). Ils peuvent être conduits en considérant un seul produit à la fois (test monadique) ou plusieurs simultanément (tests comparatifs).

Une fois la version finale du produit ou du service obtenue, il peut également être décidé d'utiliser un *marché test*. Il s'agit d'une zone géographique réduite, représentative de l'ensemble ciblé et qui permet l'observation (réactions des distributeurs et des consommateurs) dans des conditions très proches de la réalité. Pour des résultats rapides quant à l'essai du produit, l'influence de la communication publicitaire et l'intention de réachat, certains de ces marchés tests fonctionnent en mode simulé.

Les menaces et les contraintes

Il est désormais rare que l'environnement soit dépourvu de concurrents et permette une situation de monopole (un offreur *vs* une multitude de demandeurs), tout comme sont peu courants les cas de concurrence pure et parfaite (multitude d'offreurs et de demandeurs). L'oligopole (quelques offreurs *vs* une multitude de demandeurs), à géométrie variable suivant les secteurs, est la forme de marché la plus courante, d'où la relative interdépendance entre les offreurs et la menace qu'ils font peser les uns sur les autres.

La veille concurrentielle doit permettre d'identifier les concurrents, leur stratégie, leur positionnement, leur niveau d'innovation, leur implantation commerciale, la perception (notoriété et image) de leur marque, leur part de voix (investissements publicitaires de la marque A/investissements publicitaires du secteur), ainsi que la nature, la largeur (nombre de produits différents) et la profondeur (variantes : tailles, formes, options, coloris…) de leur offre.

La part de marché (pdm) constitue également un bon indicateur des positions concurrentielles respectives. On peut analyser la *pdm volume* (ventes de la marque A/ventes globales), la *pdm valeur* (chiffre d'affaires marque A/CA du secteur), et la *pdm relative* (part de marché marque A/part de marché marque leader). Pour le leader, la pdm relative est calculée en utilisant la pdm du premier suiveur, pour savoir si la position du leader est faible (valeur proche de 1) ou forte. De plus, il faudra considérer les contraintes potentielles que représentent les environnements :

- technique (accès aux matières premières, disponibilité des technologies, nature et vitesse de l'innovation) ;
- économique et financier (pouvoir d'achat, niveau de vie, propension à épargner, coût des ressources, coût de l'investissement) ;
- démographique (natalité, pyramide des âges, structure des ménages) ;
- politique (stabilité *vs* instabilité) ;
- socioculturel (us et coutumes, croyances, patrimoine culturel, concentration géographique, diversité ethnique) ;
- légal (cadre juridique, réglementations, interdictions) ;
- écologique (contrôle des rejets et de la pollution, respect de l'environnement).

L'environnement sensoriel

Plus la société de consommation à laquelle on s'adresse est développée, plus elle est en général (sur)équipée, plus les arguments en faveur de l'achat d'un bien doivent utiliser un large spectre de *stimuli* combinant raison et émotions. Toujours dans un objectif de différenciation, l'expérience de l'achat puis celle de la consommation peuvent alors s'adresser à l'un ou plusieurs des cinq sens du consommateur. Vue, odorat, ouïe, toucher et goût peuvent ainsi être sollicités sur le lieu de vente, pour le packaging, la signature identitaire de la marque ou le produit lui-même.

Avec un consommateur sollicité par environ 5 000 messages commerciaux chaque jour, selon le cabinet Yankelovich, les *stimuli* sensoriels utilisés peuvent jouer le rôle de capteurs d'attention, de facilitateurs d'interprétation du message, d'amplificateurs de la signification du produit, voire d'aides à la persuasion. Une association sensorielle différenciatrice exclusive peut être déterminante pour le succès d'une offre, *a fortiori* dans une société à la recherche d'une dimension hédonique de sa consommation. Mais solliciter le système sensoriel du consommateur comporte toutefois des limites quant à la perception et l'interprétation du signal reçu. Ainsi, dans le cas de l'olfaction, comme celle-ci s'adresse directement au cerveau limbique, un syndrome proustien peut se manifester, l'association de l'odeur à un souvenir, une expérience ou une sensation pouvant être très *intuitu personae.*

DÉTERMINER LES GRANDES VARIABLES D'ACTION

Les variables d'action du marketing sont réunies dans le *marketing mix*, qui précise par ailleurs leur rôle respectif ainsi que les modalités de leur association. Pour l'AMA, Jerome McCarthy identifia en 1960 les quatre variables d'action principales, plus connues sous l'expression « 4 P » : le produit (*product*), son prix (*price*), son lieu de distribution (*place*) et sa communication (*promotion*).

Poursuivant l'ancrage mnémonique, d'autres auteurs ont complété cette liste avec *Politics* (environnements légaux, politiques...), *Public opinion* (opinion publique), *Pleasure of the consumer* (satisfaction du consommateur), *Positioning* (positionnement), *Packaging*... En 1991, Michael Gershman a même défini une liste de 12 P : *Pitch* (argumentaire commercial), *Piggybacking* (« piggyback »), *Perception* (perception), *Positioning* (positionnement), *Packaging* (packaging), *Placement* (distribution), *Price* (prix), *Premiums* (primes), *Promotion* (communication), *Publicity* (publicité), *Promises* (promesses), *Perseverance* (persévérance).

Les quatre P, ou variables de base du marketing mix

Le Produit (product)

En marketing, le produit peut être un bien tangible (objet), un service, un lieu, une organisation, un individu, une idée, conçus, créés et commercialisés dans le but de satisfaire un besoin ou une envie. On distinguera le produit *banal* – sans spécificité particulière – du produit *anomal* – dont la complexité requiert souvent réflexion et assistance pour l'achat.

On qualifie de produit *non durable* un bien qui est détruit après sa première utilisation, comparativement à un produit *durable*, dont la période d'utilisation s'étale dans le temps. Certaines classifications (comme celle de l'Insee) utilisent un type intermédiaire de produits semi-durables.

Un produit est dit *d'appel* lorsqu'il est mis en avant par son distributeur en raison de son prix avantageux et/ou de ses qualités distinctives.

Enfin, on qualifie de produit *central* l'avantage principal qu'offre le produit et qui est attaché à la promesse de satisfaction.

Le prix (price)

Le prix est le montant à payer pour pouvoir acquérir le produit. Sa fixation dépend du coût de revient, de l'intensité concurrentielle, des contraintes légales, mais également des choix faits sur les autres variables du mix et de l'objectif stratégique poursuivi (pénétration du marché imposant un prix bas, écrémage *via* un positionnement haut de gamme appelant un prix élevé, maximisation de la rentabilité...). Dans un marché très concurrentiel où les caractéristiques des offres sont proches, compte tenu de la probabilité que les consommateurs soient sensibles au prix, c'est une variable hautement stratégique.

Le *prix psychologique* ou *prix d'acceptabilité* correspond au prix (ou à la fourchette de prix) attendu par le consommateur ; à ne pas confondre avec le *prix de référence* (ou prix d'ancrage), qui est utilisé à titre de référence pour apprécier le prix d'un produit.

La distribution (place)

Un circuit de distribution réunit l'ensemble des canaux de distribution utilisés pour commercialiser un produit. La nature et la composition d'un circuit de distribution varient selon la nature du produit, la zone de commercialisation envisagée, l'intensité concurrentielle rencontrée et les objectifs de la marque (traçabilité et contrôle *vs* délégation et souplesse d'adaptation). Certaines marques distribuent elles-mêmes leurs produits, mais la grande majorité recourt à des intermédiaires spécialisés ou généralistes. Ceux-ci peuvent constituer une chaîne plus ou moins longue entre le fabricant et le consommateur. On rencontre différents types de distribution :

- *distribution ouverte,* lorsque différents canaux coexistent ;
- *distribution de masse,* lorsque les intermédiaires sont retenus pour leur capacité à écouler de gros volumes ;
- *distribution intensive,* lorsque le plus grand nombre possible de points de vente est souhaité ;
- *distribution sélective,* lorsque l'on recherche une catégorie particulière de distributeurs ;
- *distribution exclusive,* lorsqu'une seule catégorie de distributeurs est retenue.

La communication (promotion)

Les vecteurs de communication sont utilisés pour véhiculer une information à destination d'un intermédiaire de la distribution, d'un consommateur ciblé ou d'une autre partie prenante (médias, pouvoirs publics, associations...), selon une hiérarchie d'effets que le modèle classique AIDA, imaginé par E. St. Elmo Lewis en 1898, illustre bien (attirer l'attention, susciter l'intérêt, provoquer le désir et déclencher l'acte).

Tous n'ont pas le même mode opératoire. Si la publicité attire le consommateur vers le produit, la promotion commerciale aura davantage tendance à pousser ledit produit vers lui, de manière complémentaire. On distinguera également la publicité média (*above the line*), qui recourt à l'un des cinq grands médias (presse, télévision, radio, affichage et cinéma) de la publicité hors médias (*below the line*), qui recourt aux autres vecteurs (marketing direct, annuaires, promotion, salons, mécénat, sponsoring, relations publiques et Internet). Dans une société développée, la communication publicitaire a davantage pour objectif de renforcer les préférences que de déclencher l'achat. Enfin, dans une optique de communication marketing intégrée (IMC, *Integrated Marketing Communications*), on n'omettra pas de coordonner l'utilisation de ces vecteurs, sans oublier la communication interpersonnelle, car le bouche à oreille peut parfois être déterminant pour la réussite d'une offre.

D'autres variables d'action complémentaires

Le packaging et le merchandising

Nombre d'actes d'achat s'effectuent dans un point de vente en libre-service, *off-line* ou *on-line*. Dès lors qu'aucun vendeur n'est présent pour valoriser l'offre à destination de l'acheteur potentiel, l'aspect du produit, sa présentation et sa localisation éventuelle sur un linéaire peuvent jouer un rôle essentiel dans le processus de décision d'achat.

Si le produit est inconnu du consommateur, le *packaging* devra seul assurer l'ensemble de la séquence AIDA. Il regroupe les notions d'emballage (protection du produit et information *via* l'étiquette), de conditionnement (contenant définissant l'unité de vente) et de design (caractéristiques physiques et esthétiques). Le *merchandising* réunit l'ensemble des techniques commerciales utilisées pour aménager le point de vente, disposer et valoriser les produits proposés dans le cadre d'un plan d'implantation *ad hoc.* Différentes solutions logicielles permettent de définir un assortiment et une mise en rayons *ad hoc,* et d'éviter la constitution de zones froides (espaces ou rayons rarement fréquentés). De nombreux indices (passage, attention, manipulation produit, rentabilité linéaire…) peuvent être calculés pour faire évoluer le linéaire profitablement. Mais au-delà du merchandising, c'est l'expérience d'achat cognitive, émotionnelle, ludique et/ou hédoniste du consommateur qu'il convient de développer.

Le marketing direct

En France, les investissements en marketing direct (mailings postaux et électroniques, catalogues, marketing téléphonique, émissions télévisées interactives, prospectus…) sont à peu près équivalents à l'ensemble des investissements publicitaires réalisés sur les cinq grands médias (environ 10 milliards d'euros).

Le marketing direct a pour objectif d'identifier et de localiser les consommateurs potentiels afin de pouvoir leur adresser un message le plus directement et le plus spécifiquement possible. Privilégiant une approche multicanal pour ne manquer aucune opportunité de contact, il intègre chaque jour un peu plus les ressources de l'Internet. Si possible, il doit aussi être interactif, pour permettre une modulation de la réponse en fonction des réactions des contacts. Au-delà de l'information transmise, l'interaction alors établie peut parfois avoir pour but d'aboutir à la conclusion de la transaction. C'est ainsi qu'il est devenu un soutien essentiel à l'essor de la vente à distance (VAD). Enfin, il est propice à une meilleure GRC, l'échange installé devant permettre de susciter puis d'entretenir la fidélité des clients. La mise en place de relations personnalisées, voire individualisées avec ceux dont le potentiel paraît le plus important, accompagne le développement d'une démarche marketing *one-to-one*.

PILOTER LA FONCTION MARKETING

Un plan marketing est un document qui présente l'analyse de toutes les informations recueillies, établit un diagnostic, définit des objectifs, conçoit une stratégie corollaire et liste moyens et actions pour y parvenir.

Définir les choix stratégiques

Pratiquer une segmentation du marché

Dans le cadre d'une stratégie marketing différenciée (à l'inverse du marketing de masse, indifférencié), le marketeur procède au découpage de son marché en sous-ensembles d'individus homogènes (selon un ou plusieurs critères).

La segmentation a été détaillée pour la première fois en 1956, par Wendell Smith. Elle suit le plus souvent cinq étapes :

- définition précise du marché,
- choix des critères définissant les segments,
- description du profil des segments,
- sélection des segments cibles,
- définition des mix *ad hoc* pour atteindre ces segments.

La pertinence du choix des segments peut être appréciée sur la base de sept critères principaux :

- la mesurabilité,

- la taille attirante,
- la rentabilité potentielle,
- l'homogénéité des éléments composants,
- l'accessibilité,
- le caractère discriminant,
- la stabilité dans le temps.

Poussée à l'extrême, la segmentation peut conduire d'un marketing de niche (segments très étroits) à un marketing *one-to-one*, où chaque segment n'est occupé que par un consommateur. Les critères de segmentation peuvent être démographiques, économiques, financiers, professionnels, géographiques, sociologiques, statutaires, situationnels, religieux, comportementaux, ethniques ou encore fondés sur les valeurs, l'éducation, les classes sociales, les styles de vie, les avantages recherchés…

Déterminer le ciblage et le positionnement

Une fois que le ou les segments les plus intéressants (taille, accessibilité, potentiel économique…) sont déterminés, ils deviennent la cible de la marque ou de l'entreprise ; la *cible primaire* (ou cœur de cible) étant la fraction de l'ensemble visé qu'il convient de toucher/sensibiliser de manière prioritaire.

L'étape suivante, que constitue le *positionnement*, consiste à situer le produit le plus clairement possible, au sein de l'offre disponible sur le marché. Il peut s'agir d'une caractéristique exclusive du produit, d'un argument commercial, d'une réponse idoine aux attentes du consommateur, d'une position concurrentielle, d'une offre spécifique à un segment particulier, d'une innovation de rupture… Élément absolu de différenciation, le positionnement doit être simple et cohérent, au risque de ne pas être compris ou, pire, d'être rejeté par la cible. Car au final, comme l'ont très bien expliqué Al Ries et Jack Trout, ce positionnement résultera de la place que le produit occupera dans l'esprit du consommateur.

Choisir, développer et protéger la marque

Le choix d'un nom de marque doit répondre à plusieurs impératifs. Il doit être original (être en mesure d'attirer l'attention), diacritique (suffisamment distinctif pour différencier le produit de ses concurrents), facile à mémoriser (capable d'entrer facilement dans l'ensemble évoqué qui représente les marques présentes naturellement à l'esprit du consommateur à l'évocation d'une catégorie) et disponible (ne pas avoir été déjà déposé légalement). Il est parfois recommandé qu'il soit aussi évocateur, dans le respect du produit ou de sa promesse, pour faciliter l'attribution par le consommateur. Le nom de marque est un puissant facteur de différenciation, source d'un capital image qui doit être développé (validation de la promesse, innovation, communication) et protégé (dépôt légal, veille concurrentielle, contrôle des actions de communication parasitaire) au risque de se dégrader, de vieillir et de finir par nuire aux produits qui portent le nom de la marque.

Dépenses marketing et retour sur investissement

Le retour sur investissement (ROI) est souvent assimilé aux seuls profits. Bien que le marketing se soit doté de nombreux modèles et outils de planification rigoureux, il peine encore parfois à justifier ses résultats et est souvent associé à une dépense, plutôt qu'à un investissement. Tim Ambler et ses collègues privilégient cinq variables qui sont majoritairement utilisées par les professionnels pour mesurer, sinon un ROI exact, tout au moins la performance de l'action entreprise : le chiffre d'affaires, la marge brute, les profits, la notoriété et la part de marché. Soit une prépondérance de variables financières, alors que le ROI pourrait représenter l'obtention du référencement du produit dans les canaux de distribution *ad hoc*, voire un meilleur *facing*, le fait d'attirer le client sur le point de vente (génération de trafic), la valorisation de l'image de la marque, l'amélioration de la satisfaction, la croissance de la part des consommateurs fidèles...

Quant à la rentabilité d'un investissement marketing, est-il judicieux de la considérer par rapport à une action, ou au regard de ce qu'il rapportera tout au long de la vie du consommateur (CLV) ? La simplification et le cloisonnement peuvent être ici les ennemis du bien. Les variables retenues doivent tenir compte de l'environnement, être adaptées à l'entreprise et à son métier, tenir compte des interactions (IMC), être logiques, et leurs résultats doivent être comparables dans le temps, vérifiables objectivement et demeurer confidentiels le plus possible.

Adapter le marketing à son environnement

Gérer l'anti-marketing et l'appel au boycott

De tout temps, des individus et des groupes se sont élevés contre une puissance jugée hégémonique des marques. À la fin des années 1990, cette contestation a pris la forme d'un activisme plus virulent, alimenté par le comportement contestable (détournement, dissimulation, escroquerie, etc.) de certains (Enron, Ahold, WorldCom, Parmalat, Livedoor...). Estimant que l'objectif des entreprises n'est pas toujours compatible avec la santé, la sécurité et le respect des consommateurs, groupes et associations de consommateurs sont plus prompts à l'action en justice et à diffuser à grande échelle une contre-communication parasitaire. En ce sens, l'Internet est devenu le méta-medium de prédilection. À faible coût, il constitue un porte-voix planétaire, universel et quasi instantané, y compris pour l'individu isolé.

Plus la notoriété des marques est importante et leur marketing ostentatoire, plus elles constituent des cibles de choix. L'appel au boycott est une action (souvent concertée) de contestation conduite par des consommateurs qui refusent et préconisent le refus d'acheter un produit ou une marque. Il peut occasionner une perte de chiffre d'affaires et de profits, une perturbation de l'activité, une perte de clientèle, une modification de la législation, une altération de l'image de la marque et, dans le pire des cas, sa disparition. Lorsqu'il est justifié, l'appel au boycott est l'illustration négative d'une perte de contact, entre la marque et ses consommateurs, qui peut être fatale. L'objectif est de punir l'entreprise ou de faire pression sur elle afin qu'elle change. La participation à l'action illustre un phénomène de « néomilitantisme » qui s'accorde bien avec la constitution temporaire de tribus contestataires. Il est très propice à développer rapidement un sentiment communautaire qui, par son opposition déclarée, redonne du sens à l'existence même d'un consommateur ignoré.

Consumérisme moderne et service aux consommateurs

Le consumérisme est l'action, souvent collective, des consommateurs pour s'informer objectivement sur les produits et services offerts à la consommation, et pour défendre leurs droits en tant que consommateurs. Ses prémices datent du début du XXe siècle aux États-Unis, où il faut attendre la signature de la Charte des droits du consommateur (*Consumer Bill of Rights*) en 1962 pour que soient pleinement reconnus le droit à la sécurité, les droits d'être informé, de choisir et d'être entendu. Pourtant, comme le rappelle Philip Kotler : « Le consumérisme représente peut-être, et d'une manière très profonde, l'expression ultime de la démarche marketing. Il oblige le gestionnaire à se mettre à la place du consommateur. » Est-ce à dire que certains marketeurs seraient devenus myopes, au sens décrit par Théodore Levitt dès 1960 ?

Il importe donc de définir l'activité de l'entreprise non par rapport à ce qu'elle sait faire, mais par rapport à ce qu'il lui faut savoir faire pour répondre à la demande du marché, et plus précisément aux problèmes auxquels les consommateurs sont confrontés. Tout comme un service consommateurs doit fournir au consommateur la possibilité de communiquer aisément et le plus directement possible avec l'entreprise, les processus de développement qu'elle utilise doivent faire de ces consommateurs des partenaires écoutés et impliqués, et plus simplement des testeurs de concepts et de produits. Dans une société chaque jour plus participative, le marketing se doit simplement de respecter ses interlocuteurs.

Marketing éthique et responsabilité sociétale

S'il aspire toujours au bien-être de son consommateur, le marketing ne peut plus aujourd'hui négliger celui de la société tout entière où il s'exerce. La promesse de satisfaction d'un bien ou d'un service doit pouvoir être concrètement validée par le destinataire ; de même, la notion de respect doit être présente depuis les modalités de collecte de l'information (sollicitant l'accord du consommateur – *opt-in*) jusqu'à l'après-vente (accueil et gestion des réclamations, recyclage écologique des emballages et des produits usagés). La responsabilité sociétale (respect de l'individu, déontologie économique et financière, préservation de l'environnement) n'est désormais plus un choix de communication, mais le comportement éthique nécessaire d'une entreprise consciente de ses innombrables interactions avec l'ensemble de ses parties prenantes (consommateurs, employés, fournisseurs, partenaires, concurrents, pouvoirs publics, médias, associations consuméristes…). Il est lié au consumérisme moderne qui médiatise rapidement et puissamment tout comportement déviant (publicité trompeuse, abus de position dominante, vol et détournement, dissimulation d'information, exploitation salariale et travail illicite, pollution…). D'où l'engagement désormais permanent du marketing en faveur d'un développement durable, respectant l'expression de John Elkington : *Triple bottom line* (*triple P*), pour *People* (gens), *Planet* (planète) et *Profit*.

La réalité des mondes virtuels

L'Internet moderne a permis une communication directe bien que distante entre la marque et le consommateur, réinventant les fondamentaux de la communication interpersonnelle. Le Web 2.0 est d'ailleurs lui-même venu confirmer l'intérêt stratégique d'un marketing participatif, voire collaboratif. L'essor des *blogs* (collections triées et ordonnées d'avis et de commentaires, tels les journaux personnels proposés sur le Web), des *wikis* (sites Internet collectifs « multicontributifs » de gestion de contenus, en accès libre) et autres UGC (*user generated contents*, contenus initiés et développés par les utilisateurs) écrits, sonores ou vidéo complètent cette évidente prise de contrôle du consommateur, tout comme son éloignement relatif des grands médias de masse.

D'autre part, le développement de points de vente virtuels a imposé de nouveaux modes d'exercice du marketing : accès universel possible, fonctionnement 24 h/24, 7 j/7, surinformation concurrentielle immédiate, expérience distante immatérielle du produit, comparaison aisée du prix, paiement par intermédiation, communication en temps réel… C'est tout un marketing relationnel, expérientiel ou viral à peine né qui doit s'adapter. *A fortiori* lorsque dans un univers virtuel, le consommateur surdimensionne la théorie des rôles et choisit un avatar issu du déguisement, de l'embellissement ou simplement de la fantaisie. La caractéristique virtuelle de l'échange le rend plus rapide et plus fragile, mais pas pour autant impossible ; en atteste la croissance continue des échanges électroniques.

Aussi, lorsque Sergio Zyman prétend que c'est *la fin du marketing tel que nous le connaissons*, ce n'est en définitive que le constat de la parfaite opérationnalité d'une fonction stratégique essentielle de l'entreprise qui, de tout temps, a eu pour mission de l'adapter au mieux à son écosystème évolutif. Ce n'est qu'ainsi que l'entreprise peut innover utilement pour vivre et non simplement survivre. Or, comme aimait à le rappeler Peter Drucker : « Une entreprise n'a que deux fonctions primaires : le marketing et l'innovation. »

Pour aller plus loin, consultez la bibliographie en ligne.

Chapitre 4

Vente

Michelle Bergadaà

Professeur de management,
directrice du Master of Science in Business Administration,
HEC – université de Genève.

Une question récurrente consiste à savoir pourquoi, depuis quarante ans, la vente a été oubliée du courant d'interrogations profondes qui a agité les praticiens et les chercheurs de toutes les disciplines de la gestion. La stratégie a eu ses leaders, l'économie financière ses maîtres, l'organisation ses gourous, le marketing ses précepteurs. Mais la vente n'inspire manifestement pas de hauts débats. De fait, elle a beau soutenir – voire porter à bout de bras – la réussite de toute entreprise, les grandes firmes internationales (modèles académiques et populaires de réussite cités en exemple) considèrent avoir fondé leur croissance sur des avantages concurrentiels particuliers. La vente n'est dès lors que la mise en œuvre de ces choix stratégiques. Cependant, la force de vente est sans doute la fonction la plus cruciale de l'entreprise, car elle constitue probablement la structure la plus puissante au sein de la société. Elle représente publiquement l'entreprise, qui met entre ses mains son actif le plus important : ses clients. Et ce sont les vendeurs qui portent l'image de l'entreprise, ceux qui la représentent hors de ses murs.

Dans cet article, nous positionnerons la vente selon la définition suivante :

> La vente est l'ensemble des ressources humaines, culturelles ou fonctionnelles qu'une entreprise met en œuvre pour échanger un produit ou un service avec des agents, des hommes ou des organisations. Cet échange a une finalité commerciale ; mais il implique également la communication d'informations formelles et informelles, opérationnelles et culturelles, psychologiques et sociales. Le vendeur est un homme ou une femme qui, en contact direct avec le client, est en mesure de créer avec lui, et pour lui, une valeur commerciale.

LES MUTATIONS DE LA VENTE

Depuis dix ans, de profonds changements sont intervenus qui ont transformé radicalement la place de la vente dans l'entreprise. Nous en dénombrons ici deux majeurs : les changements du contexte et l'avènement du CRM (*Customer Relationship Management*).

Les changements du contexte

Au cours des dernières années, la vente a changé de manière très significative, et ces mutations modifient en profondeur les relations des entreprises et de leurs clients. Nous dénombrons quatre forces principales qui s'exercent sur la vente.

L'environnement économique

La mondialisation et la formation de la zone Europe ont modifié considérablement l'organisation de la vente pour les entreprises. Les processus commerciaux sont plus complexes, car ils s'inscrivent dans un tissu commercial européen, voire mondial. Dans les plus grandes entreprises, la centralisation par zones géographiques a bouleversé les pratiques. Alors qu'il y a à peine une dizaine d'années, les directions des régions, voire des pays, étaient autonomes pour fixer leurs objectifs de vente, il est de plus en plus fréquent de voir ces objectifs fixés au niveau des sièges centraux, loin des directions de pays (comme en Suisse pour Nestlé, aux États-Unis pour HP, etc.). Les stratégies mondiales auront un impact sur les objectifs locaux. Parallèlement, au niveau local, la rude concurrence d'entreprises de plus en plus sophistiquées oblige les forces de vente à fidéliser une clientèle rendue volatile. En effet, il coûte en moyenne quatre fois moins cher à l'entreprise de conserver un client que d'en conquérir un nouveau. Réactivité et fidélisation sont donc les maîtres mots de la vente. Alors, dans ce cas, comment mesurer la performance ? Quel « chiffre » mesure cette performance de la vente : la cotation en Bourse ? Le chiffre d'affaires ? La politique écologique de l'entreprise ? Le gain de parts de marché ? La confiance de ses clients ? Le bénéfice réalisé à une période par rapport à celui de la période précédente ?

La force du réseau

Ainsi, au cours des dernières années, une autre mutation fondamentale s'est produite tant sous la force de la mondialisation que de l'émergence des technologies de l'information et de la communication : le fonctionnement par réseau est devenu le fondement des échanges de l'entreprise. Celle-ci, quelle que soit sa taille, est ainsi une toile aux multiples connexions virtuelles et réelles. La logique simpliste qui déterminerait une entreprise selon ses partenaires *vs* ses concurrents est devenue en grande partie obsolète. À un moment donné, en un point de son réseau, un projet commercial se profile. L'entreprise va alors collaborer avec des partenaires différents en fonction de ce projet, et nous pouvons aussi bien rencontrer autour de la même table de négociation un partenaire de longue date qu'un concurrent d'hier. Par exemple, les grandes banques, concurrentes en temps normal, collaborent fréquemment pour monter des projets de grande envergure. Cependant, la spécificité de cette toile de relations est certainement sa flexibilité. Les unions qui se créent autour de projets d'envergure sont de durée variable. La configuration du réseau commercial d'une entreprise change en permanence.

Les technologies de l'information et de la communication

Aujourd'hui, le client n'a plus réellement besoin d'un vendeur pour lui fournir les renseignements utiles à sa prise de décision. L'acheteur du B to B, comme le simple consommateur, peut librement « surfer sur la Toile » pour vérifier les meilleures opportunités qui se présentent sur un marché mondialisé. La création de plates-formes d'achat en ligne, par exemple, est un parfait exemple de la synergie entre mondialisation et la Toile qui tend à modifier considérablement tant le métier des vendeurs que celui des acheteurs. Par exemple, plusieurs entreprises de produits de grande consommation se sont unies pour développer une telle plate-forme, CPG Market (absorbée en 2005 par la société Accenture). Il suffit à une entreprise partenaire d'annoncer qu'elle souhaite acheter des centaines de milliers de contenants pour l'un de ses produits, pour que des producteurs du monde entier fassent des offres. Celui qui proposera le prix le plus bas remportera l'affaire. Cette procédure porte le nom d'*enchères inversées*.

Nous ne sommes qu'au début de l'ère numérique, et nous ne pouvons encore en imaginer l'impact en termes économiques. Mais déjà, les technologies de l'information ont un impact majeur sur les métiers commerciaux. Ainsi, la vitesse des échanges de messages et la possibilité de partager des bases de données informatisées d'un point à l'autre du globe modifient la relation entre les acteurs. Par exemple, Caterpillar a aujourd'hui pu mettre en place une politique de vente et commercialisation homogène avec tous ses concessionnaires de monde entier. Ces derniers ne vendent plus des machines, ils commercialisent une marque et un savoir-faire.

Les clients finaux

La quatrième mutation a plutôt la forme d'une évolution. De plus en plus informés, éduqués, exigeants, les clients finaux ont la volonté d'atteindre une qualité de vie globale supérieure. S'ils veulent se procurer des produits ou des services simples, ils savent chaque jour davantage visiter des sites sur Internet, choisir les meilleurs rapports qualité-prix et se déplacer pour se procurer ensuite ces biens. Par contre, s'ils décident de rencontrer un vendeur, ils vont attendre de ce dernier beaucoup plus qu'un exposé des performances du produit (ou du service). Ils voudront que le vendeur soit capable de comprendre la place que le produit ou service prend dans leur vie et qu'il soit en mesure de créer une véritable valeur ajoutée. Par exemple, plus personne ne va acheter un portable à la Fnac sans avoir au préalable consulté son site Internet et comparé les avantages de différents produits.

À la vitesse à laquelle évolue ce type de produit, lorsque le client rencontre en magasin un vendeur, il en connaît presque autant que lui, si ce n'est davantage. Quel est alors le rôle du vendeur ? Il devra savoir se mettre à la place du client, l'interroger sur sa manière d'utiliser son portable, sur ses autres usages de différentes technologies, afin de vérifier les périphériques dont il aura besoin. Ici, le vendeur, personne physique, et le site Internet se sont conjugués pour finaliser une vente et satisfaire un client qui deviendra peut-être fidèle. La vente est ainsi devenue l'ensemble des moyens que se donne une entreprise pour rester en contact permanent avec son client final et créer pour lui de la valeur d'usage.

Le CRM

La mutation interne de l'organisation est grandement facilitée par la mise en place d'un *Customer Relationship Management*, ou CRM, stratégie par laquelle l'entreprise vise à gérer et à anticiper les besoins des clients actuels (fidélisation) et futurs (prospection). Le CRM se fonde sur la création d'outils logiciels et sur l'accès au Web, qui permet d'organiser et de gérer les informations provenant de multiples services internes – comptabilité, ressources humaines, vente –, et aussi des clients eux-mêmes. Une parfaite définition des besoins commerciaux de l'entreprise, et une stratégie clientèle précise fondée sur une démarche de marketing segmental rigoureuse vont permettre de définir une infrastructure informatique adaptée aux besoins de la firme.

Le principe de création du CRM

La création d'un CRM efficace appelle une infrastructure interne solide. Les processus génériques sont les suivants :

- **La segmentation des clients**, par la définition de profils clients homogènes, a pour objectif de focaliser les efforts de la force de vente sur les clients qui présentent le plus d'intérêt commercial. Cette segmentation se fonde non pas sur des critères sociodémographiques traditionnels, mais sur une analyse de la valeur du client. On commence donc généralement par déterminer les clients par groupes homogènes selon leur comportement effectif d'achat. On peut également rechercher des bases de segmentations logiques de processus d'achat, par exemple le moment où les commandes sont passées.
- **Les entrepôts de données** (ou *datawarehouses*) seront organisés par la convergence de flux d'informations de provenances diverses. La consolidation des données et leur traitement seront effectués selon les demandes spécifiques des utilisateurs.
- **Les interfaces usagers** : la restitution des informations sous une forme utile pour les services de vente et pour les clients nécessite la définition d'interfaces adaptées aux modes de travail de ces derniers. Par exemple, les vendeurs et les responsables de vente n'auront pas besoin des mêmes tableaux de données pour décider de leurs actions au quotidien.

L'intérêt du CRM pour la vente

Le CRM a, au niveau de la vente, deux applications principales : la gestion des forces de vente et le support client.

- **La gestion des forces de vente.** Parce qu'il fonctionne sur la base d'une segmentation précise de la clientèle, le *datamining* va permettre au vendeur de trouver une liaison détaillée entre les variables concernant un client. Par exemple, une banque segmentera ses clients en fonction de leur comportement, et les commerciaux sauront quand il est important d'intervenir pour offrir leurs services et fidéliser ainsi les clients. Ainsi, un *datamining* quotidien réussi va permettre au vendeur d'avoir accès à des données précises concernant le client et de préparer avec une grande efficacité des outils de production de devis et de gestion de contacts (fréquence, durée...) utiles. De la sorte, les politiques de marketing direct par mail ou par téléphone sont elles aussi facilitées.

- **Le « support client »** est l'utilisation directe que le client fera de l'interface Web, sans recourir à un commercial. On considère ici d'abord le *call center*, sur lequel repose le processus de commande directe par le client des produits et services souhaités. C'est aussi la fonction qui lui permet, par exemple, de vérifier l'état de ses comptes bancaires. Cette interface peut en outre aider à orienter les clients sur un produit ou un autre selon ses besoins. Le support client a une seconde fonction : le *help desk*. Il s'agit d'une fonction qui permet d'orienter directement le client qui en a besoin vers le service de dépannage qu'il nécessite. Pour un client important, comme c'est le cas dans le B to B, les services d'assistance auront accès à l'ensemble du dossier du client afin de lui fournir véritablement une aide appropriée.

ORGANISER LES ACTEURS DE LA VENTE

Les dirigeants de l'entreprise vont définir, en fonction de la stratégie de l'entreprise, leurs besoins en matière d'organisation de la vente. Les deux axes de cette organisation dont nous traiterons ci-après sont le choix des profils de vendeurs et l'agencement des métiers d'interface.

Pour un complément d'information sur les acteurs de la vente, voir l'Annexe 1 en ligne.

Les grands profils de la vente

En définissant la stratégie de l'entreprise, ses dirigeants déterminent un type de force de vente qui en sera le fer de lance. Les réorientations stratégiques, tout comme les fusions et les acquisitions, peuvent conduire à des réorganisations drastiques de ces forces de vente. Nous en avons défini quatre profils stratégiques présentés ci-dessous.

Profil de vendeur « Évolution et communication »

Lorsqu'une entreprise recherche une rentabilité globale, elle a tendance à développer le télémarketing et à automatiser le plus possible les commandes. Les *call centers* délocalisés dans des pays à bas coût salarial deviennent courants. On assiste généralement à une diminution importante du nombre des commerciaux. Le rôle du vendeur, dès lors, se concentre sur le « moment de vérité » qu'est la réalisation de l'acte de vente. Les vendeurs du secteur automobile, par exemple, se trouvent dans cette situation. Ces vendeurs sont recrutés sur la base des éléments suivants :

- *Compétences :* le vendeur sera spécialiste de la communication et aura des capacités personnelles d'empathie.
- *Recrutement :* on recherchera des personnes ayant un fort potentiel d'adaptation et des capacités de réaction rapide.
- *Formation :* on aidera les vendeurs à améliorer encore leur communication et leur comportement.
- *Carrière possible :* vers l'encadrement de la force de vente.

Profil de vendeur « Information et relation »

Quand une entreprise opte délibérément pour une politique d'information et de relation, comme c'est souvent le cas dans les secteurs technologiques et à rapide évolution, et dans le B to B de manière générale, elle aura tendance à être à la pointe des techniques d'information. Ainsi d'une entreprise telle que Hewlett-Packard, qui vend des solutions informatiques à des entreprises. Le travail quotidien des vendeurs sera aidé par la décentralisation de l'information à l'aide des portables, mais aussi par l'usage de sites intranet dédiés. Aussi tendra-t-on à une analyse en « temps réel » des informations provenant du terrain, et, *vice-versa*, les informations de nature stratégique seront à la portée des vendeurs. De cette façon, la mise en place d'un CRM efficace sera hautement salutaire. Ces vendeurs sont considérés sur la base des éléments suivants :

- *Compétences :* ingénieur commercial, le vendeur aura des connaissances solides des produits et des services proposés.
- *Recrutement :* on recherchera des personnes ayant des capacités d'analyse et de décision, de type « résolution de problèmes ».
- *Formation :* on aidera les vendeurs à améliorer leur connaissance des processus décisionnels et l'organisation des tâches.
- *Carrière possible :* vers de l'expertise de haut niveau.

Profil de vendeur « Stratégie et autonomie »

Quand l'entreprise a comme stratégie la création systématique de valeur pour le client final, les vendeurs doivent être capables de comprendre l'information de nature stratégique révélée par leurs clients, ainsi que l'urgence de transmettre certaines informations à leur direction. Ces aptitudes à la compréhension stratégique vont de pair avec une grande autonomie d'opération sur le terrain. Par exemple, les vendeurs des produits de grande consommation, tels ceux de Nestlé ou de Procter & Gamble, négocient au niveau des grands distributeurs comme Carrefour. Leur mission est de mettre en place un véritable marketing relationnel avec les clients afin de les fidéliser le plus possible. Ces vendeurs seront considérés sur la base des éléments suivants :

- *Compétences :* le vendeur aura une grande compréhension de la stratégie interne de son entreprise, comme de celle de ses clients.
- *Recrutement :* on recherchera des personnes ayant une grande ouverture d'esprit, de la curiosité, de la mobilité, et qui acceptent plus facilement que d'autres les récompenses différées.

- *Formation :* on aidera les vendeurs à améliorer leurs aptitudes de généraliste et à conserver des capacités d'autoformation permanente.
- *Carrière possible :* vers la négociation de haut niveau.

Profil de vendeur « Entrepreneurship »

Face à une complexification des services déployés, une entreprise peut avoir pour politique de mettre en place des équipes de vente multifonctionnelles autonomes. De telles équipes peuvent être composées d'ingénieurs, de financiers, de marketeurs. Ces équipes se retrouvent par exemple dans les grands bureaux de consultants qui travaillent sous contrat chez des clients, mais aussi dans toutes les entreprises qui œuvrent dans le B to B dans le cadre de grands contrats. Ces commerciaux seront considérés sur la base des éléments suivants :

- *Compétences :* le vendeur de ce type d'équipe aura un esprit d'entrepreneur.
- *Recrutement :* on recherchera des personnes ayant une capacité certaine d'autonomie (non d'indépendance), ainsi qu'une grande implication dans leur entreprise.
- *Formation :* on aidera les vendeurs à améliorer leur multidisciplinarité à l'aide de formations de type MBA.
- *Carrière possible :* vers les directions fonctionnelles.

Les métiers de l'interface vente

Venant à l'appui de ces vendeurs qui se trouvent en première ligne face aux clients, de nombreux métiers de l'entreprise contribuent de manière plus ou moins directe à l'acte de vente. Si l'on représente ces métiers commerciaux sur deux axes symbolisant le fait d'être plus ou moins seul ou en équipe, d'une part, et, d'autre part, le fait d'être plus ou moins sur le terrain ou dans l'organisation, nous trouvons divers métiers de support :

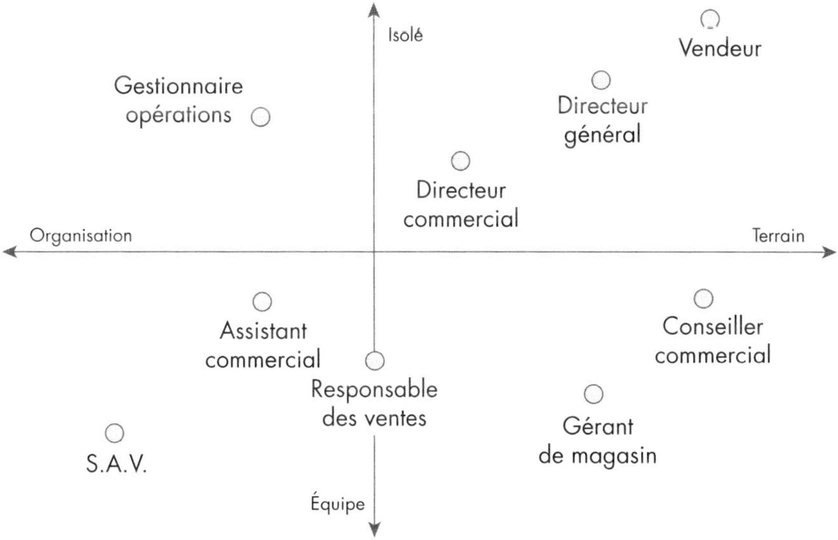

Figure 4.1 – Les métiers de l'interface de vente

Ce schéma inclut le directeur général, car celui-ci est le premier des vendeurs de l'entreprise. Comme eux, il représente l'entreprise face au client et en est le premier porte-parole de ses valeurs et de sa culture.

L'IMPACT DE LA FORCE DE VENTE

Les dirigeants de la force de vente de l'entreprise vont avoir le rôle essentiel de déterminer les facteurs qui impactent la force de vente. Les trois axes de cette définition sont l'optimisation de la force de vente, le recrutement des hommes et des femmes de la vente, et leur rémunération.

L'optimisation de la force de vente

L'optimisation de la force de vente est une source permanente de préoccupation, puisque cette dernière est à la fois la source de coûts très importants et la source de tous les profits potentiels. En la matière rien n'est jamais acquis ; l'optimisation d'une force de vente est sans cesse recalculée, avec l'aide de modèles mathématiques plus ou moins élaborés dans les grandes entreprises, et avec l'appui de l'expérience du terrain. Mais tous les modèles, mathématiques ou empiriques, créés pour trouver la formule idéale reviennent à raisonner en prenant comme point de départ soit la taille du territoire à couvrir, soit le type de clientèle à traiter, soit encore le type de produit/service à délivrer. Sur la base de ces trois perspectives, en fonction de ses habitudes ou de la conjoncture, chaque dirigeant des ventes crée son propre modèle.

Le focus sur le territoire

Le principe de base consiste à découper le territoire total à couvrir par la force de vente en territoires qui auront un potentiel de chiffre de vente *a priori* semblable. On attribuera alors chacune de ces portions de territoire à un vendeur spécifique. L'avantage de cette méthode est de permettre, théoriquement, l'attribution de primes de réussite à chances égales. La méthode rencontre néanmoins des limites, par le fait que la difficulté de réalisation des quotas de vente n'est pas forcément identique. Par exemple, un jeune vendeur qui prendrait la suite d'un vendeur ayant réalisé toutes les ventes possibles peut se retrouver sur un territoire « sec », c'est-à-dire qui n'aurait que peu d'ouverture sur de nouveaux clients.

Par ailleurs, à potentiel de chiffre d'affaires égal, les territoires sont plus ou moins étendus géographiquement. Un vendeur qui devrait passer le tiers de son temps en déplacement se trouverait désavantagé par rapport à un collègue bénéficiant d'un territoire plus concentré sur lequel il ne passerait que 20 % de son temps en transport.

Enfin, l'augmentation du nombre de vendeurs à territoire global égal n'entraîne pas une augmentation de chiffre d'affaires proportionnel, en vertu de la loi des rendements décroissants. Sur un même territoire optimisé, il faudrait par exemple cinq fois plus de vendeurs pour une croissance de chiffre d'affaires qui atteindrait peut-être seulement 15 %.

Le focus sur le client

La deuxième méthode consiste donc à définir la charge de travail en fonction des besoins de la clientèle. Pour chaque catégorie de clients, on détermine le nombre de visites qui sont *a priori* nécessaires pour démarrer une relation, l'entretenir et/ou renouveler des contrats de vente. En l'occurrence, dans une entreprise, si en moyenne de gros clients demandent 20 contacts par an, et de petits clients en demandent 10, la multiplication du nombre de clients dans chaque catégorie par le nombre de visites donnera le nombre total de visites nécessaires à l'entreprise pour maintenir son actif de clientèle. Par exemple, considérons un nombre total de visites estimées : (100 clients × 20) + (500 clients × 10) = 7 000 visites/an. Si la force de vente est composée de 18 vendeurs, alors ceux-ci ont en moyenne chacun 194 visites à réaliser par an.

Cette méthode présente des avantages d'équité puisque chaque vendeur a normalement la même charge de travail. Elle a malgré tout des inconvénients. Le calcul du nombre de visites nécessaires repose, notamment, sur le « feeling » du responsable de vente et les indications des vendeurs. Or les situations peuvent changer en cours de période. Un client peut demander plus ou moins d'attention, un petit client peut devenir subitement important ou l'inverse. Par ailleurs, en déterminant *a priori* le nombre de visites nécessaires, avec cette méthode, les vendeurs tendent à s'ancrer dans la routine, leur préoccupation essentielle étant dès lors de calculer leurs circuits de déplacement de manière à rencontrer le plus de clients possibles chaque journée. En outre, dans de nombreuses entreprises, il existe des comptes « clés », des clients de très grande valeur auquel sera attaché un type de vendeurs « grands comptes » particuliers. En ce cas, on ne compte pas le nombre de visites *a priori* nécessaire, mais la taille des contrats renouvelés.

Le focus sur le produit/service

Un troisième élément à considérer est celui des forces de ventes dédiées à un type de produit ou de services donné. On se doute bien que le lancement d'un nouveau produit nécessitera de bien plus grands efforts de la force de vente que la commercialisation de produits bien connus des clients. Le lancement du produit/service, l'accompagnement du client lors de l'appropriation qu'il en fait, le relais éventuel avec le service après-vente vont conduire le responsable des ventes à développer des équipes transterritoriales.

L'inconvénient de ce type d'organisation est que le même client peut se trouver contacté à la fois par le vendeur du territoire dont il relève et par le vendeur responsable d'un nouveau produit ou service. Le même client peut, par exemple, avoir besoin d'une solution informatique complexe et de simples ordinateurs lorsqu'il fait appel à un fournisseur tel que Dell. Ce genre d'organisation matricielle demande donc une très bonne coordination. Bien souvent, en effet, quand les clients se plaignent de ne pas être assez bien servis, ce n'est pas la taille de la force de vente qui fait défaut, mais l'articulation de ses différentes composantes.

Le recrutement des hommes et des femmes de la vente

La force de vente est un actif des plus onéreux pour l'entreprise. Il est de coutume de dire qu'elle représente de 5 à 50 % du chiffre d'affaires réalisé par l'entreprise. Mais, bien entendu, c'est aussi le vendeur qui crée la marge réalisée par l'entreprise. Il s'agit donc pour l'entreprise de savoir trouver, puis garder les meilleurs vendeurs possibles. Or la vente est un métier où il n'y a jamais réellement de chômage, tant les besoins du monde économique sont importants. Du point de vue du recrutement, les qualités d'un bon vendeur sont assez facilement identifiables. On se situe ici très loin de l'imagerie populaire qui prétend qu'un bon vendeur est avant tout un bavard ou une personne moins « intellectuelle » qu'un marketeur ou un comptable, par exemple. Un vendeur se distingue des autres professions, entre autres, par les éléments suivants :

- **Style cognitif :** le vendeur se distingue par sa capacité d'ouverture et son aptitude à intégrer la nouveauté. Curieux, il s'intéresse aux métiers et aux préoccupations de ses clients, et il est capable de faire preuve d'empathie avec ceux-ci.

- **Attitude face au risque :** le vendeur se caractérise par une aptitude plus faible que d'autres professions à percevoir le risque. Par exemple, les marketeurs ou les financiers ont une certaine aversion naturelle pour le risque, qui les conduit à rechercher des analyses de données aussi précises que possible. Le vendeur, lui, agit même dans des situations où les probabilités d'échec sont fortes. Par contre, le vendeur est très tolérant au risque. Ainsi, il ne se choque pas de voir se refermer une porte au nez, au propre comme au figuré. Pour lui, ce n'est que partie remise et, sitôt en situation d'échec, il rebondit vers un autre défi, un nouveau client.
- **Horizon temporel :** le vendeur a généralement un horizon assez court. Il veut voir et comprendre les événements à une semaine ou à un mois. Le flou, l'incertitude, les récompenses différées ne lui conviennent pas. D'ailleurs, tout le système d'évaluation est fondé sur le court et moyen terme et sur des éléments concrets que le vendeur peut lui-même apprécier.
- **Attitude face au défi :** nous n'avons jamais rencontré un vendeur qui ne soit pas joueur. Jeux de rôles face au client, jeux d'argent et jeux concurrentiels stimulent les vendeurs. Ils pensent que la chance joue un rôle important dans leur vie, et ils aiment se placer en situation de pouvoir la saisir. C'est cet état d'esprit qui va leur faire considérer le client, non comme un adversaire, mais au contraire comme un facteur de chance possible. Ce goût du jeu leur fait apprécier les stimulants monétaires que leur propose leur entreprise, mais aussi les cadeaux, les attestations de « meilleur vendeur du mois » ou autres récompenses adaptées à leur fonction.
- **Le cycle de vie :** vendre est un métier fatigant. Il est habituel de voir un vendeur de 25 ans devenir moins performant vers 30-35 ans – âge auquel il a envie de profiter de sa famille –, puis à nouveau prêt à reprendre voitures, trains et avions vers 40 ans. C'est donc à

l'entreprise de savoir gérer le cycle de vie de ses vendeurs en leur proposant des emplois ajustés à leur vie personnelle, sachant qu'un vendeur sera toujours, à un moment ou un autre, à nouveau aspiré par la vie du terrain. Et ce, même s'il est devenu directeur général de son entreprise.

Des trois sources possibles de recrutement de nouveaux vendeurs, à savoir les annonces dans la presse, les candidatures spontanées ou la cooptation, c'est cette troisième méthode qui est privilégiée. En effet, les qualités d'un bon vendeur sont si spécifiques que seul un vendeur dans l'âme peut « flairer » un autre bon vendeur. Les entreprises n'hésitent donc pas à donner des primes importantes aux collaborateurs qui savent attirer leurs pairs. Ensuite, les vendeurs passent des entretiens et des tests psychologiques avant de participer à une période de formation aux produits, services et savoir-faire de l'entreprise. Ils seront ensuite intégrés aux équipes de vente.

La rémunération des vendeurs

La rémunération des vendeurs est généralement un savant cocktail qui associe salaire fixe et partie variable, ainsi que des primes spécifiques liées à la réalisation de quotas de vente ou de contrats déterminés à l'avance.

La rémunération au fixe

Un vendeur qui ne serait rémunéré qu'au fixe retirerait comme avantages la sécurité et la régularité saisonnière d'un salaire constant, quelle que soit la conjoncture extérieure. Pour l'entreprise, le fait de payer au fixe ses vendeurs lui permet de mieux prévoir ses charges. De manière générale, les vendeurs rémunérés sur une base de fixe se sentent également plus impliqués dans l'entreprise, sont plus motivés à transmettre l'information dont ils disposent, puis à la partager.

En revanche, la rémunération au fixe présente l'inconvénient d'être peu stimulante pour les meilleurs vendeurs, lesquels fourniraient davantage d'efforts s'ils étaient rémunérés selon leur réussite personnelle. Pour l'entreprise, une telle rémunération présente l'inconvénient d'un manque de souplesse et d'une certaine rigidité. Par exemple, en cas de baisse d'activité, ses charges salariales demeurent constantes.

La rémunération à la commission

Ici, le vendeur sera rémunéré au prorata des ventes qu'il aura réalisées sur une base contractuelle définie en début de période. L'avantage principal de cette forme de rémunération est son caractère vivant. Le vendeur est en effet capable, à tout moment, de calculer ce qu'il a gagné et de savoir s'il fera ou non un « bon mois ». De plus, la rémunération à la commission génère un sentiment de justice, les meilleurs étant davantage récompensés par leur réussite… ou par leur chance, diront, admiratifs, leurs collègues. Pour l'entreprise, ce type de rémunération présente peu de risque et la gestion en est simple.

Par contre, la rémunération à la commission présente l'inconvénient pour le vendeur d'être irrégulière et de générer un sentiment de découragement lorsque la conjoncture devient difficile. Il n'est alors pas rare que l'entreprise soit confrontée à un risque de turnover important tant il est vrai que, en vente, l'herbe semble toujours plus verte chez le concurrent ou dans d'autres secteurs. Par ailleurs, pour l'entreprise, l'inconvénient majeur de ce type de rémunération est que la perspective à court terme qu'elle appelle est souvent incompatible avec les politiques de vente établies à moyen et long terme.

La flexibilité de la rémunération

De manière générale, les entreprises optent pour un mix des deux formes de rémunération afin de bénéficier de leurs avantages respectifs : sécurité et stimulation. Mais la souplesse de la rémunération est également introduite par l'usage d'autres formes de stimulants. Les primes spéciales sont ainsi habituelles pour redynamiser certaines ventes ou certains secteurs. Mais il est également fréquent d'associer les vendeurs à la croissance du chiffre d'affaires et de les intéresser aux bénéfices. Par ailleurs, la participation à des événements spéciaux, telles les « grandes messes » organisées lors des lancements des nouveaux produits ou lors du « décrochage » de gros contrats, est fortement appréciée. Les cadeaux personnalisés (montres, cadeaux, bons de voyage…) permettent d'associer la famille du vendeur à sa réussite. Ils sont d'autant plus appréciés que dans ce métier, la famille doit s'habituer à des horaires très chargés et irréguliers, puisque ce sont ici le client et l'équipe qui décident, et non la vie privée.

LE RÔLE DU RESPONSABLE DE LA FORCE DE VENTE

Il est une personne sans qui la vente ne serait pas ce qu'elle est : le responsable des ventes. Tour à tour contrôleur, patron, confident, et surtout « coach », un bon responsable des ventes mériterait un chapitre à lui tout seul. Il est généralement un ancien vendeur lui-même, sinon comprendrait-il ces collaborateurs si particuliers, saurait-il les motiver et en serait-il respecté ?

Le contrôle annuel

Une fois par an, en général, se déroule un événement spécial dans la vie du vendeur : l'évaluation de ses performances et la détermination de ses objectifs pour la période à venir. Durant une heure, voire deux, le responsable des ventes et le vendeur ont l'occasion d'en débattre. La règle d'or que doit observer le responsable est d'avoir parfaitement préparé l'entretien, en ayant pris tous les renseignements personnels et professionnels concernant la vie du vendeur. Il doit se munir d'une fiche objective des résultats réalisés et demander au vendeur de les expliquer. Il doit veiller en cours d'entretien à ne discuter que sur la base de faits, et ne pas se laisser entraîner dans des considérations subjectives du type « les prix sont trop élevés », « les clients sont saturés de nos produits » ou la « concurrence est trop dure ». Il doit ensuite vérifier point par point les primes et les commissions reçues. Le tableau 4.1 suivant donne un exemple de ce que peut être une base de tableau de bord. Ici, l'entreprise propose des commissions définies au prorata du pourcentage d'atteinte des objectifs. De plus, si l'objectif atteint ou dépasse 100 %, des primes spéciales sont accordées.

Tableau 4.1 – Un tableau de bord de vendeur

Vendeur : Dupont	Entrée : 1/10/2006	Responsable direct : Durant

Objectif	Quota	Réalisation	%	Primes
1. Anciens comptes	250	200	80 %	0
2. Nouveaux comptes	50	50	100 %	3 000 euros
dont :				
3. Entreprises	35	16	46 %	0
4. Particuliers	50	75	150 %	9 000 euros

Il manque à ce tableau deux informations complémentaires pour être utilisable. D'une part, il faut avoir sous les yeux les résultats du vendeur pour la période précédente et, d'autre part, les résultats des autres vendeurs pour la même période. Ces deux éléments permettent de comprendre la situation. Par exemple, si tous les autres vendeurs ont atteint leurs objectifs et que ce vendeur ait eu pour coutume de les atteindre les années précédentes, il y a fort à parier que des événements perturbants se sont déroulés dans sa vie privée. Si, par contre, les autres vendeurs n'ont pas davantage atteint leurs objectifs, c'est peut-être que ces derniers avaient été surévalués ou que des événements conjoncturels imprévisibles se sont produits. Finalement, la dernière partie de l'entretien consistera à fixer les objectifs de la période suivante.

Le coaching hebdomadaire

Le rôle du responsable des ventes est également extrêmement important dans son action quotidienne et hebdomadaire. Le métier de vendeur est un métier difficile, qui demande aux hommes et aux femmes qui l'ont choisi de s'impliquer totalement et de vivre avec un stress important. Les « coacher » n'est pas les « diriger ». Tandis qu'un « directeur » dirige, informe, contrôle et évalue, un « coach » guide, enseigne, pose des questions, motive, assiste… Le responsable des ventes va surtout accompagner ses vendeurs dans leur pratique, et l'équation qu'il doit gérer est la relation entre les défis et la maîtrise que le vendeur a de la situation. C'est le dialogue et le suivi proche qui permettent au responsable des ventes de vérifier en permanence, par le ratio « défis/maîtrise », que ses vendeurs restent dans la zone de sain développement.

- *Si défis/maîtrise > 1 :* le vendeur se sent dépassé et vit une situation de stress importante. Plus le ratio augmente, plus la personne peut paniquer et se démobiliser.
- *Si défis/maîtrise < 1 :* le vendeur s'ennuie et, par conséquent, devient moins performant. Plus le ratio diminue, plus l'ennui se fait sentir. L'entreprise risque de voir ses meilleurs vendeurs la quitter.
- *Si défis = maîtrise :* les vendeurs sont confiants et efficaces. Il est alors possible de les aider à se surpasser et de fédérer une dynamique positive dans l'équipe.

Mais le responsable des ventes doit également être capable de clarifier les quatre éléments indiqués ci-dessous, susceptibles de freiner les performances des vendeurs :

- *L'exactitude des instructions :* souvent, les instructions données au vendeur manquent d'exactitude. Il est très important pour lui de connaître exactement, par exemple, le pourcentage de ristourne qu'il est autorisé à faire sur le prix final, ou le délai de livraison du produit.

- *L'ambiguïté de l'information :* le vendeur reçoit parfois deux messages qui lui semblent contradictoires de la part de ses supérieurs. Ainsi, on va demander au vendeur à la fois de mettre l'accent sur le relationnel en fidélisant le client, et d'atteindre des quotas de vente de plus en plus exigeants en termes de chiffres d'affaires.
- *Le conflit de rôle :* les vendeurs se sentent parfois plus proches de leurs clients que de leur entreprise. Ainsi en est-il, par exemple, des visiteurs médicaux, qui comprennent souvent mieux les médecins qu'ils visitent que les services de marketing de leurs laboratoires. Les vendeurs peuvent donc hésiter à obéir à des ordres qui leur sembleraient ne pas être créateurs de valeur pour « leur » client.
- *Le besoin de formation :* les vendeurs, pour rester « au top », doivent sans cesse se former aux nouveaux produits et services. Or, pour un vendeur, le fait d'accepter de s'enfermer dans des salles de cours, donc de ne pas être chez le client, a un coût. C'est au responsable de savoir quand et sous quelle forme assurer la permanence de la connaissance des vendeurs.

LA RELATION CLIENTÈLE

Le métier central du vendeur s'exerce toujours face au client. Toutes les actions du commercial doivent donc concourir à optimiser le temps du face-à-face. « Existe-t-il encore des clients classiques, donc des vendeurs typiques ? » : telle est la première question qui vient à l'esprit lorsque l'on est à la recherche de définitions génériques d'un métier aux multiples dénominations.

Les attitudes préalables du vendeur

Si l'on devait résumer ce que sont les attitudes préférées par les clients, on pourrait dire que le vendeur doit être authentique pour être crédible, professionnel et rigoureux pour ne pas faire perdre de temps à son client, patient et gentil face à un client souvent stressé, innovateur dans la recherche de solutions-produits en cherchant à résoudre les problèmes du client. Il doit éviter de parler de lui et de sa vie privée, ne pas être trop familier, ne pas arriver en retard, avoir préparé ses dossiers, et, bien sûr, ne pas être trop bavard.

L'entretien de vente

De multiples « livres de recettes » sur l'art de devenir un bon vendeur existent. Les grandes entreprises, pour leur part, ont toutes développé des techniques de vente qui leur sont spécifiques et qu'elles enseignent à leurs vendeurs. Cependant, la grande majorité de ces techniques reposent sur un principe de réaction aux besoins exprimés par le client. Toute relation de vente réussie se fonde sur la réponse aux besoins du client. Ainsi, un vendeur peut avoir cent arguments pour démontrer qu'il faut vraiment acheter son produit, mais si le client n'a besoin que de quatre services, alors le vendeur devra utiliser ces quatre éléments spécifiques et pas un de plus.

C'est par des séries de questions que le vendeur parvient à bien cerner les véritables motivations et freins du client. Il est commun de dire que c'est au cinquième « Pourquoi ? » que l'interlocuteur se révèle. Mais c'est par l'usage de *questions ouvertes* et de *questions fermées* que l'entretien de vente permet de clarifier les besoins réels du client. Les questions dites « ouvertes » sont celles qui encouragent le client à parler librement, à développer son point de vue. Les questions dites « fermées » sont celles qui appellent une réponse précise.

Mais c'est aussi l'aptitude du vendeur à analyser rapidement l'attitude du client qui lui permet de réagir à bon escient. Ainsi ne devra-t-il pas confondre *scepticisme* et *objection*. Face au client sceptique qui doute de l'efficacité d'une solution-vente, le commercial doit apporter immédiatement les preuves de ses dires (chiffres, tests produits…). Il doit affronter les objections fondées et ne pas les nier, et répondre rapidement en démontrant, en contrepartie, tous les avantages de la solution-vente proposée.

La *conclusion de la vente* reste un moment clé de l'entretien. Il s'agit de savoir quand le moment est venu de conclure, et de le faire efficacement, en résumant tous les points d'accord du client déjà acceptés et en n'introduisant surtout pas un nouveau sujet. Après avoir demandé l'acquiescement du client à l'ensemble des points traités, il faut lui demander un engagement ferme. C'est une étape qui est loin d'être facile, mais bien conduite, elle renforce la confiance du client en son « conseiller ».

Une relation éthique

Si la vente jouit d'une image souvent négative, c'est parce que le vendeur est soupçonné de ne pas avoir d'autre objectif que de pousser le client à acheter, quitte à le tromper. Or, ce genre d'attitude est très nuisible à l'entreprise, car elle sape le sentiment de confiance et de proximité que doivent partager des partenaires commerciaux. Et si, pour des raisons de politique interne, une entreprise est conduite à ne répondre qu'à des impératifs financiers à court terme et à exiger de ses vendeurs qu'ils agissent dans une pure logique de transaction, c'est tout son avenir qu'elle risque d'hypothéquer. Au contraire, si les responsables de vente valorisent une attitude éthique, le respect du client, le refus de la vente forcée, alors de véritables relations de confiance peuvent s'instaurer.

L'Association Marketing de Montréal (en partenariat avec l'American Marketing Association) a ainsi dicté des normes d'éthique et préconise, entre autres, les deux valeurs suivantes :

La justice :

- essayer de trouver l'équilibre entre les besoins de l'acheteur et les intérêts du vendeur ;
- représenter les produits de façon claire en les vendant et en les annonçant par le biais des autres formes de communication, y compris en évitant la promotion mensongère et trompeuse ;
- rejeter les manipulations et les tactiques de vente qui nuisent à la confiance de la clientèle ;
- ne prendre part à aucune tactique de fixation de prix usuraires, de gonflement des prix ou de leurre.

L'ouverture :

- s'efforcer de communiquer clairement avec tous les intervenants ;
- accepter la critique constructive des clients et des autres intervenants ;
- expliquer les risques significatifs associés au produit ou au service, les substitutions de composantes ou toute autre éventualité prévisible qui pourrait affecter la clientèle ou sa perception de la décision d'achat ;
- dévoiler entièrement les listes de prix et les termes de financement, ainsi que les rabais et ajustements disponibles.

CONCLUSION

La réalité de notre siècle fait fi d'une histoire au cours de laquelle l'acte de vente a toujours été au cœur des relations sociales, le fondement et le ciment de nombreuses civilisations. Car la vente est l'occasion donnée aux hommes de se rencontrer et d'échanger ; et cet échange concerne beaucoup plus qu'un produit contre une somme monétaire. Le commerce est générateur de découvertes et de courants culturels intenses par les échanges d'informations, de messages verbaux ou non verbaux, d'impressions et de culture.

Or, qu'est ce que la vente aujourd'hui ? Qu'est-ce qu'un vendeur ? Un jour, lors d'une conférence-débat, un commercial de chez Xerox à qui l'on demandait comment il se percevait, répondit : « Comme un vendeur, et j'en suis fier. » Lorsqu'on le questionna sur le terme utilisé sur son bulletin de salaire mensuel, il répondit : « Ingénieur technico-commercial. » Un autre jour où nous réalisions une enquête sur la vente, la responsable de communication d'une grande banque nous a répondu : « Nous ne pouvons participer à votre étude, car nous sommes une banque et nous n'avons pas de vendeurs. » Cette naïveté teintée d'arrogance nous a bien amusés, mais nous avons pris la peine de répondre que nous nous demandions quel était leur métier s'ils n'avaient pas de clients…

Remettons donc, pour conclure, les éléments en perspective. Vendre est la mission de toute entreprise. L'entreprise produit des biens et/ou des services et elle les vend. Même les entreprises à but non lucratif, les ONG, les partis politiques ou les églises ont pour mission de vendre – c'est-à-dire de mettre à la portée de ceux qui en ont besoin – une spécialité qu'ils produisent. Les autres métiers, des ressources humaines à la comptabilité et la finance, en passant par l'informatique et le marketing, sont au service de ce fondement de l'entreprise. Et les vendeurs seront toujours au cœur de cette relation économique et sociale, quand bien même Internet viendrait à se développer de manière considérable. Car, tant qu'il y aura des hommes souhaitant échanger des produits et des services, et construire ensemble une nouvelle réalité, il existera des vendeurs.

Pour aller plus loin, consultez la bibliographie en ligne.

Chapitre 5

Supply chain management, logistique et achat

PHILIPPE-PIERRE DORNIER

Professeur à l'Essec,
président-directeur général
de Newton.Vaureal Consulting

Une fois le produit conçu selon le cahier des charges marketing, une fois le process industriel imaginé et développé, une fois les commandes prises, il reste beaucoup à faire : acheter à des fournisseurs une grande partie de ce qui fait la valeur de ce qui a été vendu et coordonner une myriade d'acteurs pour réussir à livrer le bon produit, au bon client, au bon moment, dans la bonne quantité et dans un bon état. Dans l'énoncé, ces activités apparaissent simples. Dans la réalité, l'aléa est la norme.

Les fonctions du supply chain management, de la logistique et des achats, ainsi que les métiers qui y sont attachés ont pris des responsabilités qui se sont étendues. L'efficacité du supply chain management et de la logistique pour tenir des engagements de service de plus en plus contraignants dans le cadre d'un niveau de coûts admissibles, et la performance de la fonction achat pour trouver des fournisseurs de qualité et fiables, respectueux de bonnes pratiques et à des coûts toujours plus bas, apparaissent aujourd'hui comme l'un des enjeux fondamentaux des stratégies d'entreprise.

La gestion des opérations recouvre une large palette d'activités au sein de l'entreprise. Celles-ci concernent les achats, la production et plus généralement un ensemble d'activités qui ont été regroupées sous un chapeau commun : la logistique et le supply chain management.

Le caractère opérationnel de ces activités, c'est-à-dire la confrontation quotidienne avec la réalité du terrain, qui souvent met à mal ce qui avait été imaginé et planifié, fait qu'on les imagine réduites à la seule dimension de l'exécution (passation de commandes, manutention, stockage, transport).

Nous apporterons dans ce chapitre un éclairage sur trois composantes de la gestion des opérations : le supply chain management, la logistique et les achats. Pour chacune de ces fonctions, nous présenterons un cadre qui expliquera en quoi elles sont aujourd'hui devenues un enjeu stratégique de premier ordre pour les entreprises. Nous en détaillerons ensuite les principales composantes afin de considérer la façon dont elles sont préparées à relever les défis qui se présentent à elles.

LE SUPPLY CHAIN MANAGEMENT, AU CŒUR DE LA GESTION DES OPÉRATIONS

Identifier le champ de travail du supply chain management

À l'origine, la logistique

La fonction historique de la gestion des opérations est la logistique. On en trouve aisément la trace dans le cadre militaire : les campagnes napoléoniennes, les norias de navires entre les États-Unis et l'Europe au cours de la Seconde Guerre mondiale ou, plus récemment, l'arrivée massive en très peu de temps de contingents militaires dans le cadre d'opérations extérieures (Opex). Puis l'entreprise s'en est emparée et a imprégné sa marque sur la fonction, par les ruptures importantes que l'approche de la gestion des flux a connues au cours des vingt dernières années. Les directions générales, d'une part, et les spécialistes du domaine eux-mêmes, d'autre part, ont symbolisé cette transformation en mettant en avant une autre appellation, celle de supply chain management.

La logistique se définit aujourd'hui comme une partie de la fonction supply chain management. Elle a généralement pour vocation de prendre en charge la mise en œuvre des activités physiques au sein même de l'entreprise. La logistique recouvre ainsi les opérations de transport et d'entreposage dans les limites de l'entreprise.

Le développement du supply chain management

Le supply chain management, fonction de gestion en plein essor depuis près de vingt ans, reste une fonction jeune de l'entreprise au regard des fonctions historiques telles que la fonction finance, la fonction vente, ou la fonction marketing.

Sa jeunesse en rend les définitions et les limites encore changeantes parfois d'une entreprise à l'autre. Si supply chain management et logistique sont couramment utilisés et s'imbriquent encore étroitement, la tendance est néanmoins aujourd'hui à la séparation des concepts et des organisations.

Le supply chain management recouvre d'une part la conception des solutions permettant la gestion optimale des flux physiques (approvisionnements en matières, composants, flux inter-usines, flux inter-dépôts, flux de livraison, retours), des matières premières aux produits finis – en y associant les flux de sous-ensembles, de pièces de rechange et de produits usagés –, et d'autre part la gestion de ces flux.

Ces flux physiques ne sont pas restreints à l'espace de l'entreprise *stricto sensu*. Les impacts des choix faits par les fournisseurs en matière de flux physiques (planification, localisation des entrepôts, emballage...) et ceux des clients conduisent le supply chain management à tenter d'intégrer la conception et la gestion des flux physiques qui recouvrent tous les maillons de la chaîne d'acteurs, depuis les fournisseurs des fournisseurs aux clients des clients. À ces flux physiques sont associés les flux d'information, voire les flux financiers qui y sont reliés.

À titre d'exemple, pour illustrer ce qu'est le champ de travail du supply chain management, prenons le cas d'un distributeur de pièces de rechange automobile : cinq jours par semaine, des réparateurs (garagistes, ateliers de réparation de flottes intégrées...) lui demandent, sous la pression de leurs propres clients, de leur mettre à disposition des pièces en moins de deux ou quatre heures. Ainsi le véhicule peut-il être réparé entre le moment de son dépôt, en début de matinée, et celui de sa reprise, en fin d'après-midi. Mais cette demande concerne des centaines de milliers de pièces, destinées à pratiquement autant de clients. La diversité rend chaque traitement unique. Or cette diversité doit être traitée au coût le plus faible. Pour tenir ses engagements, le distributeur va devoir rendre les pièces de rechange disponibles : il lui faut donc les approvisionner auprès de fournisseurs qui sont de plus en plus mondiaux, les stocker à différents niveaux (entrepôts nationaux, entrepôts régionaux, stocks aux points de distribution locale), les distribuer de manière capillaire chez le client final, reprendre invendus et produits à éliminer... Il doit ainsi bien maîtriser la conception de son système (lieu de stockage, niveau de stock, système d'information et de transport), le pilotage de son activité (prévision, planification, suivi) et l'exécution des opérations.

Par rapport à la logistique, la structuration de la fonction supply chain management autour d'une organisation propre se justifie par la concordance, au cours d'une période réduite, d'un ensemble de facteurs :

- *La recomposition des chaînes de valeur des entreprises :* la focalisation des entreprises sur certaines composantes clés de leurs business a induit l'entrée d'un nombre important d'acteurs partenaires sur la chaîne dont il faut assurer la coordination, en particulier sur les échanges de produits. L'industrie automobile est de ce point de vue révélatrice : les ensembliers se sont focalisés sur la conception des véhicules, certains intégrant les moteurs et d'autres pas, à charge des équipementiers de fournir les sous-ensembles nécessaires à l'assemblage.

- *L'extension et l'intensification géographique des opérations physiques :* le sourcing (choix des fournisseurs), les délocalisations, l'émergence de nouveaux marchés ont conduit non seulement à étendre la couverture géographique des opérations physiques d'une entreprise, mais également à intensifier le volume des flux traités à cette échelle.
- *La vie des produits :* multiplication des références, intensification des opérations promotionnelles, diminution de la durée de vie et gestion de la fin de vie ont donné un caractère d'autant plus complexe à la gestion des flux.
- *La montée en puissance de la composante service sur les offres des produits :* au-delà du produit physique, les entreprises proposent une fonctionnalité (achat, non plus d'un robot soudeur, mais d'une capacité à souder 24 h/24).
- *La formalisation de contraintes légales qui ont un impact direct sur la gestion des flux :* récupération des produits usagers, conception des entrepôts selon des normes anti-incendie très contraignantes, respect de la directive européenne relative aux déchets d'équipements électriques et électroniques (DEEE). Ainsi, depuis le milieu de l'année 2006, il faut concevoir et produire des produits facilitant la collecte de ces DEEE professionnels en fin de vie, ainsi que leur démantèlement et leur valorisation…

Deux objectifs à concilier

Dans de très nombreux cas, qu'est-ce qui confère à un produit un avantage concurrentiel fort ? Si nous prenons des exemples pour lesquels la technologie est disponible sur le marché tant pour le produit que pour le process de production, deux facteurs jouent un rôle primordial :

- l'offre de services ;
- le prix.

Dans les deux cas, le supply chain management apporte une contribution qui est au cœur de ses objectifs :

- Répondre à un client que le produit est présent dans le magasin ou dans l'entrepôt, lui proposer de le lui livrer comme il le souhaite sous 24 heures et être capable de tenir ce type d'engagements à chaque commande : tout cela fait partie des éléments qui renforcent la compétitivité d'une entreprise. La disponibilité des produits, le délai de mise à disposition, la fiabilité des délais de livraison sont les composantes majeures de la valeur ajoutée apportée par la fonction supply chain management. L'offre d'un hypermarché en ligne inclut un engagement à livrer sous deux jours, entre 11 h et 13 h, l'ensemble des produits commandés.
- Le prix est un élément déterminant qui conditionne la marge réalisée sur le produit. En moyenne, tous produits confondus, tous secteurs confondus, le supply chain management pèse pour 7,5 % du chiffre d'affaires. Les écarts sont bien évidemment importants d'un type de produit à l'autre : ils sont de l'ordre de 3 % pour des produits électroniques et peuvent s'élever à 20 % pour des produits pondéreux, et s'étendre de 7 % (produits laitiers frais) à 15 % (eaux minérales) pour des produits alimentaires de grande consommation.

Les composantes du coût logistique et supply chain

Le coût du transport : il comprend l'ensemble des coûts de traction, quel que soit le mode utilisé (routier, ferré, maritime, aérien…), et l'étape dans le processus (transport sur achat, transport d'approche, transport sur vente, transport des pièces de rechange, transport de reprise des produits).

Le coût des stocks : il se compose d'une part du coût financier du stock (manque à gagner certain au regard de ce que le stock aurait rapporté si l'argent immobilisé avait été investi dans un placement financier sécurisé), et d'autre part de l'obsolescence du stock (produit déprécié parce que périmé et ne correspondant plus aux attentes du marché).

Le coût des entrepôts : il recouvre le coût des bâtiments (amortissement et coût de fonctionnement), des assurances et des personnels mobilisés pour y œuvrer.

Le coût des systèmes d'information : il porte sur l'ensemble des systèmes d'information dédiés à la logistique et au supply chain management (optimisation et suivi de transport et d'entreposage, planification, prévision, *tracing*).

Le coût de management : il est lié aux équipes en charge de la gestion de la fonction.

Les coûts d'approvisionnement et de traitement des commandes : il est courant d'intégrer ce type de coûts dans une approche supply chain.

La principale difficulté du supply chain management réside dans la réalisation d'un équilibre entre l'atteinte du meilleur niveau de service et la minimisation des coûts associés. Atteindre le *meilleur niveau de service* signifie satisfaire les souhaits exprimés par les clients dans le cadre du cahier des charges relatif au service qui a été défini avec eux.

Quant aux coûts, ils ont souvent la caractéristique d'être faibles à l'unité, mais répartis sur un grand nombre d'unités. Ils peuvent donc s'élever à des niveaux importants une fois consolidés.

Pour atteindre cet équilibre entre niveau de service et coûts, tous les niveaux de la chaîne logistique sont sollicités :

- Dès la conception des réseaux de circulation des produits, et dès la conception des produits : pour que le bureau d'étude et les designers prennent en compte des contraintes qu'ils sont susceptibles d'induire sur les flux futurs dans leurs activités respectives.
- Dans la phase de pilotage des activités, en trouvant les équilibres en matière de niveaux de stocks et de positionnement.
- Dans l'exécution, en veillant, par les choix réalisés au quotidien, à la bonne exécution des activités dans le respect d'un budget (optimiser le remplissage d'un camion, déclencher les bons niveaux de réapprovisionnement…).

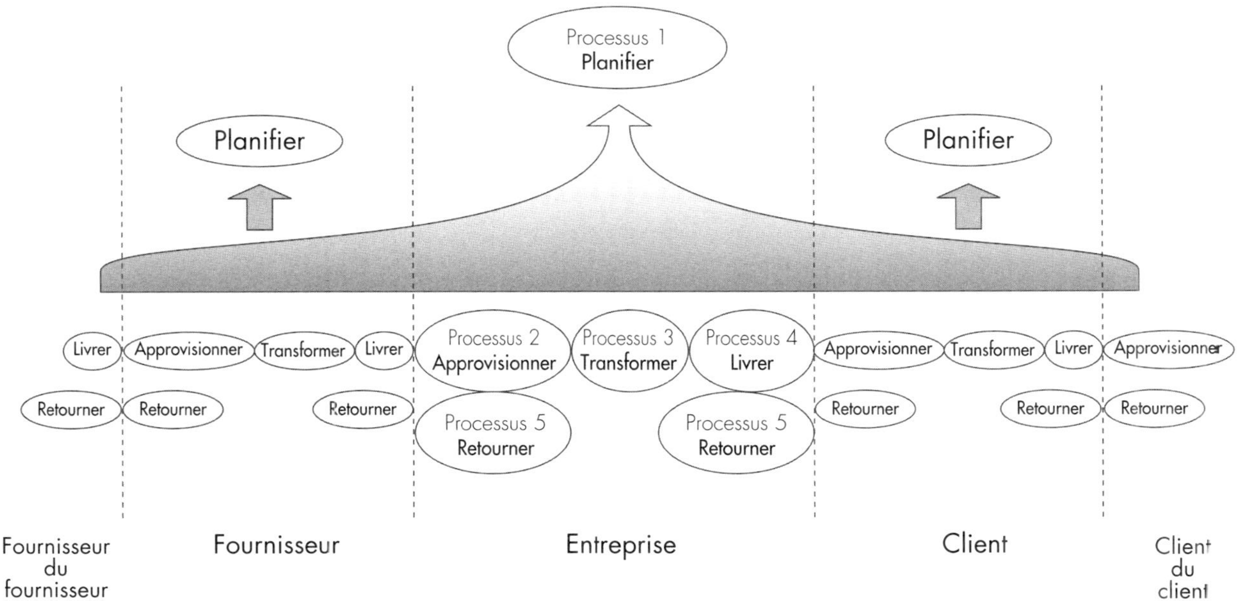

Figure 5.1 – Le modèle SCOR (*Supply Chain Operations Reference model*) :
5 processus clés

Des processus à maîtriser

Le supply chain management couvre un ensemble de processus sur une chaîne d'activités étendues, qui vont du fournisseur du fournisseur de l'entreprise aux clients de ses clients. Un processus est un ensemble d'activités associées qui permet de transformer un input donné en un output donné. Selon le modèle SCOR (*Supply Chain Operations Reference*), et en première approche, les processus clés de la supply chain sont au nombre de cinq : planifier, approvisionner, transformer, livrer et retourner.

Chacun de ces processus se décompose en sous-processus. Par exemple, pour le processus « livrer », il peut s'agir de livrer les produits « make-to-stock » (fabriqués sur prévision pour reconstituer des stocks) ou « make-to-order » (fabriqués à la commande du client). Ces processus sont contrôlés grâce à un ensemble de techniques et d'outils d'aide à la décision (outils d'aide à la prévision, à la planification, à la constitution des tournées de livraison…). Le pilotage des processus et la surveillance de leur bon fonctionnement sont assurés par des indicateurs qui entrent dans la composition d'un tableau de bord.

Quelques exemples d'indicateurs

Le taux de service :

- nombre de commandes livrées complètes par rapport au nombre de commandes reçues ;
- nombre de lignes de commandes livrées complètes par rapport au nombre de lignes de commandes reçues.

Le niveau des stocks :

Niveau de stock exprimé en couverture de vente (le stock représente un niveau de x jours de ventes moyennes) ou d'utilisation.

La préparation de commande :

- taux d'erreur dans la préparation de la commande ;
- productivité par préparateur de commande.

Le transport :

- coût à la tonne livrée ou au colis ;
- coût par tournée de livraison.

Des acteurs à impliquer

Une des spécificités du supply chain management est son caractère transversal. La *transversalité* est une notion de plus en plus courante dans le fonctionnement des organisations. S'opposant aux approches classiques du taylorisme, elle part du principe que de nombreux sujets dans l'entreprise ne doivent pas être traités de manière isolée, mais au contraire en associant des compétences multiples. La pertinence d'une décision est ainsi liée à l'association de parties prenantes nombreuses. Le supply chain management est transversal par essence. En effet, le contenu de cette fonction est partagé par nombre d'autres fonctions ou par nombre d'autres acteurs. Ainsi la performance de la supply chain n'est-elle pas du ressort des seuls acteurs de cette fonction. Par les décisions qu'il prend, le responsable commercial (négociation des délais de livraison avec ses clients) ou le responsable achat (compromis réalisé entre les volumes achetés et livrés, et donc les stocks générés d'une part et les ristournes obtenues d'autre part) influe directement sur la performance de la fonction.

C'est pourquoi le supply chain management procède de l'intégration fonctionnelle et de l'intégration sectorielle :

- L'*intégration fonctionnelle* consiste à réussir à maîtriser les composantes de la supply chain qui relèvent d'autres fonctions de l'entreprise. Par exemple, sensibiliser la fonction R&D de sorte qu'elle tienne mieux compte des impacts de son travail en termes de performance de la supply chain implique la mise en œuvre d'une démarche SLI (soutien logistique intégré). Cette approche permet aussi, notamment, de mesurer dès la conception du produit les incidences logistiques de ce qui est projeté – on comprend bien que le coefficient de remplissage d'un camion ou d'un entrepôt soit directement affecté par la forme même donnée au produit.

- L'*intégration sectorielle* consiste à associer plusieurs acteurs de diverses entreprises impliqués dans la même chaîne de flux : l'association du fabricant d'un composant électronique avec l'assembleur d'un écran couleur et le fabricant d'un téléphone portable permet de trouver des voies d'amélioration concernant les niveaux de stocks chez l'ensemble des acteurs.

Des outils à mettre en œuvre

La performance du supply chain management repose sur la bonne maîtrise de plusieurs composantes.

Les stocks sont un élément critique de la performance de la supply chain. Non seulement ils immobilisent une valeur financière importante que le gestionnaire valorise par un coût des stocks (valeur que l'argent immobilisé dans les stocks aurait pu rapporter s'il avait été placé en banque), mais ils présentent aussi un risque d'obsolescence (caractère d'un produit qui est dépassé par les caractéristiques techniques ou d'image d'une nouvelle gamme et conduit à faire perdre toute valeur).

Les systèmes d'information dédiés à la supply chain sont déterminants. Ils permettent de maîtriser la complexité du contexte, marqué par le grand nombre des références à suivre, le délai de réaction souvent très court et l'ubiquité des opérations. Les APS, *Advanced Planning Systems*, représentent un ensemble de solutions interfacées permettant de piloter l'activité supply chain. Ils comprennent des composantes WMS (*Warehousing Management System*), TMS (*Transportation Management System*), de prévisions et de planification. Les systèmes d'information supply chain doivent également intégrer la traçabilité des produits : elle consiste à pouvoir reconstituer et suivre l'évolution des étapes d'un produit à travers ses différents déplacements. Une technologie telle que la RFID (*Radio Frequency Identification*) est un apport important à l'amélioration de la performance du suivi des produits.

LA LOGISTIQUE, CLÉ DE LA MAÎTRISE DES OPÉRATIONS PHYSIQUES

Les moyens mis en œuvre par la logistique

Les transports

Les transports se différencient par leur mode, du transport maritime au transport routier, en passant par le transport fluvial, ferré ou aérien. Chaque mode de transport est adapté à une distance, un rapport poids-volume des produits, un délai, une sécurisation et un coût.

On perçoit aisément que si un transport maritime génère des coûts de traction faibles eu égard à la massification qu'il est capable de réaliser, sa faible vitesse sur les longues distances qu'il couvre génère des coûts de stock importants. *A contrario*, le transport aérien supporte des coûts de traction très élevés, mais les coûts de stock associés sont faibles au regard de la rapidité du déplacement.

Les nouvelles organisations industrielles (délocalisation, spécialisation des unités de production) ont été en partie rendues possibles grâce à une productivité croissante des grands modes de transport. Un porte-conteneurs transportait 4 000 EVP (équivalent vingt pieds) au début des années 1990, 6 000 au début des années 2000, en transporte 8 500 en 2005 et en transporte 11 500 en 2007. Ainsi, transporter des produits sur de longues distances permet de conserver l'avantage des sous-coûts industriels des productions des pays à bas coûts.

Sur des distances plus courtes, la compétitivité du rail n'a pas réussi à résister à la pression du mode routier.

Tableau 5. 1 – Évolution du transport national de 2001 à 2005 (tonnes-kilomètres réalisées)

Million de tkm

	2001	2002	2003	2004	2005
Fer	29 874	29 819	27 795	26 572	23 518
Voie navigable	3 594	3 902	4 021	4 163	4 640
Route compte d'autrui	138 255	138 164	139 431	148 858	147 214
Route compte propre	30 401	31 792	31 726	30 386	30 233
Total	202 124	203 677	202 973	209 979	205 605

Sources : MTETM/SESP, SitraM (SNCF, VNF, TRM)

Sachant que les transports routiers comptaient, en 2005, pour plus de 80 % du total de la consommation d'énergie du secteur du transport, ils sont particulièrement sensibles à une conjoncture qui connaîtrait une augmentation durable du prix de l'énergie.

L'entreposage

Les entrepôts sont de taille très variable. On peut caractériser les dimensions d'un entrepôt par sa surface (quelques centaines de mètres carrés à plus de 100 000 m^2 aujourd'hui), par ses volumes (dans le cas des entrepôts à température dirigée), par ses effectifs (quelques personnes à plusieurs milliers) ou par les investissements qu'il représente (pour un entrepôt traditionnel de quelques dizaines de milliers de mètres carrés, sans ses équipements, le mètre carré hors foncier est compris entre 350 et 450 €/m^2).

Les techniques d'exploitation des entrepôts se sont enrichies au cours des années :

- L'entrepôt peut être « stockiste ». Il réceptionne et stocke donc des produits. Il est en général approvisionné en flux poussés en amont (sur prévisions) et il distribue les produits en flux tirés en aval (à la commande).

- L'entrepôt peut être « en cross-dock ». Les produits commandés par les clients convergent en provenance des fournisseurs vers l'entrepôt, qui fonctionne alors comme un vaste centre de tri. Il réceptionne les produits, les trie pour composer la commande attendue par le client avec des contenus multifournisseurs, puis expédie les commandes aux clients.

L'externalisation de la logistique

L'externalisation des opérations logistiques

Trois raisons principales expliquent le recours à l'externalisation de la logistique.

Tout d'abord, la volonté stratégique de ne conserver en maîtrise directe que les fonctions qui font partie du cœur de métier. Une préoccupation des entreprises est de se focaliser sur leur métier de base. Tout en reconnaissant l'importance jouée par la logistique dans leur performance d'ensemble, nombre d'entreprises préfèrent ne pas prendre en charge directement l'exécution des tâches logistiques. Déchargées de l'aspect opérationnel, qui est extrêmement prenant, elles font le choix de se focaliser sur la conception des solutions supply chain, en particulier sur :

- la conception des solutions collaboratives mettant soit plusieurs fonctions, soit plusieurs acteurs économiques en synergie ;
- le pilotage des activités.

Une deuxième raison est liée à la performance des opérations logistiques, qui est marquée par la recherche de massification afin d'utiliser au mieux les capacités mobilisées. Cette massification est d'autant plus facile à opérer qu'une mutualisation préalable des flux a été réalisée. Le prestataire logistique joue dès lors un rôle important, car il représente le lieu commun vers lequel converge un ensemble de flux jusqu'alors indépendants et qui trouvent chez lui une opportunité de traitement conjoint. Ainsi, un grand entrepôt regroupant plusieurs clients dans plusieurs cellules ne dispose que d'un seul directeur, d'un seul responsable qualité, d'un seul système informatique… Il peut par ailleurs mieux mutualiser les charges entre une cellule qui, à un moment donné, a une sous-charge d'activité, et une cellule qui au même moment présente une surcharge d'activités.

Enfin, la création d'un secteur économique dédié à la prestation logistique nourrit le phénomène. Les prestataires logistiques créent des solutions de plus en plus élaborées qu'un acteur seul ne pourrait pas imaginer ou ne pourrait pas mettre en œuvre.

Les acteurs de la prestation logistique

Les premiers acteurs de la prestation logistique ont été des opérateurs de base. Ils ont été avant tout des spécialistes de l'exécution d'un type de tâches opérationnelles : le transport, la manutention, le magasinage. Mais la restructuration des chaînes de valeur leur a donné l'opportunité de prendre la responsabilité de la gestion de plusieurs opérations et surtout d'augmenter la valeur ajoutée apportée dans les entrepôts.

Ainsi est apparue une nouvelle famille d'acteurs économiques, les prestataires logistiques (les 3PL, *Third Party Logistic*). De grands groupes se sont structurés autour de cette offre : en France, avec des entreprises comme Geodis Logistics, SDV Logistique Internationale, ND Logistic ou FM Logistic ; à l'étranger, avec des groupes très importants tels que Kuhne & Nagel ou DHL.

Quelles évolutions en cours dans les attentes des clients de la prestation logistique ?

Les grands groupes industriels, de distribution et de services font évoluer leurs relations avec les prestataires logistiques selon trois axes :

- La mise en place d'une coordination plus étroite avec un des prestataires logistiques avec lesquels l'entreprise travaille. Elle limite ainsi son nombre d'interlocuteurs. Ce prestataire logistique devient *primus inter pares*. Il a une mission étendue de coordination, voire de sous-traitance à l'égard de ses propres concurrents, afin de produire au meilleur prix le service attendu par le client. Dans cette position particulière, il est dénommé *lead logistic provider* (LLP).

- La recherche d'une plus grande valeur ajoutée, avec la prise en charge par le prestataire des opérations de pilotage logique des flux. Cette prise en charge du pilotage (choix des transporteurs, réservation des moyens, prévision et planification sur une maille de temps court ou à moyen terme) donne lieu au développement d'une offre dite « 4PL » (*Fourth Party Logistic*). Le concept lié à cette approche voudrait que le prestataire ne dispose pas de moyens propres (*non-asset company*), de façon à ne pas avoir de conflit d'intérêts dans son pilotage. La réalité est sensiblement différente.
- Plus généralement, le prestataire logistique est sollicité pour devenir une partie prenante déterminante dans la mise en œuvre des processus collaboratifs au sein des supply chains.

LES ACHATS, MOTEUR DE LA GLOBALISATION

Les enjeux des achats de l'entreprise

Un exemple particulier : les achats de prestations logistiques

Les achats associés aux prestations logistiques représentent des enjeux qui atteignent des centaines de millions d'euros pour les grandes entreprises, englobant les achats des transports et ceux des prestations logistiques. Au niveau européen, les contrats de prestations logistiques conclus en matière de distribution de matériels informatiques représentent des engagements de plusieurs années. Un investissement dans un entrepôt automatisé de 100 000 m^2 peut ainsi avoisiner 100 millions d'euros hors acquisition du foncier. Ainsi, que ce soit en achats de prestations ou en achats destinés à supporter des investissements en propre, les ordres de grandeur représentent des enjeux considérables.

La fonction achat est ainsi associée à une notion de maîtrise du risque quant au choix du fournisseur. Lorsqu'on recourt à un prestataire logistique qui ne s'avère pas à la hauteur des engagements qu'il a pris, les conséquences sur la qualité de service peuvent être telles que cela pénalise l'activité commerciale.

Ainsi, pour les activités logistiques comme pour beaucoup d'autres fonctions de l'entreprise, l'externalisation croissante des activités logistiques a donné une importance toute particulière à la fonction achat.

Les enjeux associés aux achats

Si l'économie libérale a mis en avant la liberté du commerce, on fait plus naturellement référence, par le vocabulaire utilisé, à l'acte commercial qu'à celui de l'achat. Mais pour vendre, encore faut-il qu'il y ait une volonté d'achat en face. Et comme les techniques de vente sont réputées sophistiquées, pourquoi la contrepartie achat ne développerait-elle pas également sa propre panoplie d'outils pour maîtriser ses pratiques ?

L'environnement dans lequel la fonction achat évolue la conduit à relever des enjeux :

- L'extension du choix des fournisseurs (*sourcing*) au monde entier a permis de trouver des gisements d'économies considérables dans des pays à faible coût de main-d'œuvre. Cette extension géographique considérable de la base des fournisseurs induit chez les acheteurs une capacité renforcée à évoluer dans un contexte international.
- La prise en charge de l'externalisation partielle ou complète de la production de grandes fonctions de l'entreprise (la paye, le système d'information...) conduit à confier à des fournisseurs extérieurs des fonctions sensibles pour l'entreprise.
- L'acceptation, de la part des fournisseurs, d'une responsabilité plus étendue devient une nécessité pour garantir la prise en compte de la responsabilité sociétale de l'entreprise. La qualification des fournis-

seurs, tant sur le plan technique que sur le plan éthique, permet de garantir l'entreprise acheteuse quant à l'origine et à la qualité de ses achats.

Typologie des achats dans l'entreprise

Les acheteurs ont identifié plusieurs grandes familles de produits ou services à acheter :

- les *achats d'investissements*, qui sont des produits ou services relativement importants et qui sont amortissables (une usine, un système d'information…) ;
- les *achats stratégiques*, dits de production, à caractère particulièrement sensible pour l'activité même de l'entreprise (le minerai de fer pour un sidérurgiste, une mémoire centrale pour un ordinateur, un écran couleur pour un téléphone portable…) ;
- les *achats destinés à la revente*, comme dans le domaine de la distribution ;
- les *achats dits hors production*, ou généraux, qui constituent l'ensemble de ce qui est acheté par ailleurs (voyages, bureautique, consommable…).

La criticité des différents types d'achats est analysée à partir d'une grille qui met en parallèle risques et opportunités.

À ces achats classiques s'ajoute tout un ensemble d'achats particuliers dont le poids est important dans certains secteurs. Les *achats spéculatifs* sont très présents dans toutes les industries qui sont directement rattachées à des marchés de matières premières. Ils consistent à accepter une prise de risque importante au moment de l'achat, en anticipant des quantités pour éviter des hausses de prix futur dans des marchés par essence très instables. Les *marchés de compensation* sont quant à eux souvent nécessaires dans le cadre de pays qui cherchent à proposer, à partir d'un achat particulier, une compensation sous forme de l'obligation faite au vendeur d'acheter certains produits.

Les interfaces impliquées

Les interfaces fonctionnelles avec les achats sont nombreuses. Chaque fonction doit appréhender correctement l'intensité de son impact sur la performance achat.

Dans les différentes phases de la chaîne de valeur des achats, plusieurs fonctions peuvent participer à la prise de décision. Quand on se demande si l'on doit faire ou faire faire, seul un processus de décision multipartite peut apporter une réponse. Ce processus permet d'envisager le recours à des fournisseurs structurels (choix, dans la durée, de faire appel à un fournisseur pour une capacité déterminée), à des fournisseurs conjoncturels (recherche ponctuelle d'une capacité de production) ou à des fournisseurs disposant d'un savoir-faire particulier. Le choix de faire faire pose la question du maintien de la maîtrise de la compétence en interne dans l'entreprise.

Qu'ils soient prescripteurs, utilisateurs, acheteurs ou décideurs, les intervenants sont nombreux. Dans le cadre d'une opération d'externalisation logistique, le prescripteur est une direction logistique, l'utilisateur est une *business unit*, l'acheteur dépend de la direction achat et le décideur final peut être finalement une direction générale.

De plus, à chaque phase du processus, les fonctions impliquées peuvent être différentes. Dans le cadre des analyses du besoin, le bureau d'étude est fortement impliqué, ainsi que la direction de la production, le contrôle de gestion et la direction finance.

La chaîne de valeur des achats

Considérons que l'on a défini, dans le cadre de l'élaboration de la stratégie des achats, ce qui est du ressort de la production interne et ce qui est du ressort de l'achat : nous pouvons ainsi envisager les différentes étapes de la chaîne de valeur qui permettent de conclure un achat avec un fournisseur.

Le marketing achat

La fonction du marketing achat consiste à faire l'analyse du marché des fournisseurs pour un type de produit ou de service. Il investigue le marché en permanence de façon à réaliser la meilleure adéquation avec le besoin du client. Faisant écho au marketing des marchés clients, le marketing achat comprend quatre composantes principales :

- La contribution à la définition du produit/service, qui permet de spécifier le besoin.
- Les sources possibles en termes de fournisseurs. La répartition d'un marché en fonction d'un nombre donné de fournisseurs est à étudier de façon à trouver le meilleur compromis entre un faible nombre de fournisseurs permettant de massifier les volumes (effet prix positif) et un nombre plus important de fournisseurs permettant de sécuriser les approvisionnements au détriment du volume pour chacun d'entre eux, et donc du prix.
- Le coût, qui dans un premier temps est défini en tant que coût objectif pour fixer une cible à la négociation à venir.
- La communication à l'égard des fournisseurs, mise en œuvre de façon à susciter leurs propositions en termes de solutions innovantes ou d'alternatives à des solutions existantes.

L'élaboration du cahier des charges

Avant de partir en quête de fournisseurs, il est nécessaire de rédiger un cahier des charges exhaustif afin de définir les attentes précises à l'égard des fournisseurs potentiels. Ce cahier des charges doit prendre en compte deux aspects :

- Le premier est relatif au niveau de qualité du produit. Il faut acheter la juste qualité : ni sur-qualité ni sous-qualité. Cette évaluation se fait donc en fonction du niveau de qualité référent attendu par l'entreprise. Cette qualité se mesure à la fois par l'adéquation du produit acheté avec la nature de la fonctionnalité recherchée et par la disponibilité de cette fonctionnalité : un embrayage qu'il faut remplacer après 120 000 km de route ne présente pas le même niveau de qualité qu'un embrayage pouvant fonctionner 300 000 km.

- Quant au second aspect, il s'agit de l'attente concernant les services qui caractérisent en partie les approvisionnements à venir : type d'emballage, étiquetage, nature du cadencement de la livraison…

La consultation des fournisseurs

Il est possible d'organiser la consultation de fournisseurs soit en les mettant en concurrence, soit *via* un partenariat.

Dans le cadre d'une mise en concurrence, les fournisseurs sont consultés à partir du seul cahier des charges, et le critère prix est le critère prépondérant.

Dans le cadre d'un partenariat, l'entreprise cherche à construire avec des fournisseurs potentiels la meilleure réponse possible. La coopération est recherchée dans la durée. L'automobile et le domaine des centrales électriques fournissent à cet égard de nombreux exemples. Dans ces deux secteurs, des pièces majeures sont conçues par des fournisseurs équipementiers partenaires, en coopération étroite avec le client. Dans l'industrie automobile, la mise en place d'approches en juste-à-temps implique également une forme de coopération qui dépasse la seule négociation sur le prix. La question du choix initial des partenaires revêt en conséquence un caractère très sensible.

La consultation des fournisseurs s'organise selon des modalités qui permettent de juger de leur aptitude et de les comparer. L'aptitude conditionne la recevabilité des offres des fournisseurs : chiffre d'affaires minimum, références en nombre et en qualité… La comparaison est établie en fonction des critères de coût, de qualité et de services. Selon la nature de l'achat, on considère que le coût correspond au prix, au prix majoré du coût d'acquisition, ou au prix majoré du coût d'acquisition et du coût de possession, voire du coût de non-qualité éventuel.

Notons que l'achat public répond à des exigences particulières au-dessus d'un certain montant. Ces exigences sont spécifiées dans le code des marchés publics.

La négociation et la contractualisation

Si la consultation est traditionnellement établie par des échanges papier, Internet a permis de mettre en place des consultations sur un mode virtuel. Un grand nombre d'acteurs peuvent ainsi interagir sur un site Internet. Les enchères inversées mettent les fournisseurs en vis-à-vis et leur permettent, en temps réel, d'adapter leur prix en visualisant le prix le plus bas proposé.

C'est au moment de la négociation que viennent généralement s'intégrer des dimensions nouvelles qui peuvent avoir un impact sur les coûts, les conditions de paiement et les règles d'actualisation des prix.

À l'issue de l'étape de négociation, les juristes – qui sont intégrés dès le début dans le processus achat afin d'éviter toute nouvelle discussion au moment de la conclusion – terminent la rédaction du contrat.

Le suivi

Un plan d'assurance qualité, qui spécifie les engagements pris par le fournisseur, permet de suivre ce dernier tout au long du contrat dans lequel il s'est engagé.

Le retour sur expérience (Retex) permet d'évaluer le contrat établi avec un fournisseur et d'en tirer des enseignements pour de futurs contrats de même nature.

Les approvisionnements

Les approvisionnements suivent l'acte d'achat. Une fois la contractualisation faite avec le fournisseur, l'approvisionnement vise à :

- Cadencer dans le temps les livraisons du fournisseur (calcul du besoin).

- Passer les commandes et les appels de livraison.
- Suivre le bon déroulement de l'exécution de l'approvisionnement.
- Acter la livraison. C'est une étape particulièrement importante puisqu'elle permet d'exprimer les réserves d'usage après un contrôle qualitatif et un contrôle quantitatif.
- Suivre le niveau de performance d'un fournisseur. Sont évalués non seulement les produits livrés, mais également la qualité des services sur laquelle le fournisseur s'est engagé dans le cadre contractuel de ses approvisionnements : respect des délais, fiabilité…
- Traiter les litiges.

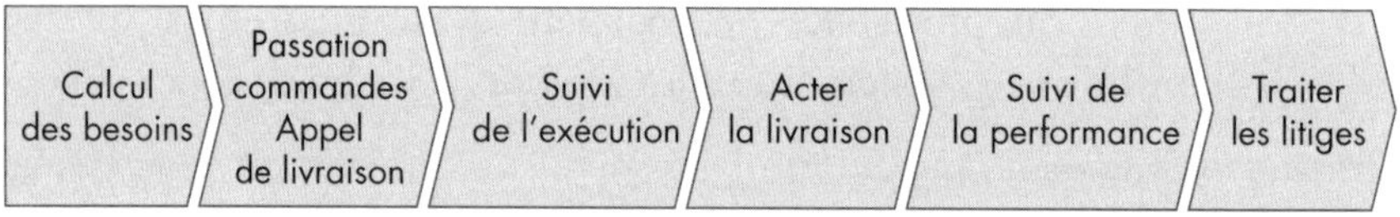

Figure 5.2 – La chaîne de valeur des approvisionnements

La responsabilité sociétale de l'acheteur

Le seul critère du moins-disant économique peut entraîner le fournisseur dans des pratiques qui, au regard de la morale, sont répréhensibles (travail au noir, emploi de mineurs, absence de représentation syndicale…). Dès lors, l'acheteur doit accepter d'inclure dans ses pratiques courantes un code d'éthique et de bonnes pratiques qui garantissent l'achat comme socialement responsable.

Ainsi l'acheteur conduit-il aujourd'hui des audits de ses fournisseurs : cela lui permet de constater à tout moment que les engagements qu'il a contractés pour la fourniture de ses produits sont respectés et conformes aux engagements pris par le client à son égard, et éventuellement conformes à l'égard de ses propres clients.

CONCLUSION

Au cours des dernières années, peu de fonctions ont pris un essor aussi important que les achats, le supply chain management et la logistique. En concentrant leur business model sur la conception innovante des produits, le marketing et la vente, certaines entreprises ont placé les achats et la gestion des flux au cœur de leurs processus. Cela est d'autant plus vrai lorsque ces mêmes entreprises ont décidé d'externaliser la production, en devenant des entreprises *fabless* (sans usine). Les enjeux du développement durable et les questions liées aux ressources énergétiques ne feront qu'exposer davantage ces fonctions. Dès lors, nombreuses sont les opportunités de carrière professionnelle pour ceux qui apprécient de cumuler des savoir-faire très concrets et des capacités d'analyse systémiques.

Pour aller plus loin, consultez la bibliographie en ligne.

Chapitre 6

Gestion de production

MAURICE PILLET

Professeur à l'université de Savoie

Une entreprise doit être capable de fournir le produit vendu dans le délai souhaité par le client, au niveau de qualité exigé par celui-ci et dans des conditions de coûts de production qui préservent les marges de l'entreprise. Pour réussir ce challenge qui implique de nombreuses personnes (fournisseurs, transporteurs, personnel de l'entreprise, etc.) et de nombreuses ressources (machines, moyens de manutention, de transport, de stockage, etc.), il faut être capable de coordonner, d'organiser et de gérer ces différents éléments : c'est le rôle de la gestion de la production.

La gestion de production doit équilibrer les charges et les capacités à différents horizons de planification en minimisant les énergies mises en œuvre pour fournir le produit. Sur un horizon long terme, on cherchera à anticiper les futurs besoins en capacités afin de les ajuster aux moyens disponibles ou à venir. À moyen terme, l'ajustement entre charges et capacité doit être affiné, et il faut être capable de commander les approvisionnements nécessaires aux productions. À court terme, on doit ordonnancer les différentes activités qui permettront de délivrer dans le délai le produit de qualité.

LA FONCTION GESTION DE PRODUCTION

Dans l'entreprise, la gestion de production a un caractère stratégique qu'on ne prend sans doute pas suffisamment en compte. En effet, c'est souvent en créant la rupture dans les méthodes d'organisation de la production que des entreprises ont réussi à devenir des leaders de leur secteur. Ce fut le cas il y a fort longtemps de l'entreprise Ford, qui a inventé la production de masse avec la Ford T, et c'est encore aujourd'hui le cas avec Toyota et son système de gestion de production TPS (Toyota Production System), qui lui a permis de devenir numéro un mondial de l'automobile. D'autres exemples de réussite industrielle fondée sur l'innovation en matière d'organisation de la production ne manquent pas, tant dans les domaines des produits (avec l'exemple de la société Dell) que dans les services (avec l'exemple des sociétés aéronautiques *low cost*).

Ces exemples de réussite montrent bien que l'innovation industrielle ne doit pas s'intéresser simplement aux produits vendus par l'entreprise, mais également à l'organisation qu'elle établit pour mettre à disposition ces produits.

La fonction gestion de production consiste justement à définir l'organisation et les règles de gestion des flux de produits et des flux d'informations dans l'entreprise. Pour cela, la gestion de production aura pour rôle :

- d'organiser la production en adéquation avec la structure de la demande (vente sur commande, sur stock…) et la typologie des produits ;
- d'optimiser le processus de production et l'ensemble de la chaîne fournisseurs/clients pour réduire les gaspillages et les dépenses d'énergies inutiles ;
- de planifier l'utilisation des ressources (humaines, financières, matérielles) sur différents horizons ;

- de gérer les approvisionnements de matières nécessaires à la production ;
- de gérer les stocks ;
- de gérer la logistique des flux entre l'entreprise, ses fournisseurs et ses clients, mais aussi à l'intérieur de l'entreprise ;
- d'ordonnancer les différentes activités nécessaires à la réalisation du produit ;
- de contrôler et d'enregistrer les activités de production de l'entreprise.

L'ORGANISATION DE LA PRODUCTION

Pour être compétitive, une entreprise se doit d'organiser sa production de sorte qu'elle lui permette d'être efficace, réactive et de fournir un produit de haute qualité en éliminant tous les coûts inutiles. Le choix de l'organisation est donc important pour atteindre cet objectif, et il n'est pas sans conséquences.

Nous illustrerons cette notion en étudiant deux types d'organisation physique des moyens de production et deux types d'organisation des flux de production et d'information.

L'organisation en ligne ou par activité

La figure 1 illustre différentes stratégies d'implantation des moyens de production. À gauche sont regroupés tous les moyens de même type, dans une logique d'organisation par métier. À droite, les moyens sont « mis en ligne » en fonction de la gamme de production des produits à réaliser.

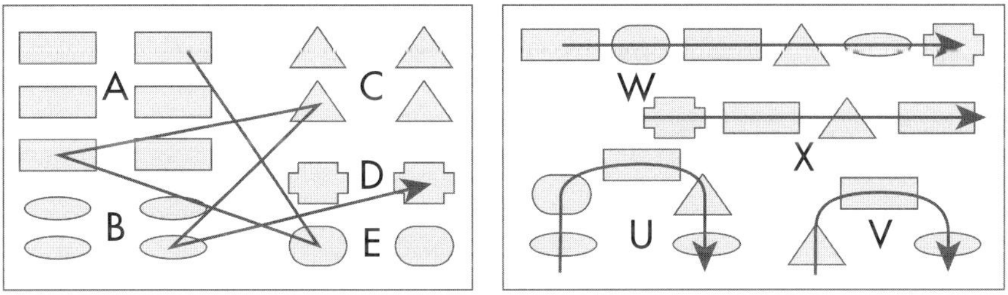

Figure 1 – Différentes stratégies d'implantation des moyens de production

Dans le cas de l'organisation par activité, les flux des produits sont souvent complexes, ce qui entraîne souvent des délais de production rallongés. Dans le cas de l'organisation en lignes de production, les flux sont simples, ce qui permet de raccourcir considérablement les délais de production, et de simplifier la gestion de la production en considérant par exemple la cellule (ou la ligne) de production U comme un seul moyen.

D'un autre côté, l'organisation en lignes de production est extrêmement dépendante des produits réalisés. Une modification dans la gamme, ou l'arrivée de nouveaux produits à fabriquer peuvent nécessiter de lourdes modifications dans l'implantation des moyens de production. Dans le cas de l'implantation en atelier par activité, la configuration est totalement indépendante de la configuration des produits à fabriquer.

De même, si un moyen de production doit être utilisé à 50 % dans deux cellules U et V, il faudrait être capable de dupliquer ce moyen pour pouvoir réaliser des lignes de production autonomes. Cela n'est pas sans conséquences financières importantes.

On conçoit ainsi aisément que la productivité et la compétitivité de l'entreprise dépendent des choix stratégiques qui seront faits selon la logique d'implantation des moyens de production. Une bonne approche consiste à séparer les productions en fonction de l'importance des flux.

- Pour les flux importants, on s'orientera systématiquement vers une implantation en ligne.
- Pour les flux faibles, les petites séries, on préférera l'implantation par activité.

Dans une même entreprise, il est donc tout à fait possible de trouver les deux types d'organisation en fonction de l'importance des flux.

Les flux poussés et les flux tirés

Nous venons de voir que l'organisation physique des moyens de production pouvait être très différente suivant les choix stratégiques. Il en est de même pour l'organisation des flux dans l'entreprise. Dans une première approche, nous dissocierons deux types d'organisation :

1. L'organisation en flux poussés.
2. L'organisation en flux tirés.

L'organisation en flux poussés consiste à suivre les différentes étapes de production en « poussant » la production d'une étape vers la suivante dès que celle-ci est terminée. Prenons l'exemple d'une production en cinq étapes (de l'étape 1 à l'étape 5) dans laquelle chaque étape est planifiée pour une durée d'une semaine. Dans cette organisation des flux, lorsqu'on anticipe une commande à un horizon de 5 semaines, on émet un ordre de fabrication pour l'étape 1. La semaine suivante, on pousse le produit en lançant un ordre de fabrication pour l'étape 2, et ainsi de suite pour l'ensemble des étapes jusqu'à la cinquième.

L'organisation en flux tirés suppose qu'il existe un minimum de stock entre chacune des étapes de la production. Chaque fois qu'un produit fini est consommé, l'étape 5 recomplète le stock en puisant dans le stock entre l'étape 4 et 5. C'est ensuite au tour de l'étape 4 de recompléter le stock, et ainsi de suite jusqu'à l'étape 1.

Les avantages et inconvénients des deux approches

Dans le cas des flux poussés, l'organisation ne nécessite théoriquement aucun stock intermédiaire, et il n'y a plus d'encours de production à la fin du processus. En pratique, comme les produits à pousser sont très nombreux, la fréquence d'avancement choisie entre une étape et la suivante est souvent d'une semaine. Comme la plupart des ordres de fabrication ne couvrent pas la semaine entière, cela génère de très nombreux stocks. Le délai d'obtention d'un produit est également très lent dans le cas des flux poussés, et si le client ne peut attendre ce délai, il faut anticiper les commandes. Mais toutes les prévisions étant fausses, il s'ensuit nécessairement des manques ou des invendus. De plus, en cas de rebut à l'une des étapes de la chaîne, il faut recommencer le processus dès le début, ce qui allonge d'autant le délai.

Dans le cas d'une organisation en flux tirés, le délai de mise à disponibilité vu par le client est nul, et en cas de rebut à l'une des étapes, il est automatiquement recomplété. Par contre, comme cette approche nécessite de disposer d'un minimum de stock entre chaque étape (ou macro-étape), elle s'applique prioritairement aux produits consommés tout au long de l'année.

De même que pour l'organisation des moyens de production, pour celle des flux de production, on peut trouver les deux typologies d'organisation dans une entreprise, parfois même sur le même produit. Prenons l'exemple d'un produit dont les délais d'approvisionnement sont longs ; en plus, il nécessite une première opération lourde et peu flexible, qui est commune à plusieurs types de produits finis. Dans ce cas, on travaillera en flux poussés sur prévision pour ces deux premières phases, en plaçant un stock de désynchronisation après la première étape. Les étapes suivantes sont alors gérées en flux tirés en fonction des demandes réelles des clients.

Le « *lean manufacturing* »

Le choix d'une organisation de la production au niveau des moyens de production et des flux ne suffit pas pour assurer la performance du système de production. De nombreuses autres activités doivent être mises en place pour réduire les délais, diminuer les coûts et améliorer la qualité. L'optimisation du système de production a fait l'objet de très nombreuses études : dans sa version la plus aboutie actuellement, on peut citer le TPS (Toyota Production System), également connu de façon plus générique sous l'appellation *lean manufacturing* ou juste-à-temps.

Le *lean manufacturing* est d'abord une organisation de la production qui vise à éliminer les gaspillages, mais c'est aussi une organisation centrée autour des hommes et d'une démarche de progrès continue. Le *lean manufacturing* repose sur quatre piliers posés sur un socle philosophique (voir figure 2).

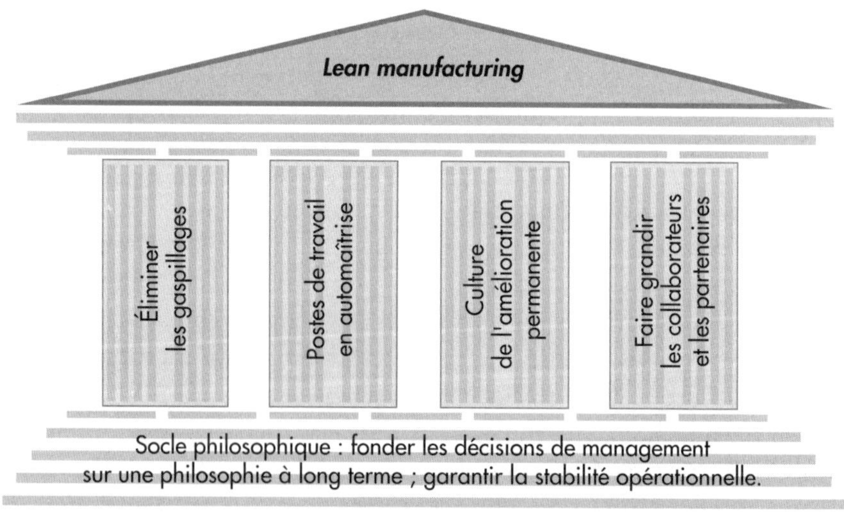

Figure 2 – Les principes du *lean manufacturing*

Le socle philosophique comprend les principes fondamentaux des entreprises qui réussissent sur le long terme, comme Porsche ou

Toyota : ne pas changer de direction pour le plaisir de changer de direction, privilégier le long terme par rapport au court terme, même si cela coûte parfois un peu plus cher… au départ, etc.

Le premier pilier, « éliminer les gaspillages », est celui qui est le plus souvent cité. Il s'agit d'éliminer toutes les opérations qui n'apportent pas de valeur ajoutée, et de réduire les dépenses inutiles, comme celles liées aux stocks. Cela consiste à :

- utiliser les systèmes à flux tirés et faire apparaître les problèmes ;
- éliminer les 7 causes principales de gaspillage : stocks, manutentions, attentes, non-qualité, surproduction, processus inefficients, mouvements inutiles ;
- stopper la production dès l'apparition d'un problème ;
- utiliser le management visuel ;
- utiliser uniquement des technologies fiables, éprouvées.

Le deuxième pilier, « poste de travail en automaîtrise », consiste à rendre autonome l'opérateur sur son poste de travail :

- définir le standard du poste ;
- utiliser des méthodes pour assurer la conformité du poste au standard ;
- utiliser les méthodes de maîtrise des processus ;
- mesurer la performance du poste.

Le troisième pilier, « culture de l'amélioration permanente », consiste à créer une culture et une structure organisationnelle qui encouragent les collaborateurs à participer activement à l'amélioration permanente. Pour cela, on doit :

- aller voir soi-même pour mieux appréhender les situations ;
- prendre les décisions lentement en ayant complètement considéré les différentes options ; les appliquer rapidement ;
- solliciter en permanence de nouvelles améliorations.

Enfin, le quatrième pilier, « faire grandir les collaborateurs et les partenaires », fait référence aux collaborateurs de l'entreprise. Il s'agit de :

- développer une organisation apprenante ;
- faire progresser ses propres fournisseurs ;
- respecter les hommes.

L'ensemble des concepts contenus dans les quatre piliers du *lean manufacturing* forme une base très solide pour construire une gestion de production efficace capable de satisfaire les clients en termes de coût, de qualité et de délai.

En se fondant sur les principes d'organisation que nous venons d'évoquer, la gestion de production doit également répondre à des activités de planification, de gestion des capacités et de gestion des stocks, que nous développons ci-après.

LES ACTIVITÉS DE PLANIFICATION

Les horizons de gestion

L'activité de planification de la gestion de la production permet de mettre en adéquation les ressources de l'entreprise avec les besoins du marché selon trois niveaux qui sont associés à trois horizons :

- le niveau stratégique pour le long terme ;
- le niveau tactique pour le moyen terme ;
- le niveau opérationnel pour le court terme.

À chaque niveau de planification sera associé un plan qui permettra de traduire les décisions d'équilibre entre les charges et les capacités. On distingue ainsi trois plans :

- le plan stratégique ;
- le plan industriel et commercial ;
- le programme directeur de production.

Tableau 1 – Les horizons de planification

Horizon	Plans	Implications	Charges impliquées
Long terme Planification stratégique	Plan stratégique	Grandes évolutions des marchés, des technologies Investissement en capacités de production	Capacité industrielle
Moyen terme Planification tactique	Plan industriel et commercial	Niveau d'emploi Budget de l'usine Investissement en ressources de production	Ressources critiques
Court terme Planification opérationnelle	Programme directeur de production	Approvisionnement Niveau des stocks Charge de production	Calcul des charges globales
Très court terme Planification opérationnelle	Pilotage des activités de production	Ordres de fabrication Charge des moyens de production	Calcul des charges détaillées

Le plan stratégique

Gérer une production consiste entre autres à anticiper un certain nombre de décisions dans un univers encore incertain. Par exemple dans les années 2006-2007, les fabricants d'éoliennes se sont retrouvés incapables de produire en quantités suffisantes pour satisfaire leurs clients, faute d'avoir anticipé une forte augmentation de la demande. Cette anticipation des besoins de demain implique des décisions lourdes en matière d'investissement et de choix stratégiques concernant l'évolution des technologies. C'est au niveau le plus élevé de l'entreprise que l'on doit anticiper, car cela implique des décisions qui relèvent du conseil d'administration de l'entreprise. L'anticipation donne lieu à un plan stratégique sur les cinq prochaines années, et celui-ci est mis à jour avec une périodicité de six mois, par exemple.

Le plan industriel et commercial

Ce plan consiste à anticiper par famille de produits les prévisions commerciales pour les prochains mois, dans le but de définir la charge prévisionnelle de production, d'anticiper les niveaux des stocks en produits finis, en sous-ensembles, composants et matières premières. Il constitue la feuille de route de l'entreprise pour un horizon de six/dix-huit mois. On doit vérifier la cohérence entre cette feuille de route et les moyens que l'on met en œuvre pour atteindre les objectifs fixés.

Le programme directeur de production

Le programme directeur de production (PDP) est un contrat qui définit de façon précise l'échéancier des quantités à produire pour chaque produit fini de l'entreprise. Son horizon de planification est l'année, avec une période qui est à la journée durant les premiers mois et à la semaine pour les périodes plus lointaines. Un calcul des charges globales permet de valider la cohérence entre le PDP et les capacités de production de l'entreprise.

Le pilotage des activités de production

Le programme directeur de production permet de générer des ordres de production. Le pilotage des activités de production cherche à optimiser la relation entre les hommes, les machines et les mouvements physiques afin d'exécuter le PDP avec le moins de « gaspillage » et le plus d'« efficience » possible.

Le management des ressources de production (MRP)

Le MRP permet de coordonner les différents niveaux de planification afin de générer de manière cohérente les ordres de fabrication et d'achat pour satisfaire les commandes à la date prévue. La figure 3 illustre le schéma d'organisation MRP.

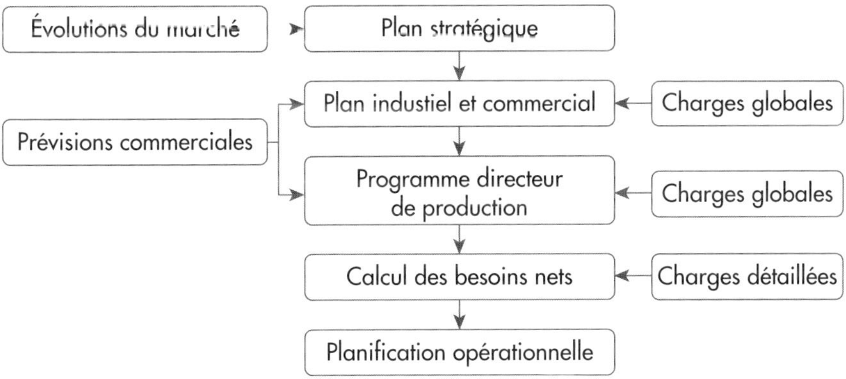

Figure 3 – Le MRP

Principe de base

Un des principes essentiels de la gestion de production est la séparation entre les besoins dépendants et les besoins indépendants. Les besoins *indépendants* sont ceux qui proviennent de l'extérieur de l'entreprise, indépendamment de sa volonté propre. Il s'agit typiquement des produits finis et des pièces de rechange achetées par les clients de l'entreprise. Le programme directeur de production a justement pour objectif de déterminer un échéancier des besoins indépendants.

Imaginons par exemple que nous planifions, pour un produit fini, un besoin de 50 unités pour la semaine 7. Si l'on sait que ce produit nécessite 5 composants A et 2 composants B, il n'est pas nécessaire de faire des prévisions pour les composants A et B : les besoins peuvent être calculés à partir de ceux du produit fini. Ce sont donc des besoins *dépendants*.

Les besoins dépendants proviennent de l'intérieur de l'entreprise elle-même. Il s'agit des sous-ensembles, composants, matières premières, etc., qui entrent dans la composition des produits vendus.

Ces deux types de besoins exigent un traitement totalement différent exprimé dans le principe d'Orlicky : les besoins indépendants ne peuvent être estimés que par des prévisions, tandis que les besoins dépendants peuvent et doivent être calculés.

Le calcul des besoins nets

Le calcul des besoins nets a justement pour objectif de calculer l'ensemble des besoins nets à partir de la nomenclature du produit fini. La nomenclature (voir figure 4) décompose les besoins indépendants en besoins dépendants.

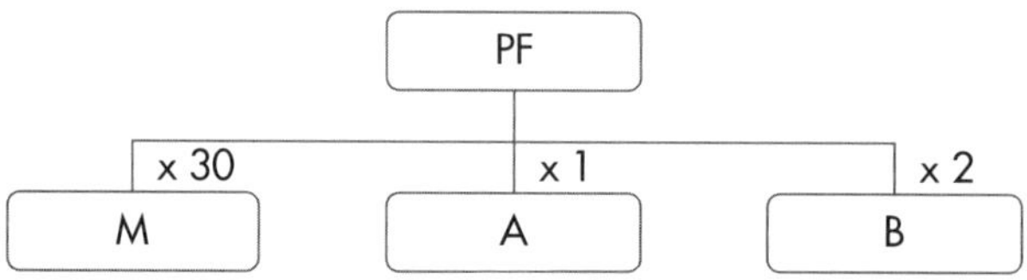

Figure 4 – Nomenclature

Dans l'exemple proposé, le produit fini PF se compose de 30 grammes de matière M, de 1 composant A et de 2 composants B.

Le tableau 2 indique la logique du calcul des besoins nets. Pour calculer les besoins du produit fini PF, on part du programme directeur de production de ce produit, qui est indiqué à la ligne « Besoins bruts ».

Tableau 2 – Calcul des besoins nets

Article PF		Stock initial = 300 ; lancement = 250 ; délai = 1 période				
Période		1	2	3	4	5
Besoins bruts (PDP)		100	150	150	200	250
Ordres lancés						
Stocks prévisionnels	300	200	50	–100/150	–50/200	–50/200
Ordres proposés	Fin			250	250	250
	Début		250	250	250	
Messages :						

Article B		Stock initial = 150 ; lancement = 500 ; délai = 2 périodes				
Période		1	2	3	4	5
Besoins bruts (PDP)			500	500	500	
Ordres lancés			500			
Stocks prévisionnels	150	150	–350/150	–350/150	–350/150	150
Ordres proposés	Fin			500	500	
	Début	500	500			
Messages : lancer un ordre de 500 B en période 1.						

En déduisant du stock initial les besoins bruts, on calcule le stock prévisionnel pour la période suivante. Lorsque le stock prévisionnel est négatif, il faut planifier l'arrivée en stock du composant. Ce sera donc la fin de l'ordre proposé. Pour planifier cette arrivée en stock, il faut prévoir un lancement avec un décalage dans le temps égal à la période nécessaire pour produire ou approvisionner le composant.

Le besoin net du produit fini devient un besoin brut pour le composant en tenant compte de la quantité de la nomenclature. Dans notre exemple, un besoin brut de 250 PF se traduit par un besoin net de $2 \times 250 = 500$ composants B. Partant du stock prévisionnel et en appliquant le décalage de 2 périodes nécessaire pour le composant B, on constate qu'il faut lancer en période 1 un ordre de fabrication (ou d'approvisionnement) de 500 produits B. Le logiciel de calcul des besoins génère alors un message destiné au gestionnaire de production pour qu'il lance cet ordre.

Pour la période suivante, si le gestionnaire a suivi les propositions, le calcul des besoins nets pour le produit B sera celui indiqué au tableau 3.

Tableau 3 – Calcul des besoins nets en p2

Article B		Stock initial = 150 ; lancement = 500 ; délai = 2 périodes				
Période		2	3	4	5	6
Besoins bruts (PDP)		500	500	500		400
Ordres lancés		500	500			
Stocks prévisionnels	150	–350/150	–350/150	–350/150	150	–250/250
Ordres proposés	Fin			500		500
	Début	500		500		
Messages : lancer un ordre de 500 B en période 2.						

Dans cet exemple, les ordres sont proposés lorsque le solde des produits devient négatif. On peut également placer un niveau de stock de sécurité. Dans ces conditions, l'ordre proposé sera déclenché lorsque le niveau prévisionnel de stock sera inférieur à ce niveau de stock de sécurité.

Le calcul des charges

Le calcul des charges est également un autre élément important de la gestion de la production.

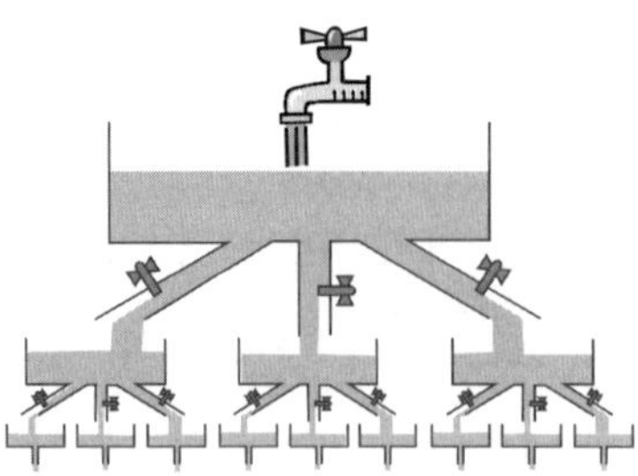

Figure 5 – Les niveaux de calcul des charges

La gestion de production consiste à anticiper le plus en amont possible les problèmes de capacité des moyens de production. Pour cela, dès la constitution du plan industriel et commercial, on cherchera à équilibrer les demandes avec les capacités de l'entreprise. Le calcul à ce niveau est très macroscopique et se situe au niveau des familles de produits en se focalisant sur les ressources critiques. Dès ce premier calcul global, il est important d'équilibrer les charges et les capacités, sinon le problème de charges non réglé à ce niveau se démultipliera sur chacun des moyens de production, créant autant de problèmes à régler.

En cas de surcharge sur une période, il faut prendre des mesures, comme embaucher du personnel, planifier le stock sur les périodes précédentes, acheter des équipements… En cas de sous-charge, on pourra planifier des actions telles que la relance d'actions commerciales, la réduction des heures supplémentaires, la limitation de la sous-traitance.

L'horizon suffisamment grand doit permettre de déclencher ces mesures à temps, notamment quand elles demandent une préparation ou une mise en place importante (délai de livraison d'une machine, recrutement et formation de personnes embauchées).

Lors de la création du programme directeur de production, un deuxième équilibrage des charges et des capacités doit être réalisé, mais cette fois-ci au niveau des produits finis. L'horizon de planification étant plus restreint que dans le cas du plan industriel et commercial, les actions d'équilibrage qui s'ensuivent seront nécessairement adaptées à ce délai.

Enfin, un dernier équilibrage doit avoir lieu lors de la planification précise des tâches sur chacun des moyens de production (ordonnancement). L'horizon est encore plus limité que dans le cas du programme directeur de production : les actions ne pourront être que locales, et il n'est plus possible à ce niveau d'envisager par exemple l'achat d'un nouveau moyen de production. D'où l'intérêt d'un bon équilibrage des charges et capacités au niveau le plus haut de la planification.

La gestion des flux tirés par le *kanban*

Le calcul des besoins intégré dans un système MRP est un excellent moyen de gérer les productions en flux poussés, mais il n'est pas le plus adapté pour piloter les productions en flux tirés tels que nous les avons présentés au début de ce chapitre. Rappelons que le pilotage d'une production en flux tirés consiste à piloter la production directement par la demande réelle des clients.

Une des méthodes les plus couramment utilisées est la méthode *kanban* (mot japonais signifiant « étiquette, enseigne ») : elle crée un système d'informations qui fait rapidement remonter les besoins de l'aval vers l'amont.

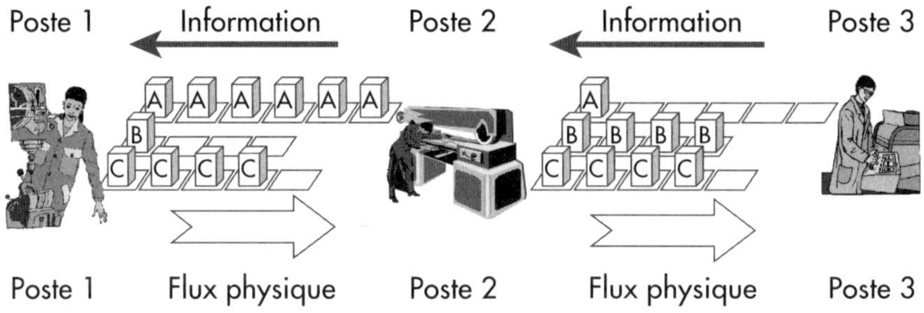

Figure 6 – Exemple de *kanban* par emplacement

La figure 6 illustre le fonctionnement d'un système de *kanban* par emplacement. La ligne de production doit fournir trois produits A, B et C. Entre chaque poste, des emplacements sont réservés pour le stockage des trois produits. Le nombre d'emplacements pour chaque produit est calculé en fonction de la consommation moyenne du produit, du délai de mise à disposition, et du nombre de produits par container. Lorsque tous les emplacements sont remplis (exemple du produit A entre les postes 1 et 2), on doit stopper la production du produit pour ne pas faire de surproduction.

Le fonctionnement du système *kanban* est très simple et très visuel. Le poste 3 réalise les produits réellement demandés par les clients. Pour cela, il consomme les produits issus du poste 2. Celui-ci regarde les emplacements libres : dans l'exemple de la figure 6, il constate que les produits A ont été consommés, et décide donc d'en produire. Le poste 3, lui, regarde les emplacements libres, et dans le cas de la figure 6, il constate que les produits consommés sont les produits B : il doit donc recompléter les emplacements.

Comme on le constate, dans ce type de fonctionnement, les postes de travail ne reçoivent pas d'ordre de production d'un système de calcul des besoins, cet ordre vient directement des produits consommés par le poste aval : l'information des besoins clients remonte le flux de production.

Le type de fonctionnement que nous venons de voir est le *kanban* par emplacement. Mais il existe d'autres types de système *kanban*, tels que :

- Le *kanban* par étiquette, qui est la méthode originale (d'où le nom de la méthode). Dans ce fonctionnement, chaque opérateur dispose d'un tableau avec des étiquettes *kanban* pour chaque produit à fabriquer. Chaque fois qu'il produit un container, il prend une étiquette sur le tableau et la fixe sur le container. Lorsqu'il n'a plus d'étiquette, il doit stopper la production de ce produit. Chaque fois que le poste aval consomme un container, il fait remonter l'étiquette vers le poste amont, faisant ainsi remonter l'ordre de recompléter le produit consommé.
- La méthode CONWIP (*Constant work in process*) est une amélioration du *kanban* qui permet d'éviter de maintenir entre chaque poste un minimum d'encours nécessaires pour faire remonter l'information. Dans cette méthode, l'information de consommation remonte directement du poste P3 vers le poste P1, rendant ainsi inutile l'encours entre les postes P1 et P2. Le poste P2 ne doit pas regarder l'encours final, mais doit transformer tout ce qui arrive du poste P1.

- Le *kanban* générique fonctionne comme le *kanban* par emplacement, mais il n'y a pas d'emplacement spécifique à chaque produit. Un emplacement peut contenir n'importe quel produit. Lorsqu'un emplacement est libre, cela signifie que le poste doit produire, mais pour savoir quelle référence fabriquer, on utilise une liste de priorités pilotée par la demande réelle. Ainsi, supposons que le produit C ne soit plus demandé : on évitera de perdre du temps à recompléter tout un stock intermédiaire d'un produit non souhaité par les clients. En cas de demande nouvelle de ce produit C après une longue période sans demande, on traitera en priorité ce produit, qui traversera donc très vite l'ensemble du flux de production.

Si le système de pilotage de la production par les *kanbans* est très séduisant sur le principe, en pratique il n'est pas toujours aussi simple de le mettre en place si l'on ne travaille pas dans un environnement de type *lean manufacturing*. En effet, le recomplètement des emplacements *kanbans* génère de nombreux changements de types de production ; or, si ces changements sont mal organisés, ils prendront beaucoup de temps et cela diminuera les capacités de production. De même, en cas de panne d'une machine, comme les encours entre les moyens de production sont limités, c'est toute la production aval qui sera bloquée par manque de composants. On le voit, ce système de pilotage de la production est extrêmement sensible aux aléas de production. Pour qu'il fonctionne correctement, il faut donc prioritairement entreprendre des démarches vigoureuses visant à réduire ces aléas, notamment par le biais de :

- la diminution des temps nécessaires aux changements d'outils ;
- la diminution des délais de production ;
- la diminution des pannes de machines ;
- la diminution du nombre de pièces non conformes ;
- la suppression des stocks de sécurité que l'on garde généralement pour se protéger contre les aléas de production.

Plus ces aléas seront faibles, plus les encours nécessaires au bon fonctionnement du système *kanban* seront faibles. On cherchera donc petit à petit à diminuer le nombre de *kanbans* (et donc les encours) pour faire apparaître les aléas les plus importants afin de prioriser les démarches de réduction des aléas. On dit que l'on « tend les flux » en recherchant par ce biais l'amélioration de l'efficacité du système de production.

LA GESTION DES STOCKS

Une des grandes fonctions de la gestion de la production est de gérer les stocks. On cherchera à obtenir le niveau de stock minimum permettant le fonctionnement régulier du système de production. Les stocks peuvent être de type très différent, par exemple :

- les stocks de produit finis en attente de livraison ;
- les stocks de matières premières ;
- les encours de production ;
- les stocks destinés à fournir un service après-vente aux clients ;
- les stocks destinés à la maintenance des moyens de production ;
- etc.

Les stocks sont généralement nécessaires du fait des nombreux rôles positifs qu'ils jouent : désynchronisation entre deux moyens de production qui ont des rythmes différents, protection contre les aléas de production, etc. Mais ils ont aussi des impacts négatifs, notamment sur l'augmentation des délais de production, l'augmentation des coûts, l'obsolescence des produits périmés… Compte tenu de leur coût et de leur importance dans le processus de production, il est indispensable pour une entreprise de gérer les stocks de façon optimale.

La première étape de la gestion des stocks consistera à mettre en place l'organisation nécessaire pour connaître les stocks (identification et quantité) tout au long du processus de production. Cela passe par la mise en place d'un système d'information et par l'application rigoureuse de règles de saisie des entrées et sorties des magasins, ainsi que des points de contrôle. Cela nécessite également de gérer la traçabilité des produits et la gestion des emplacements de stockage pour être capable de retrouver un article immédiatement au moment où l'on en a besoin. Pour garantir la justesse du système d'information, il est nécessaire de réaliser de façon périodique des inventaires afin de resynchroniser le stock avec les données réelles.

La seconde étape de la gestion des stocks consiste à prendre les décisions de réapprovisionnement de façon optimale, c'est-à-dire en minimisant le niveau des stocks sans créer de rupture d'approvisionnement. Nous avons déjà vu deux méthodes de gestion des stocks et des réapprovisionnements :

- L'approche MRP, avec le calcul des besoins qui permet de tenir à jour les stocks de produits et de planifier l'importance de ce stock sur les périodes planifiées.
- Le *kanban*, qui dans sa forme la plus simple nécessite un encours entre chaque poste de production. Le niveau des stocks est alors dimensionné par le nombre de *kanbans*.

Il existe également d'autres approches de gestion des stocks et des approvisionnements couramment pratiquées, comme nous allons le voir.

Les différents modes de réapprovisionnement des produits

L'objectif de la gestion des stocks consiste à définir le meilleur compromis possible entre plusieurs contraintes :

- le coût de stockage, qui doit être le plus faible possible et qui est constitué du coût du magasinage (surface, personnel, matériel de stockage), du coût du capital investi, et des pertes pour obsolescence et détérioration ;

- le coût de commande (pour les produits achetés), qui est constitué des frais de personnel des services achat, réception et facturation, et qui va dépendre du nombre de commandes réalisées ;
- le coût de lancement (pour les produits fabriqués dans l'entreprise), qui est constitué des frais de démarrage d'une production et des frais de personnel du service ordonnancement.

Si l'on veut diminuer le coût de stockage, il faut faire des stocks les plus faibles possibles, mais si l'on veut minimiser les deux autres coûts, il faut réapprovisionner le moins souvent possible (et donc en plus grande quantité). Le problème posé est alors : quoi, quand et en quelle quantité approvisionner ?

Les différents modes d'approvisionnement s'articulent autour de deux paramètres :

- la quantité commandée, qui peut être fixe ou variable ;
- le réapprovisionnement, qui peut être réalisé à périodes fixes ou variables.

Cela permet d'envisager quatre méthodes :

Tableau 4 – Différents modes de réapprovisionnement

	Période fixe	Période variable
Quantité fixe	**Méthode du réapprovisionnement fixe** Exemple : chaque jour, j'achète une baguette de pain.	**Méthode du point de commande** Exemple : lorsque j'entame la dernière boîte de sucre, je note qu'il faut racheter 3 boîtes.
Quantité variable	**Méthode du recomplètement périodique** Exemple : avant d'aller faire les courses, je regarde la quantité de litres de lait qu'il me reste et j'achète ce qu'il faut pour avoir une réserve de 10 litres.	**Approvisionnement par dates et quantités variables** Exemple : j'achète des figues lorsque j'en ai envie, et en quantité variable.

Période fixe, quantité fixe

Ce type de réapprovisionnement suppose une consommation très stable du composant géré. Ce cas de figure est peu fréquent en entreprise. En cas de modification du rythme de la consommation, cette méthode conduit soit à un excès de stock, soit à des ruptures.

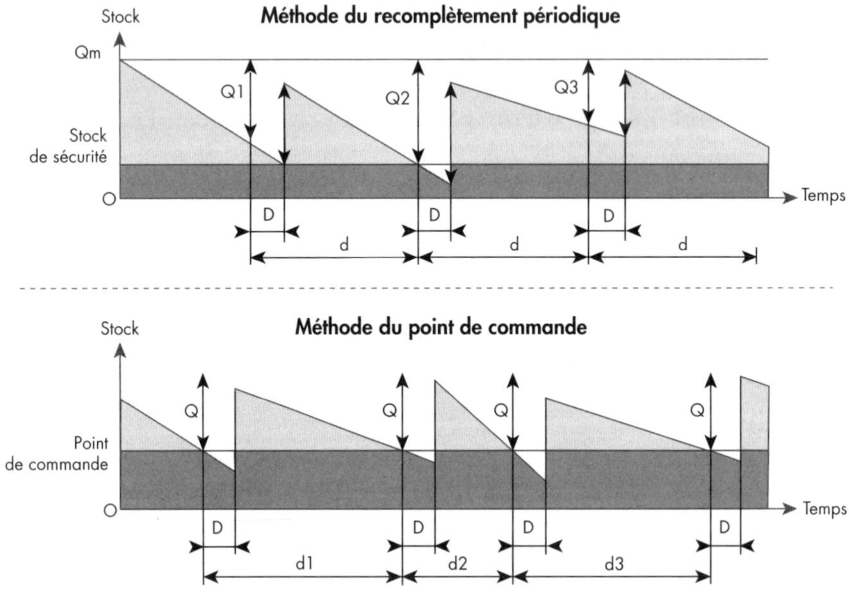

Figure 7 – Système de réapprovisionnement

Période fixe, quantité variable – méthode du recomplètement

Cette méthode suppose également une consommation relativement régulière des composants. L'intérêt principal d'une telle politique d'approvisionnement est de permettre de grouper sur une même commande plusieurs articles différents achetés chez un même fournisseur. Ce type de gestion est très simple : il consiste à définir une période *d* (hebdomadaire, mensuelle, trimestrielle…) à laquelle le gestionnaire passera en revue l'ensemble des composants gérés par cette méthode. Les commandes réalisées permettront de recompléter le stock.

Période variable, quantité fixe – méthode du point de commande

Le point de commande est le niveau de stock qui permet de déclencher l'ordre d'approvisionnement ou le lancement en fabrication. Il est défini comme étant le niveau de stock nécessaire pour couvrir les besoins durant le délai d'approvisionnement. La quantité Q commandée est constante. Cette approche demande un suivi constant des articles de la part du gestionnaire. La création d'une « alarme automatique » générée de façon informatique permet d'alerter le gestionnaire sur l'ensemble des articles ayant dépassé le point de commande.

Période variable, quantité variable

Cette approche demande un suivi permanent du gestionnaire, lequel décide d'acheter en fonction du stock résiduel, des opportunités d'achat, de la consommation prévisible dans les prochaines périodes. Cela convient particulièrement dans le cas des métaux précieux, par exemple, ou des articles dont la présence sur le marché dépend des saisons.

CONCLUSION

La gestion de production est une fonction essentielle dans le management d'une entreprise. Elle doit organiser et coordonner les différents services de l'entreprise pour livrer les produits dans les délais attendus et en minimisant les coûts. Pour cela, il faut agir sur trois éléments que nous avons détaillés dans ce chapitre :

- l'organisation physique des moyens de production, qui va avoir de lourdes conséquences sur les flux de production, les encours et les délais de passage des produits dans le système de production ;

- le choix du système de production, notamment l'organisation des flux (tirés, poussés), la recherche systématique de réduction des gaspillages, l'augmentation de la vitesse des flux de production ;
- l'organisation du système d'information de l'entreprise, pour être en mesure de gérer les stocks et les approvisionnements en cohérence avec les choix dans l'organisation physique et dans le type de système de production.

La gestion de production est une arme essentielle de l'entreprise pour réduire les coûts cachés de la production et permettre ainsi à l'entreprise d'être compétitive sur le marché international.

Pour aller plus loin, consultez la bibliographie en ligne.

Chapitre 7

Leadership et management des hommes

MANFRED F.R. KETS DE VRIES

Professeur à l'Insead (Fontainebleau et Singapour), psychanalyste.

KATHARINA BALAZS

Professeur associé, ESCP-EAP, Paris.

Ce texte explore la manière dont les traits de caractère et les schémas comportementaux (*behavioral patterns*) affectent le style de leadership et de management. Il expose certains éléments déterminants pour développer un leadership efficace, partant du principe que la personnalité du dirigeant influence le style de management, la stratégie, la culture et même la structure de son organisation à tel point que, souvent, celle-ci ne peut fonctionner avec succès si l'on ignore le monde intrapsychique du dirigeant. Nous analysons comment, chez un dirigeant, un comportement qui peut sembler complètement irrationnel a, si l'on y regarde de plus près, une explication et une logique plus profondes. Nous abordons le thème de la pression psychologique reposant sur les dirigeants, en particulier la solitude du pouvoir. Afin de clarifier la raison pour laquelle certains dirigeants en sont plus affectés que d'autres, nous décrivons la formation de la personnalité dans le contexte du développement narcissique et

.../...

Traduit de l'anglais par Michel Le Séac'h.

…/…

explorons les concepts du narcissisme réactif et constructif. Nous mettons en évidence une corrélation entre la pathologie individuelle et la pathologie organisationnelle, qui aboutit souvent à des organisations névrotiques ou toxiques. Enfin, nous évoquons le risque d'un narcissisme et d'un orgueil incontrôlés de la part du dirigeant.

LES RÔLES DU DIRIGEANT

Quand on se plonge dans la littérature managériale sur le leadership, on se trouve vite perdu dans un labyrinthe : ce sont des définitions à n'en plus finir, d'innombrables articles, des polémiques interminables. Le *Handbook of Leadership* de Bass et Stogdill, bible du leadership efficace, reflète amplement la prolifération de la littérature consacrée à ce sujet : alors que son édition de 1974 ne recensait que trois mille études, leur nombre est passé à cinq mille en l'espace de sept ans, et le rythme des publications s'est encore accéléré depuis lors. Hélas, la pertinence des travaux sur le leadership n'est pas égale à leur fréquence. En particulier, trop de théories des organisations semblent avoir été conçues dans des tours d'ivoire universitaires. Les intitulés de ces théories – nouvelles ou anciennes – révèlent la nature de leur contenu, pesant et désincarné, bien loin en tout cas de la réalité quotidienne. Il se publie encore des articles de ce type, mais on constate heureusement certaines évolutions. Un nombre croissant de chercheurs veut sortir du cadre étroit des expériences de laboratoire en sciences sociales pour observer de vrais dirigeants en action.

Les questions que ces chercheurs se posent sont les suivantes : Que font vraiment les dirigeants ? Qu'est-ce qui fait que les personnes suivent les dirigeants ? Pourquoi certains types de dirigeants sont-ils plus efficaces que d'autres ? Les dirigeants efficaces ont-ils certaines caractéristiques en commun ?

Le rôle charismatique et le rôle architectural

Le leadership efficace dépend fortement d'un tissu complexe d'interactions entre dirigeant, subordonné et situation, mais les dirigeants efficaces remplissent deux rôles. On peut qualifier le premier de rôle *charismatique*, le second de rôle *architectural*. Le premier rôle correspond à la manière dont le dirigeant *éclaire*, *autonomise* et *dynamise* (*envisions, empowers, and energizes*) afin d'orienter, d'inspirer et de motiver ceux qui le suivent. Le second implique la mise en jeu de processus destinés à améliorer l'*agencement* de l'organisation, et à *contrôler* et *récompenser* de façon appropriée le comportement des salariés.

Si l'on analyse davantage le contenu de ces rôles, on constate que les dirigeants efficients se concentrent sur les tâches principales que voici :

- articuler une vision, un projet et une stratégie convaincants, qui établissent un lien entre salariés, actionnaires, fournisseurs et clients ;
- donner voix au chapitre aux collaborateurs de tous niveaux en leur conférant une autonomie grâce à la circulation des informations et à la délégation des décisions aux personnes les plus compétentes pour les exécuter ;
- dynamiser et motiver le personnel pour concrétiser la vision de l'avenir propre à l'entreprise ;
- instaurer une organisation et des systèmes de contrôle qui transformeront la vision directrice en réalité, et utiliser ces systèmes pour mettre le comportement des salariés en harmonie avec les valeurs et les objectifs de l'entreprise ;
- établir des modalités de récompense appropriées et assurer un retour d'information constructif pour inciter les salariés à adopter le type de comportement désiré ;
- instaurer un esprit d'équipe, veiller à l'efficacité de l'équipe en instillant une atmosphère de coopération, en organisant les contacts de collaboration et en encourageant les conflits constructifs ;

- faire prendre conscience aux salariés de leurs publics externes, en soulignant en particulier la nécessité de répondre aux demandes des clients, des fournisseurs, des actionnaires et d'autres groupes d'intérêt comme les collectivités locales ;
- encourager la ténacité et le courage chez les salariés en donnant un exemple personnel par une prise de risques raisonnable ;
- susciter la confiance dans l'organisation en constituant, principalement par l'exemple, une main-d'œuvre dotée d'intelligence émotionnelle, formée de personnes qui se connaissent elles-mêmes et savent comment se comporter avec autrui dans le respect et la compréhension.

La vision

Pour revenir à la première dimension du rôle charismatique, nous savons tous que la première tâche du dirigeant est de déterminer vers où l'entreprise doit aller et de susciter la volonté d'aller dans cette direction. Il ne peut y avoir de leadership sans vision. La vision représente les valeurs et les croyances essentielles du dirigeant, et elle lui permet de définir la philosophie directrice de l'entreprise : son projet.

Pour élaborer cette vision, les dirigeants observent les tendances marquantes de l'environnement, traitent différents types d'informations et s'appuient sur leurs impressions pour apprécier l'orientation de ces forces environnantes. Ils parviennent bien mieux que les autres à *gérer la complexité cognitive.* Ils savent rechercher et structurer le type d'informations dont ils ont besoin. Ils rendent intelligible un environnement de plus en plus complexe puis utilisent les données obtenues pour résoudre des problèmes : c'est ce qui fait leur force. Ce talent se manifeste dans leur sens de la simplification, dans leur manière de rendre digestes des sujets très complexes. John Chambers, chez Cisco, et Jorma Ollila, ancien PDG de Nokia (aujourd'hui président de Shell), sont des exemples de personnes qui ont utilisé ce talent efficacement.

Les hommes politiques savent particulièrement bien dégager une vision forte d'un état futur, et excellent souvent à l'expliquer. Ils apportent une inspiration : quand le *statu quo* inspire un mécontentement, ils s'en aperçoivent, parviennent à présenter une solution de rechange acceptable et rallient des individus autour d'elle pour la mettre en pratique. Le mahatma Gandhi, par exemple, avait la vision d'une Inde indépendante dans laquelle musulmans et hindous vivraient ensemble pacifiquement. Martin Luther King avait la vision d'une harmonie entre Noirs et Blancs. John F. Kennedy, quand il était Président, avait une vision très particulière : il voulait envoyer un homme sur la Lune avant la fin des années 1960. Gorbatchev avait la vision d'une société soviétique plus ouverte. Dans un registre plus sombre, Adolf Hitler avait la vision d'un Reich millénaire. Dans le domaine des affaires, citons Ingvar Kamprad, patron d'Ikea, qui voulait mettre le mobilier à la portée de monsieur Tout-le-Monde.

Obtenir l'implication

Un autre facteur caractéristique des dirigeants efficaces est leur aptitude à obtenir que les personnes s'impliquent. Ils s'entendent très bien à constituer des alliances et à susciter une motivation pour amener autrui à partager leur vision. Très doués pour le *team building,* ils savent tirer le meilleur de leurs collaborateurs.

À cet égard, on parle souvent d'*autonomisation* (*empowerment*). Avec les dirigeants, celle-ci paraît d'une simplicité déconcertante. Le secret est d'afficher des attentes élevées quant aux performances des subordonnés. Cela montre aux salariés que leur dirigeant a confiance dans leur capacité à atteindre certains objectifs prédéterminés. En autonomisant les individus – en les laissant s'exprimer –, le dirigeant renforce leur estime d'eux-mêmes et leur sentiment de confiance en soi, ce qui les pousse souvent à faire encore mieux que ce que l'on attend d'eux. Napoléon Bonaparte savait combien il est efficace d'afficher une confiance dans ses subordonnés, quand il déclarait que chaque soldat français a son bâton de maréchal dans sa besace. Ce processus d'autonomisation fonctionne aussi dans l'autre sens : si l'on dit régulièrement à quelqu'un qu'il est incapable, il commence à le devenir vraiment.

Malheureusement, cette autonomisation est difficile pour certains dirigeants en raison de leur addiction au pouvoir. Ils ont du mal à relâcher leur étreinte et à déléguer du pouvoir aux échelons inférieurs de l'organisation. Faute de recul, ils ne voient pas qu'en donnant du pouvoir à leurs subordonnés d'une manière positive, ils renforceraient en fait leur organisation et donc leur propre autorité. Dans le domaine de la psychologie du pouvoir, le désir de gains à court terme tend à l'emporter sur les considérations d'avantages à long terme. Mais les dirigeants exceptionnels savent que, sans autonomisation, leur vision sera médiocrement mise en œuvre. Ils sont conscients que l'art du leadership consiste à créer un contexte tel que les personnes y vivront des expériences très fortes, se sentiront passionnées par ce qu'elles font et s'impliqueront totalement. Ici, le processus d'autonomisation joue un rôle majeur, et il faut en tenir compte dans la conception de l'organisation. C'est pourquoi il incombe au dirigeant de créer des structures d'organisation dans lesquelles les collaborateurs aient un sentiment de maîtrise, l'impression d'être propriétaires de ce qu'ils font. Comme disait souvent le général Patton : « Si vous dites aux gens où il faut aller, mais pas comment y aller, vous serez surpris des résultats. »

Dynamiser

Un autre mot clé pour qualifier les dirigeants efficaces est *dynamisant*. Toute organisation recèle une quantité énorme d'énergies agressives et affectueuses. Les dirigeants savent comment canaliser cette énergie dans la bonne direction. Ils comprennent qu'il est important d'orienter l'énergie agressive vers l'extérieur. Au sein de l'organisation, les personnes ne doivent pas se combattre les unes les autres mais lutter contre les concurrents. Comme le disait volontiers Jack Welch, ancien PDG de General Electric : « Je ne veux pas que vous vous battiez contre votre voisin de bureau. Si vous êtes dans les matières plastiques, battez-vous contre DuPont ; si vous êtes dans la mécanique, battez-vous contre ABB. »

Ces trois facettes du rôle charismatique du dirigeant – créateur de vision, d'autonomisation et de dynamisme – reposent sur un fondement solide, le second rôle du dirigeant : son *rôle architectural.* Les éléments de ce rôle – structure, contrôle et récompenses – aident le dirigeant à ancrer sa vision dans la réalité de l'organisation.

Le caractère

Différentes dimensions des deux principaux rôles du dirigeant mettent évidemment en jeu, de manière implicite, des questions de caractère. Certains traits de caractère font que certains dirigeants sont plus à même que d'autres de remplir ces rôles. La manière dont une personne s'adapte à son environnement externe est influencée par les particularités de son fonctionnement cognitif, affectif et comportemental.

Si l'on examine la littérature actuelle sur les traits du leadership, on s'aperçoit que, malgré son volume énorme et souvent déconcertant, un certain nombre de constats s'y retrouvent couramment. Les principaux traits régulièrement discernés chez les dirigeants efficaces sont un *esprit consciencieux* (ce qui recouvre fiabilité, esprit de réalisation et persévérance), l'*extraversion*, la *dominance*, la *confiance en soi*, l'*énergie*, l'*amabilité* (c'est-à-dire souplesse et confiance), l'*intelligence*, l'*ouverture à l'expérience* (y compris une absence d'ethnocentrisme) et la *stabilité émotionnelle.* Mais si l'on considère de plus près nombre de ces traits, il est clair que chacun d'eux est susceptible de soulever de vives polémiques quant à sa vraie signification et à son appartenance à des types caractériels spécifiques. De plus, notamment dans la littérature clinique, des étiquettes comme l'amabilité ou la stabilité émotionnelle sont parfois des boîtes de

Pandore. On peut soutenir que les dirigeants seront plus ou moins efficaces selon l'association spécifique de ces traits chez eux. Pour comprendre ces briques de base du caractère, il faut donc remonter aux racines du développement personnel des dirigeants.

DÉCHIFFRER LES RACINES DU LEADERSHIP

Décrire certains des traits et constantes du comportement qui interviennent dans un leadership efficace est une chose, mais pour expliquer leur formation, il faut aller au-delà des évidences et poser des questions plus profondes. D'où viennent cette vision et ce sentiment d'avoir une mission à accomplir ? Quelle est la source du charisme ? Comment ces différents traits se développent-ils ? Et, sur un mode plus pragmatique, qu'est-ce qui différencie deux dirigeants forts et visionnaires tels que Jack Welch et Adolf Hitler ? Pourquoi l'un devrait-il réussir tandis que l'autre se fourvoie ? Dans quelle mesure la situation d'une organisation doit-elle être mise au crédit ou au débit du dirigeant personnellement ? Les études sur le leadership montrent clairement que la personnalité d'un grand patron influence la stratégie, la culture et même la structure de son organisation dans une bien plus grande mesure que ce que la plupart des gens, en particulier les dirigeants eux-mêmes, sont enclins ou disposés à admettre.

La rationalité du dirigeant

Dans les organisations, les personnes ont tendance à rechercher un modèle économique parfait dirigé par un dirigeant logique et rationnel. Le mythe de la rationalité semble avoir la vie dure. Nombreuses sont celles qui se rattachent à l'idée rassurante selon laquelle les humains prennent leurs décisions logiquement, et les forces irrationnelles ne jouent aucun rôle dans la vie des entreprises.

Bien entendu, il y a un élément rationnel dans les actions des dirigeants. Les dirigeants examinent de grandes quantités d'informations, ils définissent les paramètres de la culture d'entreprise, créent les structures, recherchent des niches, fixent une stratégie. Pourtant, en dépit de ce souci de logique dans le traitement des données, les dirigeants les plus exemplaires eux-mêmes sont souvent animés par des motifs moins raisonnables et moins évidents qu'ils n'en ont l'air. Quand Henry Ford a créé la chaîne d'assemblage, par exemple, s'est-il appuyé sur une analyse rationnelle des avantages économiques de la division du travail ? A-t-il réalisé une analyse quantitative approfondie de tous les facteurs économiques pertinents ? Ou bien a-t-il été poussé dans cette voie par des éléments irrationnels ? Se pourrait-il que l'une des motivations qui l'ont incité à fabriquer des voitures moins chères ait été de se racheter aux yeux de son propre père, qui était agriculteur ? Le comportement de Walt Disney autorise des spéculations analogues. À quel point sa vision extraordinaire et l'empire né de celle-ci se rattachent-ils à son enfance misérable, illuminée seulement lorsqu'il dessinait des souris et des canards ?

Dans la meilleure hypothèse, la vision d'un dirigeant est compatible avec les forces externes de son environnement. Mais dans bien des cas, elle ne l'est pas. Beaucoup d'entre nous l'ont appris à leurs dépens : un PDG peut être totalement égaré par des motifs occultes, et non seulement assombrir la vie de son personnel, mais même déséquilibrer son organisation au point de la conduire vraiment à sa perte. Comme le montre la recherche clinique, les modes de fonctionnement singuliers constatés chez les dirigeants ont en général des raisons profondes. Tous les dirigeants sont animés et influencés par un « scénario intérieur » fort et vivant – une manière propre de fonctionner déterminée par leur caractère. C'est lui qui les pousse à externaliser des motivations privées et à les présenter sur la scène publique. Par conséquent, si l'on transcende le modèle de l'homme économique et si l'on observe attentivement les caractéristiques de la personnalité des dirigeants, on obtient un aperçu original sur la dynamique d'une organisation et sur la manière dont les personnes y sont dirigées.

Le scénario intérieur

Mais comment y parvenir ? Comment arriver à connaître quelque chose de ce scénario intérieur ? Comment déchiffrer le caractère d'une personne ? Allonger les dirigeants sur un divan (métaphoriquement parlant) s'avère être un bon moyen pour analyser les conflits et les motivations qui animent leur organisation. Cela apporte une dimension supplémentaire à la compréhension de la dynamique organisationnelle.

Mais pour y parvenir, il est nécessaire de clarifier l'approche clinique du management. Le paradigme clinique, qui emprunte des concepts à diverses écoles de psychanalyse, de psychiatrie dynamique, de théorie des systèmes familiaux et de cognition, repose sur un certain nombre de prémisses. La première est que tout comportement est déterminé d'une manière ou d'une autre. Ce qui à première vue peut sembler complètement irrationnel a, si l'on y regarde de plus près, une explication et une logique plus profondes. Ensuite, l'inconscient existe bel et bien. Nous ne sommes pas toujours conscients de beaucoup de nos souhaits et fantasmes, et un grand nombre de nos actions et comportements paraissent se situer au-delà de la connaissance consciente. Et quand nous sommes trop inquiets, nous pouvons recourir, sans le réaliser, à des mécanismes de défense. De plus, pour comprendre les schémas de comportement, il est important de réaliser que la manière dont nous agissons et prenons des décisions est déterminée par des processus intrapsychiques et interpersonnels. Des schémas de comportement acquis dans le passé influencent fortement les comportements actuels et futurs.

Tous, nous possédons une sorte de « scénario intérieur » et sommes motivés par ce scénario spécifique. Ce scénario intérieur se développe avec le temps, à travers nos contacts avec éducateurs, enseignants et autres personnes influentes. Les thèmes internalisés qui le composent forment le cœur de la personnalité de chacun et sont la matrice des actes et du comportement. Notre théâtre interne, où entrent en jeu les schémas sur lesquels repose notre caractère, influence notre comportement tout au long de notre vie et joue un rôle essentiel dans le façonnage des dirigeants.

L'INFLUENCE DE L'ENFANCE

L'observation des dirigeants confirme que même ceux d'entre eux qui réussissent le mieux ne sont pas exactement des êtres humains rationnels, logiques, raisonnables et fiables : ils sont enclins aux comportements irrationnels. Ignorer les bizarreries et les processus irrationnels qui font partie des caractéristiques de la personnalité du dirigeant interdit aux organisations de fonctionner avec succès. Il faut prêter attention à cette dimension de l'action humaine pour pouvoir s'engager dans une maintenance préventive et des interventions fructueuses.

L'un des moyens pour comprendre plus profondément comment un dirigeant dirige consiste à se transformer en détective organisationnel en étudiant des patrons célèbres, ainsi que leur entreprise, afin d'essayer de dégager la logique de leur comportement et de leurs actes.

Prenons comme exemple Henry Ford, de Ford Motor Company. Pourquoi s'est-il cramponné à la Model T pendant dix-neuf ans malgré l'évolution des conditions du marché et une chute énorme de sa part de marché ? Pourquoi s'est-il comporté de manière aussi étrange et erratique ? Un jour, ses ingénieurs lui ont présenté une version légèrement modifiée de ce modèle. Il est entré dans une violente colère et a mis la voiture en pièces. Pourquoi cela ? Qu'est-ce qui l'a rendu à ce point fermé à toute modification de la voiture ? Que symbolisait celle-ci pour lui ? Pourquoi faisait-il régner la terreur dans l'entreprise, où il avait embauché des individus suspects, comme Harry Bennett, étroitement lié à la pègre de Detroit ? Qu'y avait-il derrière ses activités politiques étranges, son isolationnisme et son antisémitisme ? Pourquoi a-t-il régulièrement sapé les efforts accomplis par son fils Edsel pour redresser la barre ? Et, malgré toutes ses bizarreries, qu'est-ce qui faisait de lui un tel visionnaire ? Il a été le premier à comprendre l'intérêt de la chaîne de montage pour produire des automobiles en masse, à une époque où les préférences des consommateurs allaient en sens inverse. Quels étaient ses angoisses, ses défenses, ses conflits ? Quelles étaient ses forces et ses faiblesses ? Qu'est-ce qui le distinguait des autres ? Que pouvait-on dire de son caractère ? Qu'est-ce qui a fait de lui un tel innovateur ?

L'histoire personnelle de Ford apporte un éclairage sur nombre de ses actions apparemment bizarres. Extrêmement proche de sa mère, il pensait qu'elle l'aimait inconditionnellement. Malheureusement, elle est morte quand il avait treize ans. Les relations de Ford avec son père étaient très difficiles. D'après lui, son père désapprouvait sa vocation de mécanicien, son désir de quitter la ferme et sa vision de l'avenir de l'automobile – même si d'après l'une des sœurs de Ford, leur père était loin d'être aussi hostile à l'idée de son fils que celui-ci l'a laissé croire. En tout cas, les relations de Ford avec les autres hommes ont toujours été distantes, et il avait peu de vrais amis. Interrogé sur les raisons de son comportement étrange, l'un de ses collègues a répondu que Ford ne pouvait pas s'en empêcher, qu'il était « fait comme ça ».

Mais observer qu'il était « fait comme ça » ne suffit pas. L'enjeu du travail de détective organisationnel est de découvrir les raisons sous-jacentes de ce style de leadership particulier, de mieux comprendre les dimensions critiques qui composent son scénario intérieur. Cela nous aide à nous faire graduellement une meilleure idée du genre de personne que Ford était vraiment, de la nature de ses relations avec autrui, de ses schémas défensifs et des effets de son style sur son organisation. C'est seulement après avoir répondu à ces questions que l'on commence à comprendre dans quelle mesure son comportement chez Ford Motor Company était coloré par son histoire personnelle, dans quelle mesure Ford était prisonnier de son passé.

PRESSIONS PSYCHOLOGIQUES SUR LE LEADERSHIP

Peut-on dégager quelques-uns des thèmes psychologiques qui apparaissent dans les discussions avec les dirigeants ? Par quoi ceux-ci sont-ils préoccupés ? Quelles sont les contraintes qui les contrarient ? Si l'on considère leur monde intérieur, on s'aperçoit vite que le chemin qui mène au sommet n'est pas nécessairement jonché de roses. Avec les avantages viennent quantité de contraintes.

La solitude du pouvoir

Se présente d'abord le problème de la solitude du pouvoir. À l'instant où l'on devient le patron, on voit ses relations passées entrer dans une zone de turbulences. Le réseau sur lequel on s'appuyait jusque-là va se trouver transformé. De plus, toute action du dirigeant est chargée de nombreux symboles. Cela accentue encore la pression. Si l'on doit prendre des décisions capitales pour l'avenir de ses subordonnés, on ne peut plus être aussi proche qu'autrefois de ses anciens collègues. Que cela lui plaise ou non, le nouveau dirigeant doit marquer une certaine distance. Ce n'est pas toujours facile. Après tout, les dirigeants ont encore besoin de s'appuyer sur quelqu'un, et qui va se charger de satisfaire ce besoin ? Cela peut être une source considérable de stress et de frustration.

La jalousie

Vient ensuite le problème épineux de la jalousie. De nombreuses personnes sont envieuses devant le pouvoir et les apparats du leadership. Pour certains hauts dirigeants, la jalousie d'autrui peut être extrêmement perturbante et provoquer beaucoup d'anxiété. La crainte – pas toujours déraisonnable – existe que les autres essaient de s'emparer de ce qu'ils ont eu tant de mal à obtenir. La crainte de perdre le pouvoir attaché à leur fonction, d'être la cible des jalousies, peut faire peser sur les dirigeants une pression débilitante. Paradoxalement, le succès commence à leur faire peur. Certains d'entre eux peuvent alors agir en conséquence et se comporter d'une manière dysfonctionnelle, préférant la défaite à une victoire imminente, par un comportement autodestructeur. D'autres peuvent être atteints de dépression et sembler paralysés par le poids des décisions à prendre. Dans certains cas, l'investigation clinique démontre que ce comportement dysfonctionnel repose sur la crainte irrationnelle, au départ inconsciente, de réussir mieux que ses parents. Inconsciemment, l'intéressé peut croire qu'une telle victoire aurait de terribles conséquences. Il craint (à juste titre dans certains cas) que cela ne porte un parent envieux à lui retirer son affection, ou même à nourrir une réaction hostile.

L'épuisement

Le sentiment qui pousse à se poser la question « Et maintenant ? » peut aussi être cause de stress pour le dirigeant enfin parvenu au sommet. Une fois atteints les buts vers lesquels il avait tendu toute sa vie, il ne reste rien pour quoi lutter. On pourrait appeler ce sentiment de malaise le « syndrome de Faust », la mélancolie de celui qui a tout réussi. Là encore, si ces sentiments ne sont pas traités, ils peuvent conduire à des actes irresponsables de la part d'une personne aux prises avec un début de dépression.

Le transfert

Un problème fréquent est celui que Freud appelait la « fausse association », signifiant par là que les subordonnés pouvaient percevoir le dirigeant et réagir face à lui non pas selon la réalité de la situation, mais comme s'il était un personnage important de leur passé, tel qu'un parent ou toute autre personne exerçant une autorité. Cet attachement déplacé, que la terminologie psychologique appelle un transfert, est un élément omniprésent dans la condition humaine, un moyen pour traiter des informations et organiser des expériences. Il s'agit d'un processus étrange mais néanmoins très réel : l'héritage psychologique du passé pousse les subordonnés à reporter beaucoup de leurs espoirs et de leurs fantasmes d'autrefois vers le dirigeant actuel. Fréquemment, sous l'effet de ce processus de transposition d'une personne à une autre et d'une période à une autre, les subordonnés feront tout ce qui sera en leur pouvoir pour plaire à leur dirigeant.

Le narcissisme

Dans bien des cas, ce besoin d'idéaliser les figures d'autorité (besoin universel qui fait partie des premiers processus de développement de tout être humain) a toutes les chances de rencontrer une réaction très réceptive, surtout de la part des dirigeants présentant de fortes dispositions narcissiques. De tels dirigeants apprécient les manifestations d'approbation et d'admiration. Pis, ils en arrivent parfois à un stade où ils ne peuvent fonctionner sans ce genre de gratification psychologique. Certains d'entre eux risquent alors de s'enfermer dans une « galerie des glaces » où ils n'entendent et ne voient que ce qu'ils ont envie d'entendre et de voir. Et pis encore, si certains subordonnés rechignent à partager leur vision du monde déformée, ces dirigeants risquent de considérer ce refus d'adhésion comme une attaque directe contre l'essence même de leur personnalité, car leur estime de soi est fragile. Des sentiments passés d'impuissance et d'humiliation leur reviennent alors, provoquant une rage aveugle. Mais étant donné le pouvoir qu'ils détiennent, celle-ci a désormais des conséquences bien réelles et produit souvent un effet dévastateur sur leur entourage immédiat. Ils « tueront » les porteurs de mauvaises nouvelles.

Le problème avec ce genre de dirigeants est qu'ils voient le monde en noir et blanc : les gens sont avec eux ou contre eux. Il n'y a pas de place pour les nuances. Les esprits indépendants ne peuvent survivre, ceux qui ne collaborent pas immédiatement deviennent les nouveaux méchants, ceux qui s'écartent des idéaux des dirigeants sont relégués à un statut inférieur, sous-humain, et servent de cible à leur courroux. Sentant le danger qui pèse sur eux, la plupart des subordonnés rentrent vite dans le rang et participent, passivement ou activement, à la victimisation par le dirigeant de ceux qui n'acceptent pas de se conformer. On limite ainsi le risque de devenir soi-même victime du dirigeant. De plus, cette « identification à l'agresseur » est un moyen pour résoudre son propre sentiment d'impuissance et de fatalité face au totalitarisme. Se sentir proche du dirigeant – faire partie du système – donne l'illusion d'être soi-même plus puissant. Ce désir d'obtenir un peu de la puissance de la personne dominante peut expliquer pourquoi les personnes se cramponnent à leur place malgré le comportement rugueux de l'agresseur.

L'identification à l'agresseur

Ce processus d'« identification à l'agresseur », l'incitation à participer à une forme de pensée de groupe, s'accompagne de certains rites de passage. Le moins subtil d'entre eux est une ferme invitation à participer à la violence dirigée contre les ennemis désignés de l'agresseur. Partager ainsi la faute devient un signe d'implication, et la majorité des subordonnés, déchirés entre amour et crainte de leur dirigeant, feront ce qu'on leur demande de faire. On leur présente maints boucs émissaires qui seront commodément soumis à la vindicte du groupe si les choses ne tournent pas comme le veut le dirigeant – des entités tangibles sur lesquelles projeter tout ce qui leur fait peur, tout ce qui est perçu comme mauvais et menaçant pour le système. Une telle évolution peut avoir des résultats terrifiants. Dans le pire des cas, elle peut conduire à l'autodestruction totale d'une organisation ou, dans le cas d'un dirigeant national, à la fin d'une nation entière.

Ces traits de personnalité négatifs sont présents à un moindre degré chez beaucoup d'individus, mais dans la mesure où ils concernent des dirigeants, les contraintes éprouvées par ces derniers du fait de leur position en vue peuvent favoriser des manifestations extrêmes de leur inaptitude psychologique. La question est de savoir d'où viennent ces traits et pourquoi certains dirigeants en sont plus affectés que d'autres.

LE « SCÉNARIO INTÉRIEUR » DES DIRIGEANTS

La formation de la personnalité commence tôt dans la vie. Les pédopsychologues soulignent que les trois premières années de la vie sont particulièrement essentielles pour le développement. C'est au cours de ces années que les schémas de personnalité centraux se forment, au cours de cette période qu'on devient une personne avec le sentiment de son propre corps, de son identité sexuelle, de son nom, de son esprit et de son histoire personnelle. Les fondations de la personne que l'on sera sont ainsi jetées et le demeureront probablement pendant le reste de sa vie. Cela ne signifie pas que les expériences ultérieures sont sans importance, mais en général elles n'ont pas autant d'effet que celles que l'on rencontre tôt dans sa vie.

Le terme clinique qui décrit les changements qui se produisent durant ces premières années de la vie est *développement narcissique*. Le narcissisme est le moteur qui anime les personnes. Et narcissisme et leadership sont étroitement reliés.

Une saine dose de narcissisme est essentielle au fonctionnement de l'être humain. C'est le risque d'excès, en particulier dans le cas des dirigeants, qui donne au narcissisme sa connotation souvent négative. On peut sourire de la formule d'Oscar Wilde, pour qui « s'aimer soi-même est le début d'une idylle pour la vie », mais si l'on considère l'emploi habituel de ce mot, le narcissisme évoque l'égoïsme, l'égocentrisme et l'égolâtrie. En définitive, qui voudrait être comparé à ce malheureux jeune homme, le Narcisse du mythe grec, tombé amoureux de son propre reflet au point d'en mourir de langueur ?

Le narcissisme est une chose étrange, une arme à double tranchant. En avoir trop ou trop peu peut être source de déséquilibre et, une fois l'équilibre perdu, l'instabilité risque de s'installer au cœur de la personnalité. Dans un contexte psychologique, le narcissisme se réfère à un stade du développement infantile par lequel chacun de nous doit passer, pendant lequel l'enfant grandissant trouve du plaisir dans son propre corps et dans les fonctions de celui-ci. Et cette phase précoce est un moment très délicat de la vie de l'enfant. Le genre de traitement reçu durant cette période critique de son développement colorera largement sa vision du monde jusque dans l'âge adulte.

Le rôle des parents ou des éducateurs dans le développement du narcissisme est très important. Ont-ils été des appuis ou ont-ils été inconséquents ? L'enfant a-t-il ressenti une série de manques en raison de circonstances familiales ? La question clé est de savoir s'il a reçu une « alimentation narcissique » suffisante, une saine dose d'estime de soi qui aura jeté les bases d'un sentiment positif envers lui-même. Hélas, nul parent n'est parfait, bien sûr. Dans la plupart des cas, grandir implique une certaine dose de frustration inévitable. Mais le développement n'est normal que si cette dose est tolérable.

Or, tout le monde n'a pas la chance d'avoir un lien spécial, ou d'éprouver une frustration correspondant à son âge. Bien des choses peuvent mal tourner dans le processus d'éducation. Dans certaines situations, une déception prolongée due à l'absence des parents, à une stimulation excessive ou insuffisante, ou à un comportement très instable et arbitraire peut entraîner des problèmes de nature narcissique. Et si des violences et des abus s'y ajoutent, le terrain est prêt pour un scénario intérieur lourd de représentations malveillantes.

Les enfants qui ont été exposés à des parents non fiables peuvent en venir à croire qu'ils ne peuvent compter sur l'amour ou la loyauté de personne. En tant qu'adultes, ils agiront selon ces convictions. Même s'ils prétendent se suffire à eux-mêmes, ces individus sont perturbés dans la profondeur de leur être par un sentiment de privation, de colère et de vide. Pour le surmonter, et peut-être pour dissimuler leur manque d'assurance, leurs besoins narcissiques deviendront obsessionnels. De tels individus sont obnubilés par les questions de pouvoir, de beauté, de statut, de prestige et de supériorité. Ils tentent constamment de manipuler les autres pour renforcer leur sentiment fragile d'estime de soi. Ils sont aussi habités par l'idée de prendre leur revanche pour les blessures (réelles ou imaginaires) subies dans leur enfance. Et quand ces personnes deviennent des dirigeants, donc des personnages publics, leurs préoccupations prennent une dimension autrement plus vaste.

NARCISSISME RÉACTIF OU CONSTRUCTIF ?

Un nombre considérable de dirigeants deviennent ce qu'ils sont pour des raisons négatives. À cause des épreuves subies dans l'enfance, ils veulent prouver au monde qu'il a tort. Pour avoir été rabaissés et maltraités quand ils étaient jeunes, ils sont déterminés à montrer à tous qu'ils valent quelque chose en tant qu'adultes. Certains d'entre eux peuvent même souffrir de ce que l'on pourrait appeler, d'après le roman d'Alexandre Dumas, le « complexe de Monte-Cristo » : ils éprouvent un fort besoin de se venger du mal qu'on leur a fait dans des périodes antérieures de leur vie.

Le couturier français Pierre Cardin pourrait donner un exemple de ce complexe. Jeune Italien élevé en France, il subissait les moqueries des autres enfants qui l'appelaient « Macaroni » et l'affublaient d'autres surnoms blessants. Un statut de deuxième classe est difficile à supporter. Sa famille avait perdu presque tous ses biens pendant la guerre. Très affecté par ces revers, son père dérivait d'emploi en emploi, ce qui aggravait l'impression de déclassement ressentie par la famille. Le jeune Cardin, malgré ce climat perturbé, était fortement soutenu par sa mère. Mais l'expérience de son enfance lui avait laissé le sentiment qu'il devait prendre une revanche sur ses tourmenteurs en leur prouvant sa valeur. Et il y est assurément parvenu. C'est peut-être parce que des personnes ont à une époque regardé de haut sa famille et lui-même qu'il est devenu un spécialiste du nivellement. Il a démocratisé la mode et fait entrer la haute couture chez monsieur Tout-le-Monde. Il a apposé son nom sur toutes sortes de choses. Il a même fait un pied de nez aux classes supérieures françaises en rachetant le célèbre restaurant Maxim's, où elles avaient autrefois leurs habitudes. En outre, Maxim's s'est démocratisé : on peut aujourd'hui y déjeuner à côté de commerciaux de Cleveland !

Comme l'illustre l'exemple de Pierre Cardin, une personne ayant une disposition au narcissisme peut parfaitement atteindre une grande réussite. Mais il n'est pas nécessaire que cette disposition soit toujours négative. On peut distinguer, d'une part, les personnes que guide ce genre de narcissisme réactif inspiré par le désir de prendre une revanche et de régler des comptes avec son passé, et, d'autre part, celles dont le narcissisme est constructif, c'est-à-dire des individus bien équilibrés, qui ont une vision positive d'eux-mêmes et un sentiment assuré d'estime de soi. Ainsi, pour résumer ces deux manières d'envisager le monde, les narcissiques constructifs sont capables d'introspection, ils dégagent une impression de vitalité positive et sont capables de sentiments d'empathie. Des narcissiques de ce type peuvent devenir d'excellents dirigeants, au contraire des narcissiques réactifs, lesquels tentent continuellement de stimuler un sentiment d'estime de soi qui leur fait défaut et sont habités par des émotions comme l'envie, le dépit, le désir de vengeance ou l'esprit de vindicte envers autrui. (Il faut cependant ajouter que certains d'entre eux finissent par surmonter leurs sentiments d'amertume initiaux et sont motivés par la réparation, c'est-à-dire qu'ils essaient d'éviter aux autres de souffrir comme eux.)

Les vrais narcissiques réactifs tendent à se faire une idée grandiose de leur propre importance. Ils ont l'habitude de profiter des autres pour parvenir à leurs propres fins. Ils vivent aussi dans l'illusion que leurs problèmes sont uniques. Ils ont également l'impression qu'on leur doit quelque chose, qu'ils ont droit à un traitement spécialement favorable et que les règles fixées pour d'autres ne leur sont pas applicables. De plus, ils sont avides de compliments – ils n'en ont jamais assez. Ils manquent d'empathie, car ils sont incapables de se mettre à la place d'autrui. Enfin, et ce n'est certainement pas le moindre problème, ils jalousent les autres et, quand ils ne peuvent imposer leur volonté, leur fureur prend parfois des proportions énormes.

Le narcissisme réactif est probablement l'indicateur le plus saillant d'un leadership défectueux. Ce qui est déjà assez nuisible au niveau individuel peut avoir de graves répercussions dans le contexte d'une organisation. L'observation des dirigeants montre que l'on peut établir un parallèle entre la pathologie individuelle – abus d'un style névrotique tel que le narcissisme réactif – et la pathologie organisationnelle, qui donne des organisations qui fonctionnent mal, ou ce que l'on appelle des organisations « névrotiques ». Dans celles-ci, les traits de personnalité « irrationnels » des principaux décideurs peuvent affecter gravement le processus de management dans son ensemble. À la tête d'une organisation « névrotique » (surtout si le pouvoir y est très centralisé), on trouve souvent un dirigeant dont le style névrotique rigide se reflète fortement dans la nature des stratégies, structures et cultures organisationnelles inadaptées de son entreprise. Si cette situation dure trop longtemps, l'organisation risque de s'autodétruire.

COMBATTRE LE DÉMON DE L'IRRATIONALITÉ

Pour les dirigeants pris dans un tissu d'irrationalité à la tête d'une organisation névrotique, l'échappatoire n'est pas simple. Dans la plupart des cas, ils ne peuvent sortir seuls de la prison qu'ils se sont bâtie. Captifs de leur caractère, ils auront besoin de se faire aider par des spécialistes pour briser les chaînes qui entravent leur comportement et rendent leur organisation dysfonctionnelle. Ils doivent admettre le potentiel destructeur de leurs actes et comprendre à quel point leurs expériences passées peuvent influencer leur comportement présent et futur. Or, un grand nombre de dirigeants n'arrivent pas à prendre conscience de la continuité existant entre leur passé, leur présent et leur avenir. Ils répètent les mêmes erreurs, car ils sont incapables de distinguer dans leur comportement certains schémas répétitifs devenus dysfonctionnels. Ils sont enfermés dans un cercle vicieux et ne savent comment en sortir. Le philosophe danois Kierkegaard a exprimé le caractère triste et poignant de cette situation, en disant que la tragédie de l'existence est que l'on ne peut la comprendre qu'en regardant en arrière, alors que l'on doit vivre en allant de l'avant.

Les dirigeants avisés savent à quel point leur comportement est affecté par des processus inconscients et irrationnels. Ils admettent les limites de la raison et prennent davantage conscience de leurs propres traits de caractère. En revanche, ceux qui ne parviennent pas à tenir compte de leur côté irrationnel sont comme des capitaines qui dirigent leur navire à l'aveuglette dans un dédale d'icebergs : le plus grand danger se trouve caché sous la surface.

Quoi qu'il arrive aux dirigeants, si éclairés qu'ils puissent être, il est important pour eux de surveiller leur narcissisme. La gloire est une grande tentatrice et sa poursuite peut être étonnamment autodestructrice. On sous-estime trop souvent ses dangers. Chez les dirigeants, fréquemment, le ressort narcissique est trop fort. Comme le disait un jour Napoléon (un expert en la matière), « la gloire est éphémère mais l'obscurité est éternelle ». Dans la poursuite de la gloire, bien des dirigeants sont finalement victimes d'un excès de confiance en eux qui les aveugle et les conduit en définitive à s'autodétruire. Une telle issue serait néanmoins évitable s'ils prêtaient attention à leur vie intrapsychique et s'ils trouvaient de l'aide dans l'exploration de leurs points faibles.

Dans leurs relations interpersonnelles, les dirigeants conscients des dangers du narcissisme devraient conserver à l'esprit les « quatre H » du leadership : hardiesse (le « H » initial de la version anglaise correspond au mot *hope*, espérance), humilité, humanité et un bon sens de l'humour. Ces qualités aident à prévenir un excès de névrose organisationnelle et contribuent à la stabilité psychologique. Comme le disait un jour quelqu'un qui avait manifestement une certaine connaissance du leadership, « si vous croyez qu'être dirigeant vous donne du pouvoir, essayez donc de donner des ordres au chien de quelqu'un d'autre ! »

Pour aller plus loin, consultez la bibliographie en ligne.

Chapitre 8

Gestion des ressources humaines

FABIENNE AUTIER

Professeur associé à l'EM Lyon

SYLVIE ROUSSILLON

Professeur à l'EM Lyon

La gestion des ressources humaines désigne les processus mis en place par l'entreprise pour prendre en charge les relations avec ses salariés, soit directement par l'action de professionnels dédiés, soit indirectement à travers l'animation du management.

La fonction RH est une fonction support dont la mission essentielle est d'assurer à l'entreprise la disponibilité des individus nécessaires en termes de nombre, de compétences et d'implication, pour atteindre ses objectifs. Il s'agit d'une fonction vitale. En effet, aucune entreprise ne peut espérer fonctionner sans que, au moins, le recrutement et la rémunération des salariés soient pris en charge.

Elle tire sa spécificité des ressources qu'elle a à gérer, à savoir des personnes. Ces ressources sont d'un type très particulier : libres, elles ont des attentes et des appartenances, et sont donc à la fois susceptibles d'être *objets* des politiques de GRH de l'entreprise, mais aussi *actrices* de leur propre destinée et des propositions qu'on leur fait dans ce cadre. Cette tension constitue aujourd'hui le cœur de la fonction ressources humaines.

La gestion des ressources humaines recouvre quatre domaines clés d'intervention : l'emploi, les rémunérations, le développement des salariés, la participation des salariés.

Elle est prise en charge, selon la taille et les choix de l'entreprise, par différents types d'acteurs : les directions générales, les départements dédiés, les managers opérationnels et les consultants extérieurs.

La direction des ressources humaines est la *fonction* qui, dans l'entreprise, est en charge de la qualité de la relation entre l'entreprise et ses salariés. Elle fait partie des fonctions dites *support*, c'est-à-dire tournées vers le fonctionnement interne de l'entreprise.

Les missions essentielles de la GRH

La première mission essentielle de la fonction RH est d'assurer à l'entreprise la disponibilité des individus nécessaires en termes de nombre, de compétences et d'implication, pour atteindre ses objectifs.

La spécificité des ressources humaines par rapport aux autres ressources mobilisées par l'entreprise (financières, techniques…) vient de ce qu'il s'agit de personnes : on parlait traditionnellement du personnel ! Ces personnes ont cinq caractéristiques essentielles :

- Elles sont libres. Les individus peuvent choisir les entreprises auxquelles proposer leurs services et moduler à tout instant leur degré d'investissement et donc de contribution : *comment les attirer et les mobiliser ?*
- Elles ont des droits. Des règles de respect des personnes s'imposent dans toutes les cultures ; les législations sociales ou du travail, confirmées par les règles édictées par le Bureau international du travail, comportent de plus en plus souvent l'obligation d'assurer la

santé physique et mentale des personnes employées, de respecter les droits de l'homme, la non-discrimination : *comment traiter les ressources humaines comme des êtres humains ?*

- Elles constituent des collectifs. Les salariés ont su, tout au long du développement économique de ces derniers siècles, se regrouper pour se faire entendre et respecter. Cette dimension sociale du travail est aussi une des dimensions que la fonction ressources humaines se doit de prendre en compte : *comment négocier avec les partenaires sociaux ?*
- Elles collaborent : l'efficacité individuelle est fortement subordonnée à l'organisation du travail. Depuis les choix de structure de l'entreprise jusqu'aux choix d'organisation locale et à la définition des règles du jeu, une préoccupation constante de la gestion des ressources humaines est celle-ci : *comment concevoir des organisations efficaces et qui rendent le travail motivant pour chacun ?*
- Elles ont des appartenances plurielles. Chacun appartient à des ensembles sociaux et sociétaux dont les caractéristiques s'imposent à l'entreprise : *comment concilier une unité suffisante de l'entreprise et la diversité des contextes nationaux et internationaux dans lesquels elle intervient ?*

Ces cinq caractéristiques amènent à définir une autre mission essentielle de la fonction RH :

La seconde mission essentielle de la fonction RH est d'assurer à l'ensemble des personnes un traitement respectueux et qui leur permettent de s'investir de façon dynamique dans le travail et dans le collectif.

L'importance toujours plus grande que prennent les activités de services et la maîtrise des connaissances, la complexification et l'internationalisation des entreprises, ainsi que la rapidité des changements qui les affectent, rendent ce volet de la fonction ressources humaines de plus en plus fondamental pour l'entreprise : un personnel de plus en plus compétent et autonome a des possibilités de retrait souvent difficiles à détecter et qui peuvent pénaliser l'entreprise de façon majeure.

La fonction ressources humaines, en charge de la gestion des ressources humaines, a donc une double mission, dont l'une est tournée vers l'entreprise et l'autre orientée vers ses membres.

L'évolution de la GRH

Historiquement, on peut distinguer trois grandes périodes de développement de la fonction RH.

1. Cette fonction s'est affirmée après la Première Guerre mondiale avec le développement du salariat : on la désignait alors par le terme de « fonction personnel » pour mettre en avant le suivi des individus dans le cadre d'un contrat de travail long terme, où la fidélité et la qualité du travail étaient récompensées par une carrière et la sécurité de l'emploi.
2. Son rôle et son impact se sont accrus avec le développement des entreprises modernes sous le nom de « fonction ressources humaines » à partir du début des années 1990, période à laquelle les directions d'entreprises ont pris conscience de la contribution majeure des hommes dans la constitution d'avantages concurrentiels durables. La fonction RH s'est dotée de concepts, d'outils et de démarches techniques pour faire face aux nouveaux enjeux, elle s'est professionnalisée et a cherché à se faire reconnaître comme une fonction stratégique dotée de services centraux puissants.
3. Actuellement, la gestion des ressources humaines est confrontée à quatre enjeux majeurs :
   - Son périmètre d'action : les très grandes entreprises mondialisées, construites par croissance externe, sont confrontées à la création/diffusion d'une culture d'entreprise transnationale, à la gestion globale par des processus transversaux centralisés, appuyés sur les systèmes d'information, qui s'imposent dans le monde entier et s'adaptent souvent difficilement aux spécificités du personnel local.

– La segmentation des populations : la GRH est de plus en plus différenciée selon les populations ; les très hauts potentiels et les dirigeants sont gérés au niveau du « *corporate* », les potentiels et les postes clés le sont dans les principales filiales. Le personnel ayant des compétences spécifiques difficiles à trouver est salarié permanent, alors que pour les compétences simples à repérer sur le marché du travail, l'entreprise utilise intérimaires et autres employés en CDD. Enfin, les sous-traitants fournissent les savoir-faire non stratégiques.

– Le recentrage sur les compétences clés et l'externalisation des fonctions non stratégiques : la fonction ressources humaines n'échappe pas à ce mouvement qui implique de savoir externaliser, animer et contrôler non seulement des responsabilités d'administration du personnel (paie…), mais aussi le recrutement, la gestion des compétences, l'évaluation, la formation…

– Le rôle central du management dans la gestion des ressources humaines : les entreprises diminuent le nombre de spécialistes centraux pour placer, sous la responsabilité des opérationnels, dirigeants et managers, des gestionnaires des ressources humaines polyvalents (ou responsables RH, ou généralistes…) qui les aident à remplir leur charge de responsables du personnel dans le respect des processus transversaux.

Dans ce contexte, de nouvelles missions prennent de l'importance :

- la mise en place de systèmes d'évaluation et de comparaisons internationales pour se positionner sur un marché du travail beaucoup plus ouvert et mondialisé ;
- la gestion des dirigeants et des universités internes pour diffuser une culture d'entreprise transnationale ;
- les fusions et acquisitions, dont on reconnaît qu'elles échouent le plus souvent sur des questions de compatibilité culturelle et de personnel ;

- le changement et l'évolution de l'organisation qu'il s'agit d'accompagner et, plus globalement, l'appui au management et aux dirigeants.

Concrètement, dans les entreprises coexistent aujourd'hui des traces de chacune de ces étapes, en même temps qu'apparaissent des enjeux et missions plus novateurs. Cela explique, en partie, l'absence d'unanimité et la grande variété des priorités retenues dans les définitions de référence de la GRH (voir encadré).

Qu'est-ce que la gestion des ressources humaines ?

Quelques définitions de référence

« La GRH est l'ensemble des politiques et pratiques mises en œuvre dans une organisation pour identifier, acquérir, intégrer, organiser, développer et mobiliser les compétences individuelles et collectives nécessaires pour réaliser les objectifs de l'entreprise. » (Peretti, 2006)

« La fonction organisationnelle qui a en charge d'obtenir et de maintenir des employés qualifiés dans l'entreprise. » (American Management Association, 2000)

« La gestion des relations individuelles (recruter, évaluer, fixer les salaires) et des relations collectives de travail (avec l'ensemble des salariés, des groupes de salariés et leurs représentants). » (Amadieu et Rojot, 1996)

« Une discipline des sciences sociales consistant à créer et à mobiliser des savoirs variés utiles aux acteurs et nécessaires pour appréhender, comprendre, négocier et tenter de résoudre les problèmes liés à la régulation du travail dans les organisations. » (définition du Groupe de réflexion épistémologique et prospective en GRH, *in* Brabet, 1993)

« Les ressources humaines constituent dans l'entreprise un ensemble difficilement isolable parce qu'il est en fait partagé, voire éclaté : la plupart des décisions qui affectent le fonctionnement quotidien de l'organisation ont une composante humaine, et la gestion des salariés n'est en ce sens que la mise en action de l'entreprise. » (Gazier, 1993)

« La GRH s'inscrit dans une dynamique qui va de la définition d'une politique sociale à sa mise en œuvre aux travers d'outils et de choix pratiques. » (Bellier et Trapet, 2001)

« La GRH consiste en des mesures (politiques, procédures, etc.) et des activités (recrutement, etc.) impliquant des ressources humaines et visant à une efficacité et une performance optimale de la part des individus et de l'organisation. » (Sekiou *et al.*, 2001)

« L'ensemble des activités qui visent la gestion des talents et des énergies des individus dans le but de contribuer à la réalisation de la mission, de la vision, de la stratégie et des objectifs organisationnels. » (Dolan *et al.*, 2001)

Les contraintes du contexte légal

Une dernière particularité est à signaler : la fonction RH est encore aujourd'hui LA fonction en entreprise qui reste la plus contextualisée, c'est-à-dire la plus profondément marquée par le contexte national dans lequel elle est mise en œuvre.

Cette caractéristique s'explique en grande partie par la prégnance des dispositifs légaux. La fonction RH n'est quasiment jamais mise en œuvre sans règles externes qui la contraignent, la délimitent. Une des missions clés des directeurs des ressources humaines est encore aujourd'hui de connaître le dispositif légal qui s'applique dans un pays donné, et de s'y conformer. Ces dispositifs d'encadrement légal sont extrêmement divers, même dans une zone de convergence économique telle que l'Union européenne.

Coexistent ainsi des pays où le niveau d'encadrement est très élevé (comme en France) avec des pays où il est très faible (inexistence d'un code du travail, par exemple). Nous demandons au lecteur de garder cette diversité contextuelle en tête tout au long de la lecture de ce chapitre. Elle rend tout exercice de présentation de la fonction GRH périlleux.

Nous faisons le choix d'exposer ici les éléments invariants et de convergence qui fondent la fonction RH quel que soit le contexte de mise en œuvre.

LES GRANDS DOMAINES DE LA GRH

La gestion des ressources humaines recouvre des activités aussi hétérogènes que la gestion des questions d'hygiène et de sécurité au travail, l'élaboration de la politique formation, la gestion des expatriés, la rédaction des contrats de travail, la définition de plans de succession, les relations avec les représentants du personnel, etc.

La typologie que nous proposons ici s'inspire des travaux d'Henri Mahé de Boislandelle. Elle se dénomme *mix social* et avance que la gestion des ressources humaines, quelle que soit la taille de l'entreprise, quel que soit son contexte légal, est constituée de quatre domaines clés.

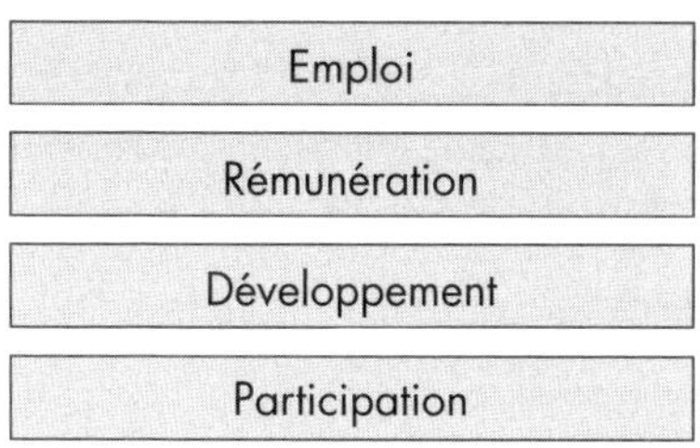

Figure 8.1 – La typologie du « mix social »

Il n'y a aucun déterminisme des choix et des pratiques en gestion des ressources humaines : le mix social est investi différemment par les entreprises selon leur taille, leur positionnement stratégique, les compétences recherchées, mais aussi les convictions de leurs dirigeants. En effet, selon qu'un dirigeant pense que « si l'on fait grandir les personnes, on fait grandir l'entreprise » ou plutôt qu'« il faut avoir un personnel interchangeable au moindre coût possible », les choix de gestion des ressources promettent d'être assez différents !

Ainsi, certaines entreprises décident d'investir très fortement sur un axe, moins sur un autre ; d'autres opteront pour le « mieux-disant » sur la totalité des axes ; d'autres encore, à l'inverse, se contenteront du minimum légal sur chacun des axes. Le mix social que nous présentons est pris en charge à différents niveaux (stratégique, politique, opérationnel) par divers acteurs : la direction générale, le département RH central, les spécialistes RH décentralisés, les managers opérationnels et les consultants extérieurs.

La gestion de l'emploi

La gestion de l'emploi recouvre la gestion des flux d'entrées et de sorties du personnel de l'entreprise ainsi que l'optimisation de son utilisation : ajustement du temps de travail des salariés avec l'activité de l'entreprise. Ce premier axe du mix social est la colonne vertébrale de la politique de gestion des ressources humaines de toute entreprise. En effet, les choix opérés sur cet axe – recruter ou ne pas recruter, faire appel à l'intérim ou salarier, proposer des contrats de travail à plein temps ou à temps partiel, licencier ou maintenir l'emploi, etc. – vont déterminer une grande partie des choix faits sur les autres axes du mix social (rémunération, développement, participation).

La difficulté de la gestion de l'emploi provient du fait que les activités de l'entreprise varient beaucoup, à la fois quantitativement (variations saisonnières, pics, irrégularité) et qualitativement (les activités attendues par les clients, souhaitées par l'entreprise, évoluent). Quatre grandes options de gestion de l'emploi existent pour les entreprises, s'articulant autour d'une alternative centrale : flexibilité externe *vs* flexibilité interne.

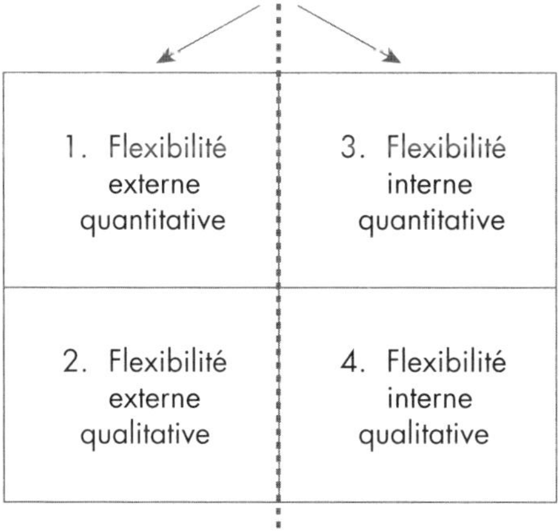

Figure 8.2 – Les 4 options de gestion de l'emploi

- La *flexibilité externe* procède du choix, en tant qu'entreprise, d'externaliser les conséquences des variations d'activités. Cela signifie que si l'activité baisse, les conséquences de ce changement seront reportées *en externe*, sur les individus eux-mêmes – en les renvoyant sur le marché du travail – ou sur des acteurs tiers, les sous-traitants par exemple. Cette attitude correspond à un refus de l'employeur de prendre en charge les risques inhérents aux fluctuations d'activité. Cette option de flexibilité externe présente deux modalités :
  - La *flexibilité externe quantitative* : elle consiste à ajuster en permanence les niveaux d'effectifs employés aux variations d'activités. Si l'activité augmente, l'entreprise recrute, si l'activité diminue, l'entreprise procède à des licenciements. Ce recours à la flexibilité externe quantitative est favorisé, mais non systématique, dans des environnements légaux peu contraignants.
  - La *flexibilité externe qualitative* : elle consiste à faire supporter par des acteurs tiers les conséquences des variations d'activités affectant l'entreprise, en développant des relations commerciales avec les individus qui contribuent à l'activité de l'entreprise. Concrètement, l'entreprise recourt à l'intérim et à la sous-traitance. On

voit bien en quoi cette option de gestion de l'emploi est peu convenable, puisqu'elle consiste, précisément, à réduire le périmètre des individus sous contrat de travail avec l'entreprise et à augmenter le nombre de contributeurs externes. Cette modalité est en fort développement, particulièrement dans les pays ayant une tradition de très fort encadrement légal des pratiques de gestion de l'emploi.

- L'option de *flexibilité interne* repose sur le processus suivant : je fais le choix, en tant qu'entreprise, de gérer en interne, avec mes salariés, les conséquences des aléas de mes activités. Cette option de flexibilité interne présente deux modalités :
  - La *flexibilité interne quantitative* : elle consiste à faire face aux variations quantitatives d'activités (hausse/baisse) en adaptant le temps de travail des effectifs en place. Concrètement, l'entreprise recourt à l'annualisation du temps de travail, aux heures supplémentaires et au travail à temps partiel.
  - La *flexibilité interne qualitative* : cette dernière option est sans aucun doute la plus exigeante pour l'entreprise. L'objectif est ici de faire face aux variations d'activités (quantitatives et qualitatives) en jouant sur l'affectation des salariés en place. Concrètement, l'entreprise s'appuie sur la gestion de la formation et sur la mobilité.

On comprend bien que selon l'option de gestion de l'emploi retenue par une entreprise donnée, les choix concernant la rémunération, la gestion du développement des salariés et la participation ne seront pas les mêmes. Pour simplifier, les choix opérés par l'entreprise sur l'axe emploi déterminent la durée et l'intensité de la relation d'emploi qui va être contractée avec les individus contributeurs.

L'option de flexibilité externe quantitative conduit ainsi typiquement à une relation d'emploi courte et peu intense ; on peut s'attendre à ce que les choix en termes de rémunération, développement et participation soient alignés avec cet état de fait. À l'inverse, plus une entreprise donnée va chercher à développer de la flexibilité interne qualitative, plus la relation d'emploi promet d'être longue et intense, et plus les axes de rémunération, développement et participation seront ambitieusement investis par l'entreprise. C'est en ce sens que l'axe gestion de l'emploi est considéré comme un axe majeur.

La gestion de la rémunération

La gestion de la rémunération constitue, avec l'axe emploi, le deuxième axe vital du mix social. En effet, aucune entreprise ne peut prétendre fonctionner, même à court terme, sans faire un minimum de choix en matière d'emploi (qui recruter/ne pas recruter ?) et de rémunération (selon quelle rémunération, quelles règles et sous quelle forme ?).

La gestion de la rémunération conditionne l'attractivité de l'entreprise, sa capacité à motiver et à garder ses salariés, en prenant en compte la performance économique de l'entreprise et la rétribution équitable des salariés : cet équilibre dans le partage de la richesse créée est un choix majeur des directions générales.

Les objectifs de l'entreprise

Quatre objectifs en tension sont poursuivis par les entreprises :

1. L'*équilibre financier* : l'entreprise doit chercher à atteindre les trois objectifs suivants en s'assurant en permanence que les ressources allouées à la rémunération des salariés sont en cohérence avec les moyens financiers de l'entreprise (CA, marge, résultat).
2. La *conformité légale* : il s'agit pour l'entreprise de s'assurer que les niveaux de rémunération offerts à ses salariés sont conformes aux minimums légaux du pays dans lequel elle opère (type SMIC, minimum conventionnel en France) et/ou aux règles de non-discrimination en vigueur (type « *equal pay* » dans les pays anglo-saxons).
3. La *compétitivité externe* : pour chaque niveau de poste de l'entreprise, l'offre de rémunération doit être cohérente avec les niveaux offerts

par les entreprises concurrentes, au risque de ne plus attirer les compétences indispensables et de voir progressivement partir ses propres salariés.

4. L'*équité interne* : l'enjeu est ici d'établir des règles de détermination du niveau de rémunération des individus qui soient explicables aux salariés et opérantes dans le fonctionnement quotidien de l'entreprise. Toute la difficulté est d'accompagner l'individualisation croissante de la rémunération par des règles et des principes qui rendent les différences de rémunération et de régime de rémunération acceptables et acceptées par les salariés.

Les options pour atteindre ces objectifs

Les grandes options qui s'offrent aux entreprises pour atteindre ces objectifs sont les suivantes :

- Choix du référent à rémunérer : l'entreprise décide-t-elle de rémunérer avant tout les *postes* tenus par les personnes (approche du type convention collective ou analytique) ou les *personnes* elles-mêmes, sur la base de la qualification validée ou des compétences détenues, des « perfs » ou du potentiel, ou encore en fonction du prix du marché ?
- Choix du degré d'individualisation de la rémunération : cette question a longtemps été confondue avec celle de l'arbitrage entre partie fixe et partie variable (réversible) de la rémunération. Les entreprises choisissent généralement de moduler les augmentations de salaire fixe en fonction de la performance et/ou du potentiel évalué des salariés.
- Choix des ingrédients offerts : rémunération centrale *vs* périphérique. Les entreprises jouissent d'un éventail de modalités de rémunération de plus en plus étendu. La partie *centrale* désigne la part de la rémunération totale offerte sous forme de salaire, tandis que la partie *périphérique* désigne la part offerte sous forme monétaire dif-

férée (intéressement, participation aux bénéfices, plan d'achat d'actions, etc.) et non monétaire (avantages en nature, participation aux frais d'assurance maladie, vie, retraite, etc.).

Les activités que recouvre la gestion de la rémunération

La complexité des systèmes et des niveaux de rémunération rend très technique la gestion de la rémunération. Les activités concrètes auxquelles cet axe renvoie sont :

- les politiques de rémunération et leurs choix stratégiques ;
- la gestion de la paie ;
- l'évaluation des postes et la qualification ;
- l'évaluation des performances ;
- l'évaluation des potentiels ;
- la gestion des périphériques de rémunération ;
- l'allocation des augmentations individuelles, etc.

La gestion du développement

La gestion du développement des salariés recouvre les actions mises en place par les entreprises dans l'optique de développer les compétences de leurs salariés. Les deux principaux leviers d'action de cet axe sont la gestion de la mobilité (ou gestion des carrières) et la gestion de la formation.

L'axe développement est le pendant de l'axe emploi : tandis que l'axe emploi s'occupe des questions de flux d'entrées et de sorties de personnel, l'axe développement se consacre aux salariés *en place* dans l'entreprise. Il répond à une question centrale : que peut-on faire, en tant qu'entreprise, pour s'assurer que les salariés entretiennent et développent leurs compétences ?

L'axe développement est le premier axe non vital du mix social. En effet, certaines entreprises fonctionnent en ne faisant rien ou quasiment rien en matière de développement des compétences de leurs salariés, préférant confier au marché du travail le soin de leur fournir les compétences nécessaires ! D'autres entreprises, souvent parmi les plus performantes, sont résolument engagées dans ce développement des compétences de leurs salariés. Ce sont généralement celles qui ont opté pour la flexibilité *interne*, quantitative ou qualitative, en matière de gestion de l'emploi.

Les bénéfices attendus

Les entreprises qui investissent résolument cet axe en attendent trois types de bénéfices :

1. Permettre l'adaptation des salariés aux changements stratégiques, c'est-à-dire ajuster en permanence les compétences détenues par les salariés en place et les compétences nécessaires pour mener à bien l'activité de l'entreprise.
2. Adapter les compétences des salariés aux besoins *spécifiques* de l'entreprise. En effet, lorsqu'ils entrent dans l'entreprise, les salariés détiennent bien souvent des compétences génériques : l'enjeu est ici de les adapter aux besoins propres de l'entreprise (maîtrise des processus de production maison, de logiciels sur-mesure, etc.).
3. Répondre au désir de développement et de réalisation des salariés et ainsi améliorer leur fidélisation.

Les leviers d'actions

Trois leviers d'actions permettent le développement continu des compétences des salariés.

1. La *gestion de la mobilité* consiste à mettre en place des dispositifs qui permettent aux salariés de changer régulièrement de poste au cours de leur carrière dans l'entreprise. Ces mouvements peuvent être

horizontaux (mobilité fonctionnelle, changements de postes), verticaux (mobilité hiérarchique) ou géographiques (mobilité spatiale). Ces changements permettent aux salariés de diversifier leurs expériences et points de vue, de développer une capacité d'adaptation et d'employabilité interne, de se créer des réseaux. La tendance actuelle est à l'individualisation de la mobilité (modèle de type « up or stay »), par opposition à un modèle plus ancien de parcours de progression standardisés et uniformes pour tous les individus d'une même cohorte d'âge (« in and up »).

Différents outils et processus correspondent à cette gestion individualisée de la mobilité : l'évaluation des performances, des compétences et du potentiel de chacun ; la mise en place de « marchés internes » du travail concrétisés par des dispositifs de communication des postes vacants ; l'institution de professionnels dédiés à l'accompagnement de ces mouvements (les gestionnaires de carrières) ; l'organisation régulière de revues de ressources, de comités de carrière et de plans de successions pour anticiper les besoins en mobilité de l'entreprise.

Une grande difficulté de la gestion de la mobilité, caractéristique des écueils de la GRH moderne, est la difficile articulation des souhaits des individus avec les besoins de l'entreprise. Pour faciliter cette articulation, les entreprises favorisent la transparence sur les critères de détection, les référentiels métier et les processus d'évaluation pour faire connaître l'équité des démarches et engager un dialogue sur les projets d'évolution et de carrière de chacun.

2. La *gestion de la formation* continue est un deuxième levier – non exclusif – de développement des compétences des salariés. Elle consiste à mettre en place des dispositifs formalisés d'acquisition de compétences. Ces dispositifs se distinguent essentiellement par leur rapport à la situation de travail :

– Des actions de formation ponctuelles, hors situation de travail, organisées en interne – stages animés par des formateurs de l'entreprise – ou en externe – formations proposées par des organismes spécialisés, qui peuvent intégrer des apports de dirigeants et spécialistes de l'entreprise et impliquer un lourd travail personnel.

– Des actions de formation sur le lieu et en situation de travail, qui consistent généralement en des actions de tutorat et/ou de mentoring, et/ou de formation en alternance.

– Des actions de formation sur le poste de travail mais pas en situation de travail. Cela implique tous les dispositifs de formation dits « à distance » ou e-learning, par le biais de CD-ROM, via un intranet ou Internet, ainsi que la réalisation de projets transversaux, stratégiques et innovants confiés à des groupes pour leur formation.

Le choix du processus de formation dépend des compétences à acquérir. Ces actions peuvent viser l'acquisition et le développement de connaissances et/ou de savoir-faire ou de compétences comportementales, avec ou sans validation officielle des acquis (diplôme, certificat...).

Certains pays, comme la France, vont très loin dans l'encadrement légal de cet investissement dans la formation. Ainsi, il existe en France depuis 1971 une obligation légale de formation, qui correspond depuis 2004 à 1,6 % de la masse salariale pour toutes les entreprises de plus de vingt salariés. Les entreprises des pays développés dépassent en moyenne largement ce minimum, même si la consolidation de ces dépenses se fait de façon très hétérogène d'un pays à l'autre, ce qui rend délicates les comparaisons internationales.

3. L'*organisation apprenante* : un dernier levier d'action émerge en matière de développement des compétences des salariés, que l'on peut caractériser sous le terme générique d'« organisation apprenante ». Il consiste, pour une entreprise, à mettre en place une organisation du travail et des relations entre salariés qui soient, en elles-mêmes, sources d'apprentissage et d'acquisition de compétences. Le développement d'équipes transversales, de groupes de projets, l'offre

de missions diversifiées et renouvelées, la participation à des comités de prospective sont des dispositifs de ce type, de même que les démarches qui visent à capitaliser les expériences et à formaliser les savoir-faire pour les diffuser dans toute l'entreprise.

La gestion de la participation

La gestion de la participation est le dernier axe du mix social. Il englobe l'ensemble des dispositifs d'information, de consultation et de négociation avec les salariés et leurs représentants.

Cet axe est certainement le plus controversé. Certaines entreprises mettent spontanément en place de tels dispositifs, estimant qu'ils sont nécessaires à la motivation et à la régulation de la conflictualité des relations employeur-employés. D'autres ne s'investissent pas dans ce domaine, voire cherchent à tout prix à s'y soustraire lorsqu'elles opèrent dans des pays où le niveau de contrainte légal est important sur cet aspect, qui recouvre les domaines de la gestion du dialogue social, des relations sociales et plus largement de la gouvernance d'entreprise.

Quel que soit l'environnement légal dans lequel opèrent les entreprises, il est possible de distinguer trois niveaux dans les dispositifs de participation offerts aux salariés.

Le niveau de l'information

Un nombre croissant d'entreprises mettent en place des dispositifs et processus d'information de leurs salariés. Ces dispositifs sont généralement descendants et visent à informer les salariés sur la marche de l'entreprise, les grands objectifs stratégiques poursuivis, les changements décidés, etc. La diffusion de l'information peut se faire par le biais de réunions internes, de célébrations annuelles, de magazines internes, d'un intranet et de visioconférences mondiales.

Il est acquis aujourd'hui qu'un minimum d'information est un prérequis pour mobiliser les salariés. En conséquence, les entreprises investissent ces modalités d'information. Cependant, certaines directions d'entreprises continuent d'estimer qu'un tel effort est inutile, que les salariés n'ont à connaître que leurs objectifs, les médias officiels et/ou Internet se chargeant de l'information de tous.

Le niveau de la consultation

L'enjeu n'est plus seulement d'informer mais de consulter les salariés, c'est-à-dire de solliciter leur avis, leurs opinions ou leurs propositions sur des questions identifiées. Le mouvement n'est plus seulement descendant, il est également ascendant.

Plusieurs modalités pratiques permettent une telle consultation : l'organisation de rencontres formelles avec les représentants du personnel lorsqu'ils existent, l'organisation de groupes de progrès et de comités de réflexion sur des sujets donnés, mobilisant la participation de salariés (généralement volontaires), l'organisation de votes en interne sur des décisions majeures à prendre, etc.

Ce deuxième niveau de la participation s'est très fortement développé au cours des dernières décennies. Il se justifie par la conviction sous-jacente que des individus informés et consultés seront davantage mobilisés et responsabilisés que des individus laissés en situation d'ignorance et de passivité. Cette conviction est étayée par la recherche en sciences sociales, qui a démontré que des individus qui participent à un processus de prise de décision seront davantage impliqués et appuieront davantage la décision finale que des individus à qui l'on impose une telle décision. Ce deuxième niveau, qui rejoint un mouvement de fond dans les pays développés, est désigné sous le terme de *management participatif*.

Le niveau de la négociation

Un nouveau stade de la relation employeur-salariés est ici franchi. L'enjeu n'est plus seulement d'informer les salariés (logique descendante), ni de les consulter (logique ascendante), mais de négocier avec eux, de construire des accords (logique de co-construction) sur un certain nombre de questions, généralement articulées autour de l'emploi, de la rémunération, des conditions de travail, de la formation et de la mobilité. L'exercice de la négociation nécessite l'existence de représentants de salariés (selon les pays, ils sont désignés ou élus) qui seront les interlocuteurs de la direction de l'entreprise – généralement des acteurs du monde syndical.

L'objectif est de réguler la conflictualité constitutive de la relation employeur-salariés en construisant des accords sur quelques questions clés qui préoccupent les parties prenantes de la négociation ; le résultat de cette activité de négociation est généralement un accord d'entreprise. Les deux acteurs en présence, direction d'une part, représentants d'employés d'autre part, disposent chacun de ressources pour peser sur la négociation : pour en mentionner quelques-unes, partage de la valeur ajoutée, menace de fermeture pour la première, et manifestations, grèves pour les seconds.

Les tendances à l'œuvre à ce niveau sont contradictoires. Les entreprises n'ont sans doute jamais eu autant besoin de négociation, alors que le fait syndical décline dans tous les pays développés. Cette forme d'action collective se heurte en effet de plein fouet à la logique individualiste croissante des salariés, largement instituée par les modes de gestion des ressources humaines que les directions d'entreprises ont mises en place. Les directions d'entreprises vont devoir réfléchir, avec leurs salariés, à de nouvelles formes et à de nouveaux dispositifs de négociation pour l'avenir.

Un processus transversal clé : l'évaluation

Ce processus nourrit la quasi-totalité des domaines de la GRH (recrutement, rémunération, gestion des carrières, formation, gestion des compétences, etc.). Il permet l'évolution du « quantitatif collectif » au « qualitatif individualisé ». L'entretien d'évaluation, ou entretien annuel, ou entretien de progrès, ou… tout autre terme, selon le projet que l'entreprise veut mettre en avant, est un outil qui a révolutionné les pratiques de GRH sur les trente dernières années.

La formalisation de son rythme, de son contenu et de son timing est le plus souvent centralisée. Le processus est ensuite déployé dans l'ensemble de l'entreprise, avec ou sans un accompagnement/une formation pour aider les managers et les salariés à l'utiliser.

Cette rencontre personnelle entre un collaborateur et son manager permet de fixer les objectifs (quantitatifs et qualitatifs), d'évaluer la performance, d'échanger sur les conditions du travail, de préciser les besoins de formation, les désirs/projets de mobilité, l'évolution de la rémunération… Moment privilégié d'échange entre le collaborateur et son manager, cette démarche est souvent perçue comme insatisfaisante par les ressources humaines, qui attendent des informations pour bâtir les plans de formation, prévoir les mobilités, détecter les potentiels, identifier les compétences, mais aussi orienter le développement des compétences à travers les objectifs.

Des processus collectifs tels que les enquêtes de satisfaction, les audits sociaux et autres études de climat social se multiplient pour évaluer l'implication du personnel et leur perception des politiques et outils développés par la fonction RH. L'évaluation du personnel est l'objet d'une instrumentation croissante : la nécessité d'une évaluation fiable, uniforme et centralisée pour faciliter la segmentation des modes de gestion contribue au développement d'outils d'évaluations qui se veulent scientifiques, objectifs et internationaux – tests, évaluations « 360° », *assessment centers*.

La relation de management est ainsi de plus en plus encadrée et normalisée, souvent au détriment de la dimension interpersonnelle et de la réelle autonomie des parties.

CONCLUSION

Au-delà et en complément de ce que nous venons de présenter, des défis majeurs se profilent pour la fonction GRH :

- Une difficulté structurelle à concilier le court terme (imposé par la financiarisation de l'entreprise et l'exigence, de la part des actionnaires, de retours sur investissement rapides) et le long terme (temps du développement des hommes et de la construction des savoir-faire individuels et collectifs).
- Une ambiguïté de périmètre : la fonction GRH doit-elle uniquement s'occuper de la gestion des salariés de l'entreprise ou élargir son périmètre d'intervention à l'ensemble des personnes qui contribuent à l'activité (sous-traitants internalisés, intérimaires, travailleurs indépendants, etc.) ? La coexistence, au sein d'un même collectif de travail, de populations de salariés gérés selon des régimes différents (en matière d'emploi, de rémunération, de développement et de participation) pose en effet de plus en plus problème aux managers de ces équipes.
- La prise en compte d'évolutions sociales et sociétales qui bouleversent la représentation de valeurs telles que le travail, l'autorité, la justice, la légitimité (en particulier des rémunérations et du partage de la valeur ajoutée), ainsi que la prise en compte de changements démographiques très variables selon les zones géographiques et qui correspondent a des caractéristiques culturelles très éloignées : les démarches et les méthodes de GRH seront sans doute amenées à intégrer ces nouveaux enjeux.

- Une non-responsabilisation vis-à-vis des conséquences de ses actions. En effet, jusqu'à ce jour, en matière de GRH, le pollueur n'est pas le payeur. Les directions des RH ne sont pas responsabilisées ni sanctionnées par rapport à des pratiques moins-disantes telles que le recours régulier au licenciement, la proposition de niveaux de rémunérations faibles, la mise en place d'organisations du travail et de rythmes stressants, etc. Pourtant ces pratiques ont un coût certain pour la société (*via* l'assurance chômage, les dispositifs de préretraite, l'assurance-maladie, etc.). Il est probable que, sous la pression de parties prenantes externes présentant une exigence en matière de citoyenneté d'entreprise et de développement durable, des *rankings* sociaux et des fonds d'investissements éthiques, la fonction RH pourra de moins en moins omettre de rendre des comptes sur ses choix et ses pratiques.

La fonction GRH se trouve au centre de l'articulation entre les exigences économiques des actionnaires, les exigences liées à la pérennité de l'entreprise elle-même, et les revendications des personnes qui, par leur travail, contribuent à la création de la valeur en prenant le risque d'engager leur capital humain (leurs compétences et leur employabilité) et leur capital social (leurs réseaux et leur image). Elle va être confrontée dans les années à venir à des choix fondamentaux : sera-t-elle simplement un « *business partner* » qui limite au maximum les frais de personnel, ou un « champion des employés » qui s'assure que le travail est aussi un lieu d'appartenance et de développement des personnes ? Fonction technique mais dont les priorités sont organisées par les valeurs dont elle est porteuse, les choix de la GRH conditionneront probablement la légitimité et l'évaluation de son efficacité.

Pour aller plus loin, consulter la bibliographie en ligne.

Chapitre 9

Organisation

Jean-Claude Thoenig

Université Paris-Dauphine,
directeur de recherche émérite au CNRS

Voilà plus de vingt minutes que vous attendez dans cette brasserie le plat que vous avez commandé. Vous finissez par interpeller le serveur. Il bafouille des excuses et des promesses. Dix longues minutes se passeront encore avant que le plat n'arrive enfin sur votre table. Vous ne pourrez vous empêcher de lui dire ce que vous pensez de lui.

Vous avez rendez-vous pour faire réviser votre voiture par votre concessionnaire. Le jour dit, vous vous présentez au guichet d'accueil. Trois autres personnes vous précédant dans la file, votre tour arrive enfin. Vous en profitez pour dire que, dans la mesure où votre voiture est déjà sur place, vous souhaiteriez faire réparer une pièce de carrosserie un peu froissée. Le réceptionnaire vous répond que les travaux de carrosserie ne relèvent pas de sa compétence et qu'il faut vous adresser à son collègue du guichet d'à côté qui, lui, en a la charge spécifique. Ce que vous faites. Quelle n'est pas votre colère lorsque le guichet de la carrosserie vous signale qu'il ne peut pas prendre en charge votre voiture et qu'il va vous falloir reprendre rendez-vous avec lui, pour la semaine prochaine au plus tôt.

Si quelque chose vous contrarie, votre réflexe est d'en attribuer la faute à des personnes singulières : le serveur de la brasserie, le guichetier de garage. Le serveur, brouillon et sans mémoire, manque à vos yeux des compétences professionnelles nécessaires au bon exercice de son métier. Le garagiste est agaçant tant il se montre paresseux et désinvolte. Au fond, les clients ne sont pas son problème. Il suffirait de licencier ces personnes pour que votre niveau de satisfaction à l'égard de la brasserie et du garage remonte. Autrement dit, vous raisonnez presque instinctivement en termes de pathologies psychologiques. C'est la faute à quelqu'un quand cela va mal : le pas est vite franchi, sous la pression des émotions ressenties sur le moment, pour désigner des boucs émissaires. Et si personne n'était fautif en particulier, mais l'organisation dans laquelle évoluent ces personnes ?

Raisonner en termes organisationnels ne va pas de soi. Il faut se mettre à la place du serveur. Il ne peut que livrer votre plat avec retard. La vraie raison tient à autre chose : à l'action d'une troisième partie, dont vous ignorez l'existence. Par exemple à ce qui se passe en cuisine. Votre serveur fait même du mieux qu'il peut là où il se trouve pour rappeler au chef que cela tarde trop. Or c'est sur lui, l'intermédiaire, que retombe votre colère. C'est aussi sur lui que la cuisine externalise les conséquences de son retard. Le guichetier de la carrosserie est également davantage la victime que la cause de votre ire. Ce n'est pas lui, mais bien la direction du garage qui a décidé de séparer les deux guichets de l'entretien mécanique et de la carrosserie. Pour des raisons de rationalisation de l'ordonnancement des travaux des deux ateliers. Tant pis pour la prochaine matinée que vous allez perdre !

DE QUOI PARLENT LES SCIENCES DE L'ORGANISATION ?

Si les managers sont souvent bien rétribués, ce n'est pas seulement parce qu'ils connaissent à fond des techniques sophistiquées de contrôle ou de marketing. C'est aussi et surtout parce que, là où ils se trouvent, ils doivent gérer un quotidien relationnel qui est fait d'individus et de groupes dont il faut obtenir qu'ils fassent des choses qu'ils ne feraient pas spontanément. Ni la bonne volonté ni le coup de gueule ne suffisent à la peine et ne garantissent des résultats durables.

L'organisation, par ses conséquences économiques et rationnelles, ainsi que par son contenu, est une fonction aussi essentielle que le marketing ou la stratégie. La qualité de leur fonctionnement organisationnel fait la différence des performances des entreprises au moins autant que leur taille ou leurs actifs financiers.

La question managériale de l'organisation ne se réduit pas au fait d'ajouter une touche morale et affective, une pincée d'humanisme naïf et de psychologie molle au noyau dur de la gestion, à ce qui serait sérieux et rigoureux. Il faut sortir d'une vision caricaturale qui opposerait deux mondes : celui, rationnel, des méthodes et des techniques, et celui, un peu moins sérieux, des personnes et de leur façon d'être ensemble.

Une réalité sociale et humaine spécifique

Caractérisation d'une organisation

Le terme d'organisation recouvre deux acceptions :
- un ensemble humain et social spécifique, qui est déjà là ;
- un acte qui agence des liens entre des éléments séparés.

La brasserie et le garage sont des *organisations* sociales qui rassemblent des hommes et des femmes. Les missions y sont identifiables. Elles sont régies par un statut juridique et par un organigramme. Des organisations innombrables existent aussi en dehors des entreprises. Les associations humanitaires sont souvent très structurées, même si elles poursuivent des buts non lucratifs. Un cercle de copains peut s'ériger en organisation temporaire, même s'il n'a pas de statut spécifiant qui a autorité sur qui et si l'appartenance est volontaire. Si elle revêt des formes compliquées (comme dans le cas des ménages dits « recomposés »), la famille est néanmoins une organisation. La société moderne est faite d'organisations, entités qui sont déjà là.

Le verbe *organiser* s'applique à des projets volontaires. Des personnes ou des groupes de personnes entreprennent des actions spécifiques : par exemple, mettre en cohérence et accroître la coopération entre des fonctions, des services, des métiers, des rôles et des tâches qui sont par ailleurs distincts les uns des autres. Ces organisateurs ont le sentiment que l'ordre et la discipline font défaut. D'autres jugent autrement. Ce sont les organisés, à qui le sens de l'initiative et de la créativité fait défaut, car ils sont privés du droit à l'initiative par une hiérarchie autoritaire.

Une vaste panoplie d'approches est disponible. Les unes sont faites d'injonctions morales adressées aux parties concernées. D'autres passent par du *redesign* organisationnel. On redéfinit alors des tâches et des postes, la division du travail et la répartition de l'autorité. Des changements de technologies de production et de communication sont introduits qui visent à obtenir davantage d'efficacité. Enfin, des outils plus « doux » et moins procéduraux sont mobilisables, qui vont du brainstorming en groupe à la formation au leadership. Établir quelle approche est à la fois la mieux adaptée à la résolution du problème et la plus réaliste pour être mise en œuvre relève du management organisationnel.

Trois traits principaux caractérisent une organisation :

- les interdépendances entre les parties qui la composent ;
- les acteurs qui poursuivent des logiques d'action différentes ;
- les effets de système qu'induisent leurs pratiques relationnelles.

En disant qu'une entreprise ou un service public est une organisation, on entend qu'il existe en son sein des acteurs qui, pour faire ce qu'ils ont chacun à faire, sont dépendants les uns des autres.

> L'acte d'organiser désigne un processus visant à rendre *compatibles* entre elles des *logiques d'action par ailleurs hétérogènes.*

Interdépendances et logiques d'action différentes

Les interdépendances constituent un fait quotidien, entre le client et le serveur, entre le serveur et la cuisine ; entre le guichetier du garage et sa direction. Dans ce dernier cas, la relation est relativement pérenne. Dans le premier cas, les interdépendances sont momentanées, car limitées à la consommation d'un plat. Dans les deux cas, les dépendances mutuelles ne sont pas symétriques. Le guichetier des travaux mécaniques n'a pas pour mission de se mêler de la carrosserie. Le serveur est dépendant de la cuisine.

Les interdépendances relient des acteurs qui ne font pas la même chose de la même façon, en partageant des critères identiques. Dans telle usine coexistent trois fonctions. Le chef de fabrication exerce la responsabilité de faire produire des biens, par des ouvriers et des machines, à un coût donné qui lui a été assigné par sa hiérarchie, laquelle, par ailleurs, lui interdit de constituer des stocks permettant de lisser les pointes. Le chef de l'ordonnancement est jugé sur le fait que les clients reçoivent les produits spécifiques qu'ils ont commandés et dans les délais convenus avec les vendeurs. Le responsable de l'approvisionnement est jugé sur le fait qu'il achète au prix le plus bas les produits et que ceux-ci respectent les spécifications de la production. Supposons que ces produits soient des flacons de parfum onéreux, que les contenus et les contenants varient selon les clients et les pays, et que les ventes soient saisonnières. Si chacun veut respecter les contraintes qui lui sont assignées, personne ne raisonne de la même façon. La production vise un horizon de trois mois afin de minimiser des changements de séries et de spécifications qui coûtent cher et qui sont à chaque fois une source de risque (coulage, mauvaise qualité). Son idéal est de produire de longues séries d'un même type de flacon. Or elle ne le peut pas : elle subit la pression des demandes de l'ordonnancement qui, lui, raisonne à trois semaines, soit en fonction des commandes qui rentrent. Enfin, l'ordonnancement raisonne à dix-huit mois. Il travaille avec des producteurs spécialisés sur des contenants sophistiqués et auxquels il passe des commandes en grosse quantité de manière à obtenir des coûts bas.

Mettre en harmonie ces trois logiques relève du grand art. Comment éviter des ressentiments, et que, en cas de problème (coulage, coûts qui dérapent, clients qui reçoivent les produits trop tard), chacun ne se défausse sur les autres ? Il ne suffit pas de demander aux trois cadres de bien vouloir s'entendre entre eux, car leurs critères de réussite respectifs et les primes qui leur sont attachées ne sont pas identiques. Les injonctions de leur chef, le directeur d'usine, ont peu d'effet.

Mettre en compatibilité est vital pour l'entreprise. C'est aussi un problème majeur dans la vie, car il renvoie aux *comportements* concrets qu'adoptent les acteurs. Il ne suffit pas de vouloir coordonner à l'avance tous les actes par des procédures ou de faire appel à la seule bonne volonté des acteurs. En effet, si chacun des trois cadres de l'usine se conforme strictement aux directives et aux missions qui encadrent leurs tâches réciproques – ce qu'ils font –, cela ne les amène pas à résoudre la question des compromis entre eux.

La coopération comme exception

Cet exemple illustre un phénomène beaucoup plus général. Dans une organisation, la coopération entre les acteurs n'est ni naturelle ni spontanée. Elle est une sorte de drame. Coopérer signifie concrètement que chacun anticipe les conséquences que son comportement et ses actes auront pour les autres – dont la tâche dépend de sa propre façon de faire –, qu'il se mette à la place de l'autre et l'écoute, qu'il partage les informations importantes et donc communique, qu'il joue de façon collective et puisse compter sur les autres, et que les conflits entre logiques d'action se traitent de façon non émotionnelle. Il est beaucoup plus réaliste de considérer que, dans les faits, la coopération est une exception, un bien collectif toujours fragile. En effet, et à chaque fois que les circonstances s'y prêtent, les acteurs préfèrent ne pas coopérer : l'évitement mutuel permet d'être autonome, de se protéger par rapport aux intrusions intempestives des autres dans nos propres affaires, bref de ne dépendre du bon vouloir de personne. Je fais ce qu'on m'a dit de faire dans mon coin. Le reste, ce n'est pas mon affaire, mais celle de mon chef ou des collègues.

Les effets de système des pratiques relationnelles

Une organisation, enfin, se caractérise comme un système. Elle agit comme un acteur collectif spécifique.

Elle ne se réduit pas à la seule addition de ses parties, à la somme des individus, des bureaux ou des métiers qui la composent. Au contraire, elle leur impose en quelque sorte une culture, des façons de faire qu'ils n'auraient pas par ailleurs s'ils n'étaient pas membres de cette organisation. Le recrutement des quatre meilleurs marqueurs de but du championnat n'assure jamais à un club qu'il ne sera pas relégué. À l'inverse, une PME peut parfaitement réussir avec des cadres et des employés autodidactes. Ce qui fait la différence en termes de performance réside dans un actif invisible, soit la qualité du management organisationnel. Selon les cas, il est déficient – le climat quotidien est détestable dans le club, personne ne parle à personne durant le match, chaque joueur veut marquer son but – ou il transcende les savoir-faire individuels – tout le monde joue collectif et peu importe qui marque le but.

Une organisation n'est pas non plus le simple décalque de la société ou du marché. Sa culture propre n'est pas mécaniquement celle du pays dans lequel elle est implantée. Il existe aussi de grandes variations entre entreprises intervenant dans un même secteur : L'Oréal ne ressemble pas tout à fait à Procter et Gamble, Air France n'est pas le clone de la SNCF. Une organisation forme un ordre local spécifique, qui a sa propre épaisseur.

> ***Pour une approche de l'organisation en tant qu'objet d'étude, voir l'Annexe 1 en ligne, « Une science appliquée ».***

RAISONNER POUR AGIR

L'organisation est un objet de connaissance. Le bon sens n'est pas nécessairement un guide fiable pour comprendre et agir sur la réalité. Quatre leçons fondamentales sont à retenir.

Un problème empirique

Le triangle en forme de pyramide effilée fait souvent figure de symbole pour représenter une organisation. Il renvoie à une vision théorique :

- Son sommet est présumé en être le centre. Il exerce de façon monopolistique deux fonctions : il définit les activités, les stratégies et les buts qu'elles desservent ; il assigne les tâches et alloue les ressources. Pour ce faire, il dispose de l'autorité légitime.
- La pyramide s'élargit progressivement à mesure que l'on descend, par paliers successifs. Plus on se rapproche de la base, plus celle-ci est cantonnée dans une pure fonction d'exécution. Le haut décide, la base met en œuvre.
- Les relations entre le sommet et la base sont gouvernées par des rapports asymétriques. Le haut est le supérieur du milieu, et ce dernier est plus important que la base. Par ailleurs, ces rapports s'emboîtent de manière continue ou linéaire. Si A est le supérieur de B et si B est le supérieur de C, en définitive A est le grand chef de C.
- Le triangle forme un ensemble homogène à l'intérieur de frontières qui le différencient du reste du monde. On ne peut pas être à la fois dedans et dehors. En étant membre de l'organisation, on a avec les autres membres des choses en commun qui ne sont pas partagées par les non-membres : une même culture, un attachement privilégié aux buts collectifs, etc.

Cette représentation idéale est sujette à caution quand on la confronte au monde réel. Qui plus est, elle brouille la vision des faits et, par conséquent, ne facilite guère leur gestion. En effet, plusieurs des propriétés évoquées ci-dessus peuvent être sinon absentes, du moins très relâchées. Par exemple, le sommet entérine les décisions plus qu'il ne les prend. Le milieu se comporte davantage comme un écran entre la périphérie et le centre que comme un relais et une courroie de transmission. Ce qui se fait à la base n'apparaît guère en ligne avec ce qu'édicte le sommet. Les rôles et les fonctions se redistribuent (pour le cas de la planification budgétaire, voir Bower, 1970). L'autorité hiérarchique reste faible, la communication passe mal, les décisions résultent de routines et d'initiatives de la base. Bref il existe une série d'informalités organisationnelles qui viennent doubler, sinon modifier les formalités que traduisent les organigrammes, la division du travail et les juridictions allouées à chacun (Thoenig, 1998).

Les informalités, soit les libertés prises par rapport aux structures formelles, ne sont par nature ni un signe de pathologie ou un facteur d'inefficience ni, au contraire, des remèdes ou des bricolages à des inefficiences résultant d'un *design* formel peu adapté. Le court-circuitage de la voie hiérarchique est certes une transgression. Cependant il fait sens quand les procédures de circulation de l'information se révèlent trop lourdes et lentes. Autrement dit, tout dépend des cas d'espèce. L'organisation est un problème empirique. Chaque entreprise ou partie d'entreprise sera vue dans sa singularité organisationnelle.

L'illusion de la programmation

La vie du cadre et du chef serait tellement plus facile s'ils pouvaient programmer une fois pour toutes les comportements des personnes dans les organisations !

La programmation par les profils de personnalité

Supposons que l'objectif à atteindre soit d'assurer de la coopération interne. Une approche consisterait à faire appel à des personnes ayant des affinités entre leurs « personnalités ». Plus elles se supportent les unes les autres, mieux elles collaboreront. De telles tentations sont parfois présentes, les cadres ou employés étant soumis au moment de leur embauche à des tests destinés à tracer leur profil psychologique.

La plupart du temps, et hormis des cas particulièrement pathologiques, les résultats ne suivent pas. En effet, les sentiments que les gens éprouvent les uns à l'égard des autres varient en fonction des situations concrètes qui les mettent en relation. On n'a pas nécessairement les mêmes amis dans le travail et en dehors. D'autre part, l'alchimie que l'on observe entre des personnes travaillant en situation de routine peut aisément disparaître en cas de pressions fortes ou d'imprévus. Les traits dits de personnalité sont des indicateurs relativement instables et peu fiables.

La programmation procédurale

Une autre façon de programmer les comportements et les relations serait de s'appuyer sur la prescription procédurale, comme un ingénieur quand il dessine à l'avance les plans d'un automate. Les techniques d'encadrement utilisées prennent des formes telles que l'organigramme détaillé (qui fait quoi), la fiche de poste précise (comment et quand), ou encore le reporting minutieux (rendre compte). Aux exécutants de se soumettre strictement aux besoins, tels des robots, en étant surveillés par de petits chefs à coup de discipline et de contrôle.

Tel aura été le rêve du taylorisme, cette école dite d'organisation scientifique du travail, qui voulait tout simplement éliminer l'arbitraire humain. Une critique de cette utopie technocratique met à bas de manière définitive la prétendue scientificité des principes que cette école avait érigés en vérités absolues (Simon, 1946). La gestion organisationnelle doit se fonder sur les bases d'une approche empirique du comportement humain.

Or cette programmation a des conséquences paradoxales : elle conduit à une moins grande coopération. Certes, la prescription est une ressource employée par la hiérarchie pour atteindre un objectif et qui, en imposant une façon de faire et une seule, devient une contrainte qui prive le subordonné de son autonomie de choix. La surprise est que trop de règle tue la règle. Un seuil est rapidement atteint où le rapport s'inverse. La programmation procédurale devient une contrainte pour la hiérarchie et une ressource pour l'exécutant et, paradoxalement, ce dernier devient difficilement contrôlable par la bureaucratie.

D'une part, en appliquant strictement la règle, le subordonné n'a plus à se préoccuper de l'objectif qu'elle vise. Si les effets induits ne sont pas ceux qui étaient espérés, ce n'est pas le problème de l'exécutant, mais bien celui de sa hiérarchie qui s'est trompée. En appliquant la règle, toute la règle et rien qu'elle, l'exécutant retire sa responsabilité sur le fond et se protège face aux interventions discrétionnaires de son chef.

D'autre part, à supposer que la hiérarchie souhaite que l'exécutant se soucie des conséquences de l'application de la règle, et que les nombreuses procédures soient quelque peu contradictoires entre elles, elle n'aura d'autre recours que de faire confiance à l'expérience et au métier de l'applicateur, donc à lui accorder une large autonomie pour agir. Si le chef était en même temps tenté d'intervenir dans les affaires de son collaborateur et de lui faire des reproches à propos des libertés qu'il prend avec la lettre des règles, il serait aisé à ce dernier de revenir à une application stricte des règles et de pratiquer une sorte de grève du zèle, qui démontrerait, sur le dos des clients ou des usagers, que sa hiérarchie donne des directives idiotes. (Voir March et Simon, 1958.)

La tyrannie du contexte

Les sciences traitant des organisations mettent à mal des jugements que le sens commun perçoit comme des évidences, concernant les raisons pour lesquelles les individus et les groupes se comportent comme ils se comportent.

L'évidence la plus familière parie sur le fait que ce sont des raisons ou des motifs extérieurs à la situation organisationnelle dans laquelle se trouvent les individus et les groupes qui dictent ce qu'ils font et pourquoi ils le font. Les individus seraient mus essentiellement par des besoins, des motivations et des buts comme l'argent, l'ambiance au travail, la carrière, le statut social ou encore l'envie de se réaliser soi-même. Il serait possible de conditionner les comportements par des techniques : la prime au rendement individuel, l'aptitude des chefs à reconnaître leurs subordonnés comme des personnes (par exemple en leur serrant la main ou en s'enquérant de leur week-end) et non pas comme des ressources substituables et anonymes, l'attribution de signes extérieurs soulignant leur importance (un bureau à deux fenêtres). Que ce soit le lundi ou le vendredi, le matin ou le soir, les individus adopteraient un comportement relationnel prévisible et identique, un peu comme des automates programmés par des besoins extérieurs au lieu de travail et à long terme.

Une découverte majeure des sciences sociales met à mal la pertinence du management par la création de réflexes conditionnés. Les comportements en milieu organisé sont le plus souvent variables et changeants. Les individus sont flexibles. Il suffit de les muter à un autre poste ou de les promouvoir à un échelon supérieur pour qu'ils changent de comportement, le plus souvent en adoptant le style qui était celui de leur prédécesseur. Les comportements sont variables durant une même journée et entre les mêmes personnes. Le chef de service, par exemple, n'aura pas besoin de donner un ordre explicite à chaque fois qu'il confiera une tâche à sa secrétaire durant la durée légale de la journée de travail. L'autorité est intériorisée de façon implicite par les partenaires. En revanche, à supposer que la fin de la journée approche et que le chef demande à sa secrétaire de terminer une tâche urgente qui exige qu'elle reste un quart d'heure de plus, la relation va changer. Le chef va négocier la bonne volonté de sa collaboratrice, qui a la faculté d'accepter ou de refuser de rester à son bureau. Il dépend alors plus d'elle qu'elle ne dépend de lui. C'est le micro-contexte organisé dans lequel agissent les acteurs, qui détermine leurs comportements.

Pour approfondir cette notion, voir l'Annexe 2 en ligne, « La tyrannie du contexte ».

Le contexte est tyrannique. Parce qu'elles sont des organisations, les entreprises ne sont pas régies, du point de vue de leurs décisions stratégiques, et comme le prétend la théorie microéconomique, par la seule maximisation de leur profit économique. Ce sont des caractéristiques organisationnelles qui déterminent la rationalité de leurs actes.

Pluralisme et pouvoir

Les acteurs œuvrant dans une même organisation poursuivent-ils des buts communs ? Leurs actes respectifs découlent-ils de façon stricte et linéaire de la réalisation d'objectifs propres au bien de leur entreprise – conquérir des parts de marché, créer de la valeur pour l'actionnaire, etc. – ou à la mission de leur service ? Rien n'est moins évident. Même dans les cercles dirigeants de l'entreprise ne règne pas une uniformité consensuelle. Des coalitions se nouent et se dénouent au fil des processus de décisions et d'action. Les points de vue et les intérêts ne sont pas homogènes. Afin d'imposer leur point de vue à d'autres, des groupes et des cliques négocient entre eux et passent des compromis (voir March, 1962). L'organisation qui serait une entité monolithique poursuivant un but ou un bien commun se révèle être une métaphore trompeuse. L'entreprise est une arène politique.

Le conflit

Le conflit est un attribut de base de toute organisation. Par conflit, il ne faut pas entendre ici un affrontement émotionnel ou affectif se manifestant par des signes de violence verbale ou symbolique. Le terme traduit autre chose, à savoir une divergence entre les enjeux, les intérêts ou les objectifs que chaque acteur cherche à satisfaire de manière rationnelle ou satisfaisante. Ces enjeux sont hétérogènes : à chaque acteur le sien. La secrétaire du chef de service a pour enjeu de partir au plus vite de son bureau vers 17 heures pour aller chercher son enfant à sa sortie de l'école, alors que son chef a pour enjeu d'obtenir qu'elle finisse de taper les transparents qu'il utilisera tôt le lendemain matin pour une présentation en comité de direction. Un enjeu ne se réduit donc pas à la tâche ou à la fonction qu'occupe l'acteur. Il désigne quelque chose d'autre qui a trait à l'intérêt vital ou stratégique de l'acteur. S'il ne le satisfait pas, il risque de subir des conséquences négatives qui affecteront sa place dans l'organisation. Si les enjeux en présence sont relativement compatibles entre eux, un minimum d'action collective est dès lors possible. Un compromis est un choix à travers lequel chaque partie prenante cherche à satisfaire la réalisation de son propre enjeu. Si les enjeux sont incompatibles, le conflit prend une forme radicale de non-coopération.

C'est donc de jeux de pouvoir entre des sous-groupes nombreux et souvent volatils dans leurs enjeux comme dans leurs compositions qu'il faut parler. Si ces phénomènes s'observent au niveau des dirigeants, ils sont aussi courants à la base, chez les exécutants (comme le montre, à propos des infirmières des hôpitaux, Mechanic, 1962).

L'autorité et le pouvoir

Autorité hiérarchique et pouvoir ne recouvrent pas du tout la même notion. L'autorité est réductible à un statut social, celui du chef, qui serait investi de légitimité. Encore faut-il que ledit chef puisse intervenir de façon discrétionnaire, c'est-à-dire à sa guise, en fonction de sa propre appréciation, sans être prisonnier de procédures qui diraient quand, sur quoi et comment il doit intervenir dans les affaires de ses subordonnés et leur imposer ses décisions. La question est donc moins celle du statut que celle des ressources ou des cartes gagnantes dont le chef dispose par rapport à ses subordonnés et qu'il mobilise à cette occasion. Sans de telles cartes, l'autorité est vide. Si le chef perd à chaque fois qu'il intervient, il finira rapidement par ne plus jouer, ne plus intervenir, et laisser faire son subordonné. On connaît le cas de ces cadres qui ont un beau titre mais qui sont « placardisés ». Par conséquent, la question est celle du pouvoir réel, et non celle de l'autorité formelle.

Le pouvoir est un phénomène simple à comprendre, pourtant moins évident à cerner de prime abord. Dire de A qu'elle a du pouvoir sur B signifie que dans les faits, et même sans intervenir ouvertement ou imposer quelque chose de précis, A obtient de B quelque chose que B ne ferait pas spontanément. Le pouvoir est ancré dans les relations. A n'a pas de pouvoir en soi : elle l'exerce sur B lorsqu'elle occupe une position dans laquelle la satisfaction de l'enjeu qui est celui de B dépend de la façon dont A se comporte, alors que cette dernière ne dépend en rien du comportement de B. Le pouvoir naît de relations d'interdépendance asymétrique. Qui a le pouvoir agit de façon très autonome, sans subir les interventions des autres dans ses propres affaires. Il fixe les termes de l'échange. Il joue de son bon vouloir, négocie sa bonne volonté, se comporte de façon discrétionnaire et imprévisible. Qui dépend du pouvoir n'a guère le choix. Il accepte les termes de l'échange, ne fait pas de vague, négocie sa soumission. Le harcèlement moral, voire sexuel au travail traduit le plus souvent des rapports de pouvoir.

Autorité et pouvoir sont souvent dissociés. Le milieu règne sur la base sans la gouverner. Dans les faits, des exécutants parfois anonymes contrôlent à eux seuls des aspects incertains mais essentiels pour la réussite de leur service ou de leur entreprise : les inspecteurs commerciaux gèrent de façon monopolistique un portefeuille de clients, les techniciens d'un laboratoire sont les seuls à connaître les tours de main nécessaires à la réussite de certaines manipulations, etc. Ils sont comme par hasard totalement autonomes. La hiérarchie commerciale fait confiance à ses vendeurs pour atteindre leurs objectifs commerciaux de volume. Les chercheurs veillent à être dans les petits papiers des techniciens.

Les sciences de l'organisation enseignent ainsi trois leçons :

- Toute organisation est habitée par des dynamiques de pouvoir.
- Les dynamiques de pouvoir sont des moteurs essentiels du fonctionnement organisationnel.
- Le pouvoir n'est pas un phénomène pathologique, c'est au contraire un liant relationnel et un lien social entre des acteurs centrifuges et stratégiques.

En termes de management, les implications sont doubles :

- Il vaut mieux analyser une organisation à partir du bas que la regarder depuis le haut, car, souvent, le pouvoir n'est pas là où l'on pense le trouver.
- Une action décisive pour changer et faire évoluer les comportements organisationnels consiste à procéder à une redistribution des enjeux, des contraintes et des ressources qui sont celles des divers acteurs. La redistribution du pouvoir importe.

QUELQUES PISTES PRAGMATIQUES

Les sciences de l'organisation couvrent un large éventail de problématiques et de résultats. On peut dénombrer plusieurs dizaines de courants s'attachant chacun à un thème particulier (pour un inventaire raisonné, voir Astley et Van de Ven, 1983 ; Chanlat, 1989 ; Koza et Thoenig, 1995). Les apports ici retenus sont sélectionnés parce qu'ils traitent de questions souvent abordées dans les pratiques des entreprises.

Comment se prennent les décisions ?

Grandes ou petites, uniques ou répétitives, prises par les directions ou par les exécutants, les décisions portent la marque de logiques organisationnelles selon au moins trois aspects :

Elles reflètent le poids des procédures

Ces procédures – règles, division des tâches, circuits de communication internes à l'entreprise – balisent de façon étroite des corridors d'action dont les acteurs sont captifs. Ils n'ont pas de marge de liberté, même s'ils estiment que la solution n'est pas la plus adéquate. Pour résoudre le problème, ils ne mobilisent pas d'autres alternatives, savoir-faire ou ressources que ceux qui relèvent de leur juridiction.

Elles sont des produits de processus politiques, de jeux de pouvoir et de compromis

Les décideurs ne peuvent agir qu'à la marge, selon une logique dite *incrémentale*, par petits pas successifs. Ils ne peuvent pas poser à plat le problème à résoudre, ni faire entériner une solution idéale bille en tête. Ils pratiquent l'art du possible sans insister sur le contenu. Ils avancent à petits pas anodins, quitte à masquer le but final à atteindre, car ils ne peuvent s'aliéner la coopération des autres parties prenantes.

Elles découlent de malentendus

Aucune décision n'est en réalité prise à un moment qui soit annoncé et identifiable. Personne ne décide. Ce n'est qu'après coup qu'il apparaît que tout s'est passé comme si une décision avait été prise. Car une entreprise est une sorte d'anarchie plus ou moins organisée, une poubelle dans laquelle s'entasseraient de façon quasi aléatoire quatre types de composants :

- des problèmes ou des enjeux à la recherche de situations de décisions au cours desquelles ils peuvent faire surface ;
- des solutions à la recherche de problèmes auxquels elles peuvent éventuellement donner une réponse ;
- des acteurs disposés à s'ériger en décideurs ;
- des occasions de choix (une rencontre autour d'une machine à café, etc.) en quête de problèmes.

Ces composants s'enchaînent selon des combinaisons diverses. Par exemple, un problème flotte dans l'air depuis quelque temps déjà, un acteur qui s'érige en décideur se l'approprie, une occasion de choix finit par se présenter, et, *in fine*, une réponse est retenue qui est érigée en solution. Ou bien un décideur est à l'affût d'un problème à traiter et finit par en trouver un, une réponse flotte dans l'air qui paraît recevable, et il ne manque plus qu'une occasion propice de choix se présente. La marque d'une anarchie est que le temps et l'attention des acteurs sont des ressources rares. Par ailleurs, le consensus est exceptionnel.

En octobre 1962, un conflit d'une gravité extrême opposant les États-Unis et l'Union soviétique faillit déboucher sur une guerre nucléaire mondiale. Une étude a révélé que le président Kennedy avait préparé sa riposte contre l'initiative prise par Moscou d'installer des missiles sur l'île de Cuba, décision qu'il souhaitait la plus rationnelle possible, alors même que des procédures bureaucratiques multiples et que des rivalités de pouvoir au sein de ses propres services l'en empêchaient (Allison, 1969 ; Allison et Zelikow, 1999). Le modèle de la décision prise de façon quasi aléatoire (formalisé par Cohen, March et Olsen, 1972) a été inspiré par la manière dont les présidents d'université travaillent aux États-Unis.

Certains types d'organisation sont-ils plus adaptés que d'autres ?

Les sciences de l'organisation parlent de *contingence* pour évoquer l'existence possible de modes de fonctionnement plus adaptés que d'autres pour faire face à des conditions d'action d'un certain genre.

Pour une comparaison entre l'intégration et la différenciation, voir l'Annexe 3 en ligne, « Intégrer et différencier à la fois ».

Effectivement, certains types organisationnels sont moins performants que d'autres. Pour ne pas nous perdre dans une littérature foisonnante sur ce sujet, nous citerons une typologie classique et solide (élaborée par Burns et Stalker en 1961), qui confronte deux modèles extrêmes :

- L'organisation de type *mécanique* : ses tâches sont fortement spécialisées et ses services fragmentés entre eux. Le management utilise un style de commandement autoritaire. Les procédures sont nombreuses. Le sommet agit par la coordination. Une forte autonomie et l'évitement mutuel y règnent au quotidien. Une forte stratification verticale existe entre les niveaux hiérarchiques. Elle privilégie un pilotage de la performance par le recours à des plans édictés par la direction et par l'atteinte d'objectifs définis *a priori*. Elle fait confiance aux méthodes.

- Le type *organique* : les tâches y sont polyvalentes. Des recouvrements existent entre les services. Le style de commandement est participatif, privilégiant la persuasion interpersonnelle et la décentralisation. Les comportements sont intégrés par le travail en équipe. Les divergences sont ouvertement traitées en face à face. Les individus ont de nombreux liens tant verticaux qu'horizontaux. La performance résulte de ce que font les unités à la base. L'entreprise fait avant tout confiance aux individus pour assurer cohérence et performance.

L'un de ces deux modèles est-il plus adapté que l'autre ? Eh bien… cela dépend.

Une organisation de type organique, telle une molécule, est plus adaptée pour faire face à des environnements stratégiques qui se caractérisent par un haut degré de turbulences et d'incertitudes : des technologies qui changent rapidement, des marchés instables, etc. En effet, ces environnements exigent avant tout que l'entreprise soit capable de réagir de façon calculée et rapide, de changer au niveau local, de progresser par essais et par erreurs. Elle sait se différencier et prendre des décisions sans tarder dans un monde où la prévision stratégique à moyen terme est impossible et où la tactique prime.

Une organisation mécanique reste compétitive lorsque l'environnement, la concurrence, le marché ou la technologie qui comptent sont stables et prévisibles. Dans un tel contexte, la compétence qui fait la différence combine deux facteurs que le modèle mécanique est mieux à même d'assurer : la qualité de la stratégie à moyen terme, et les économies d'échelle qu'assurent la taille, la hiérarchie et le contrôle central.

Voir l'Annexe 4 en ligne,
« La typologie de Burns et Stalker ».

Les organisations changent-elles d'elles-mêmes ?

Une organisation peut procéder à des retouches marginales de ses structures et à des adaptations mineures de son fonctionnement sans modifier en profondeur et de façon radicale le type d'organisation qui est le sien, le « programme » qui le caractérise. Elle peut aussi changer de façon plus drastique. Dans ce cas, elle change carrément de programme ou de logiciel. Elle fonctionnait jusqu'ici selon un type organique. Elle adopte dorénavant un mode de fonctionnement mécanique.

Changer de façon endogène et souple, s'adapter aux circonstances et aux évolutions extérieures n'est chose ni facile ni évidente à manager. Le processus est généralement lent. Une stratégie se modifie en quelques journées, à la limite par un claquement de doigts de la part de la direction, alors qu'une réforme organisationnelle exige du temps, que l'on peut compter en mois, surtout quand il s'agit de changer le logiciel.

Le changement endogène n'est pas spontané. Un phénomène assez fréquent, et dramatique pour l'entreprise qui le subit, est celui qui l'emporte dans un cercle vicieux. Elle prend des mesures qui, loin de résoudre un problème qu'elle affronte, l'enfoncent davantage dans ce problème. C'est ce qui se produit lorsque l'entreprise est très bureaucratique. Dans un cas, elle cherche à résoudre les problèmes provoqués par son mode mécanique de fonctionnement en ayant recours à des solutions qui sont encore plus bureaucratiques. Elle accroît sa centralisation, elle « procéduralise » et spécialise encore plus. C'est aussi le cas de l'organisation de type organique. Confrontée à des évolutions de son environnement stratégique ou à des difficultés avec ses clients et son marché, elle accroît encore davantage sa décentralisation et sa culture de performance basée sur la réactivité tactique locale, qui sont précisément la cause de son problème. Seul un changement par la crise permettra à l'entreprise de s'en sortir, et avec beaucoup de dégâts.

Pour aller plus loin, voir l'Annexe 5 en ligne, « Les dix commandements du management du changement organisationnel ».

Les organisations sont capables d'*apprentissage*. Pour bien comprendre ce qu'apprentissage signifie, il faut au préalable être conscient de l'importance que revêt le phénomène des valeurs pour l'action.

Dans toute organisation circulent ce que les sciences sociales appellent des *valeurs pour l'action*. Ces valeurs sont portées par les divers membres. Elles sont de nature implicite, elles vont de soi. Qui les endosse n'en a pas nécessairement conscience. Elles énoncent des principes pour agir. Les acteurs en font usage, notamment pour caler leurs jugements, pour juger de ce qui est souhaitable, normal ou bon, ou pour écarter les actes et les situations qui ne leur paraissent pas en ligne avec elles. Une étude réalisée sur la population des chercheurs fonctionnaires du CNRS suggère ainsi qu'une majorité d'entre eux partagent les mêmes valeurs pour l'action (Paradeise et Thoenig, 2005). Il n'existerait pas de bien collectif à poursuivre. Le monde scientifique se constituerait de communautés juxtaposées et autosuffisantes. La science et l'organisation seraient par nature étrangères l'une à l'autre. Toute dynamique scientifique ne pourrait et ne devrait être qu'endogène, car toute forme d'organisation serait une contrainte extrinsèque intolérable, notamment lorsqu'elle exprime des demandes sociétales et économiques. La pertinence et l'excellence seraient définies par les pairs, et par eux seulement.

Reste à savoir si ces valeurs partagées permettent ou non au corps social du CNRS d'opérer par lui-même les adaptations nécessaires aux nouvelles conditions de travail et d'organisation qui régissent le monde international de l'excellence scientifique. On peut raisonnablement en douter.

Deux processus d'apprentissage existent qui régissent la correction des erreurs :

- Le premier est en *boucle rétroactive simple* : il désigne les situations où les conséquences de l'action influencent les nouvelles stratégies sans aucunement modifier les valeurs qui les fondent aux yeux des membres de l'organisation. Les stratégies sont certes nouvelles ; il y a donc apprentissage. Pourtant, elles s'alignent sur les valeurs pour l'action qui ont engendré erreurs et problèmes. L'apprentissage ne modifie pas les valeurs pour l'action.
- Le second est en *boucle rétroactive double* : dans ce cas, au contraire du précédent, le processus d'apprentissage se traduit par une mutation de ces valeurs et principes pragmatiques. Il se caractérise par le fait que les conséquences de l'action affectent non seulement les stratégies, mais aussi leurs valeurs constitutives. Les anciens principes sont remplacés par des valeurs nouvelles.

(Pour approfondir ces concepts, lire Argyris, 2003.)

Comment manager l'entreprise ?

Les sciences appliquées de l'organisation offrent au moins quatre perspectives (pour plus de détails, voir Koza et Thoenig, 2003).

L'entreprise comme arène politique peuplée d'acteurs opportunistes

Comment piloter une arène dans laquelle pullulent des microstratégies comportementales ? L'autorité hiérarchique ne suffit pas à obtenir que les subordonnés adhèrent. La finesse des arguments, la candeur, le prêche, la force de conviction ou la transparence de l'information ne garantissent pas que collègues ou chefs partagent votre point de vue. L'entreprise est un système politique. Créer des coalitions, satisfaire des enjeux particularistes, éviter de se trouver coincé dans une position irréversible, sont autant de qualités requises pour le leadership. Il vaut mieux posséder des compétences comportementales que des aptitudes analytiques. Les managers ressemblent à des courtiers politiques. Ils marchandent et négocient avec des acteurs qui sont stratégiques, dont la coopération n'est pas assurée et qui poursuivent des enjeux particularistes. L'art de piloter une entreprise est l'art de créer et de faire jouer des stimulants qui permettent à chaque service singulier de faire coïncider son propre enjeu avec celui de l'entreprise et, de ce fait, de contribuer à accomplir sa mission. Identifier les enjeux latents que les acteurs cherchent à satisfaire, diagnostiquer les dynamiques de pouvoir qui les lient entre eux : le modèle de la boîte à outils imprègne les modes de pensée du bon manager organisationnel.

L'entreprise comme communauté morale de personnes fondée sur l'institutionnalisation

Le management met en œuvre des actions dont l'objet est de modeler, de légitimer ou de changer les préférences des acteurs organisationnels. Il mobilise des dispositifs multiples : le leadership charismatique, la construction d'idéologies et de mythes, les processus de socialisation, les activations de réseaux. Il a recours à des groupes extérieurs à l'organisation auxquels les acteurs individuels ou collectifs de l'entreprise se sentent liés par des devoirs de loyauté morale, professionnelle ou individuelle. L'entreprise ressemble à une société : toutes deux sont dotées d'un centre et d'une périphérie. Le centre agit comme un lieu monopolistique d'émission de valeurs, dont l'appropriation par la périphérie légitime en retour la prédominance et nourrit le travail d'intégrateur. Il émet et diffuse de la pression sociale, à travers des processus d'identification, d'engagement et de loyauté. Le management met les acteurs en communauté (pour plus de détails, lire l'ouvrage, dense, de Selznick, 1994). Son œuvre missionnaire opère par la séduction et par le prêche.

L'entreprise comme lieu de création d'un décideur collectif

Comment créer les conditions nécessaires pour que des décisions collectives prennent vraiment place ? Cette perspective part d'un constat pessimiste. Dès lors que l'action collective implique plus de deux parties, aucune décision singulière ne peut se conformer à des ordres de préférences individuelles qui seraient disparates. Or le recours par le management à une organisation très formalisée offre un avantage : elle met en place un *contrôle social*, par exemple par le biais du recours à la hiérarchie de l'autorité (Blau et Scott, 1962). Un régime politique se crée qui permet de lier les préférences de diverses parties à des décisions. En pratique, plus le contexte dans lequel se déploie l'action est complexe, plus le choix collectif s'y organise par recours à des structures formelles. Pour autant, cela ne signifie pas que l'organisation formelle va se montrer plus performante, en termes d'efficacité économique, que toute autre forme de groupement social. Son rendement peut même décroître, en particulier lorsque la bureaucratisation et la taille de l'entreprise s'accroissent.

L'entreprise comme un acteur mû par des cognitions

À l'instar des individus, les organisations raisonnent, interprètent, pensent. Elles sont porteuses de théories sur le monde et sur l'action, elles perçoivent les faits à travers des lunettes qui opèrent leur sélection et leur donnent sens. Elles sont porteuses de connaissance. Le manager est un opérateur cognitif. Il construit et infléchit des critères de choix pour l'action. Il se mue en véritable architecte de langages implicites, partagés ou non, entre les diverses parties de son organisation et entre leurs membres. Les langages recouvrent des théories implicites de l'action, fixent des critères pour les choix et permettent de simplifier la complexité de manière à faciliter le passage à l'acte. Ces processus interprétatifs, qui sont produits de manière collective dans l'organisation, créent de la confiance mutuelle. Ils facilitent les transactions et les échanges entre les fonctions amont (R&D, méthodes, marketing stratégique) et aval (production, vente, logistique) au sein de l'entreprise. Ils assurent de la coordination sans l'intervention constante de l'autorité hiérarchique, sans recourir à de trop nombreuses procédures et dans un mode de gestion interne extrêmement décentralisé.

Pour aller plus avant en matière de cognition, voir l'Annexe 6 en ligne, « Le management cognitif ».

Pour réfléchir à partir des aphorismes de certains auteurs, voir l'Annexe 7 en ligne, « Quatorze pensées de grands auteurs ».

Pour aller plus loin, consulter la bibliographie en ligne.

Chapitre 10

Systèmes d'information et knowledge management

ALBERT DAVID

Professeur à l'École normale supérieure de Cachan,
codirecteur du master « Théorie et pratique
de l'innovation », université Paris-Dauphine

La question des systèmes d'information et de gestion des connaissances peut se résumer très simplement par deux grandes interrogations :

- Dans une organisation, qui doit savoir quoi, à quel moment, sous quelle forme et pour quoi faire ?
- Comment gérer l'interaction entre l'évolution des systèmes d'information et celle des technologies informatiques ?

CINQ EXEMPLES POUR COMMENCER

Exemple 1 : quel système d'information pour l'inspection du travail ?

À la fin des années 1980, le ministère du Travail a lancé un projet d'informatisation de ses services extérieurs, c'est-à-dire les directions régionales et départementales du travail et de l'emploi. Le projet était ambitieux et comportait trois modules : un module de gestion budgétaire et comptable, un module de gestion des interventions et une base de données sur les entreprises. Le premier module gérait les services mêmes, le deuxième gérait le travail des contrôleurs et inspecteurs sur le terrain, c'est-à-dire au contact des entreprises, et le troisième avait pour ambition d'intégrer l'ensemble des informations que les services du travail et de l'emploi pourraient partager. Le choix a été fait de se concentrer sur l'informatisation, sans chercher à prendre de front l'ensemble des questions qui pouvaient se poser à l'occasion du projet. La réalisation du module de gestion budgétaire et comptable n'a pas posé de problème : la structure des services ne changeait pas, ni les règles de gestion. Il suffisait d'informatiser l'existant. En revanche, la réalisation des deux autres modules a soulevé des difficultés que l'on peut classer en trois catégories :

1. Tout d'abord, la base de données (module 3) étant alimentée par l'activité de gestion des interventions (module 2), les contrôleurs et inspecteurs devaient saisir beaucoup plus d'informations qu'auparavant, et ce de manière systématique. L'informatique, dans un premier temps au moins, faisait plus que doubler le temps nécessaire à la gestion des interventions, alors que les personnels concernés s'attendaient au contraire à une simplification et à des gains de temps.

2. Ensuite, un certain nombre des mesures que doit gérer l'inspection du travail sont assez sophistiquées et, en même temps, les textes réglementaires ne prévoient pas tout. Sur le terrain, des savoir-faire intéressants et des solutions informatiques locales avaient été développés, ce qui avait pour inconvénient, évidemment, une certaine hétérogénéité des pratiques. Les informaticiens n'avaient pas anticipé cela. Les responsables du projet avaient prévu d'impliquer les utilisateurs futurs dans la validation des solutions informatiques, mais pas d'aller sur le terrain analyser en profondeur la façon dont les meilleurs agents s'y prenaient pour résoudre leurs problèmes. La logique de développement en « tronc commun » et « modules spécifiques » ne permettait pas un rattrapage facile des erreurs commises.

3. Enfin, et surtout, personne ne s'était réellement posé la question de la mission fondamentale d'un contrôleur ou d'un inspecteur du travail. Au moins quatre modèles pouvaient être proposés :
   - Le modèle de la polyvalence, qui suppose que chacun des agents puisse traiter l'intégralité des dossiers, donc une informatique qui assiste véritablement le personnel, par exemple grâce à une base de données intégrée, pour compenser le nécessaire élargissement des compétences.
   - Le modèle du contrôle amélioré, qui concerne surtout les inspecteurs et suppose une informatique puissante, un peu policière, avec des systèmes interconnectés pour aider à repérer les pratiques illégales des entreprises.
   - Le modèle de l'approche client, qui privilégie une politique plus préventive et suppose l'animation d'un réseau d'intervenants locaux pour faire connaître les dispositions réglementaires, avec une informatique orientée « tableau de bord ».
   - Le modèle de l'approche globale de l'entreprise, qui suppose que l'inspecteur intervienne sur tous les aspects de la vie sociale et de la gestion des ressources humaines de l'entreprise, pour accompagner des changements technologiques, monter des opérations de prévention de l'exclusion, etc. Dans ce dernier cas, l'informatique peut aider, mais constitue moins une priorité.

Exemple 2 : quel système de gestion des connaissances pour les experts du bureau de certification ?

Dans les années 1990, une grande société internationale de certification a eu le projet de mettre en place un système de gestion des connaissances pour ses experts. C'est un cas idéal, en apparence, pour appliquer les principes du knowledge management : une activité de contrôle, réalisée par plusieurs centaines d'experts répartis dans le monde entier, qui n'ont pas nécessairement beaucoup d'occasions de se rencontrer, dans un domaine très réglementé où la sécurité est la priorité. L'expertise en avaries de navires, par exemple, constitue l'une de ces expertises. L'entreprise a donc créé un département « Knowledge management » avec à sa tête un « Chief Knowledge Officer », comme cela se faisait au milieu des années 1990. Malgré un travail important et une collaboration avec des chercheurs universitaires renommés en systèmes d'information et gestion des connaissances, le projet a rencontré un certain nombre de difficultés, de deux ordres :

1. Tout d'abord, les experts détiennent des connaissances importantes et sophistiquées, mais ils sont très difficiles à rencontrer, d'une part parce qu'ils sont dispersés aux quatre coins du monde et que leur emploi du temps est très contraint et, d'autre part, parce que, comme beaucoup des personnels très qualifiés qui travaillent quasiment seuls sur le terrain, ils ont une culture d'indépendance qui les rend peu enclins à remonter systématiquement de l'information à la ligne hiérarchique et encore moins à des services fonctionnels centraux, même si par ailleurs ils peuvent se rendre service entre eux.

2. Ensuite, au-delà de cette dimension de culture relationnelle, autant certaines connaissances sont faciles à codifier (raisonnements simples, diagnostics standard et sans ambiguïté), autant d'autres connaissances sont « collées » au contexte et ne peuvent en être facilement abstraites : « Il faut y être pour comprendre. » La seule chose que l'on puisse indiquer dans la base de connaissances, dans ce cas, est le numéro de téléphone portable de l'expert.

Même si l'entreprise a beaucoup appris en travaillant sur ce projet, le système n'a pu, à cette époque, être réalisé comme prévu : la base de connaissances n'était que très partiellement alimentée, ce qui incitait les experts à ne pas réellement s'en servir. La seule mise en place du système de KM n'a pas suffi à créer la structure relationnelle qui aurait été nécessaire.

Exemple 3 : comment Zara conçoit sa gamme de vêtements

Zara est une entreprise espagnole qui conçoit et vend des vêtements dans plusieurs pays du monde. La façon dont l'entreprise collecte et gère l'information dont elle a besoin pour concevoir ses nouveaux produits est intéressante. Deux circuits très différents mais très complémentaires sont utilisés :

1. D'une part, toutes les caisses de tous les magasins Zara sont reliées en temps quasi réel aux services centraux, qui peuvent ainsi analyser les ventes en continu. Non seulement il est possible de suivre précisément les ventes de chaque référence, mais l'analyse peut être faite au niveau du panier d'achat, c'est-à-dire qu'il est possible de savoir que tel ensemble de références a été acheté par une même personne au même moment. Des analyses plus sophistiquées sont possibles, en termes de corrélations entre les achats des différentes références.

2. D'autre part, Zara emploie des personnes dont le travail consiste à fréquenter les lieux « branchés » de la planète, les endroits où sont susceptibles de naître des tendances. Ces personnes doivent repérer ce que l'on appelle des *signaux faibles*, c'est-à-dire des éléments d'information qui, mis bout à bout, permettent d'avoir l'intuition que « quelque chose » se passe qui pourrait avoir un intérêt pour Zara, donner des idées pour des vêtements nouveaux.

On voit ici la complémentarité de deux types d'information et de connaissance très différents : la première information est systématique, explicite, codifiée sans ambiguïté, analysable avec des techniques statistiques. La seconde est hasardeuse, à peine palpable, peu codifiable, non analysable avec des techniques d'analyse quantitatives ni même qualitatives.

Exemple 4 : la machine à café est-elle un outil de management de l'information et de la connaissance ?

Aucune machine à café ne figure au catalogue officiel des outils de management de l'information et de la connaissance. Pourtant, si un manager en fait installer une dans le couloir, à côté d'une fenêtre, avec un peu d'espace autour, avec l'objectif de favoriser les rencontres informelles et, en conséquence, l'échange spontané d'informations et de connaissances au sein de son équipe, alors il accomplit là un acte de management. Les personnes qui se rencontrent échangent de manière informelle des informations et des connaissances concernant le travail ou la sphère extraprofessionnelle. Elles apprennent ainsi à mieux se connaître : la qualité des relations peut s'en trouver améliorée en même temps que la performance d'un certain nombre de processus de l'organisation.

Exemple 5 : fusion d'entreprise, fusion des systèmes d'information ?

L'entreprise A et l'entreprise B fusionnent. Elles ont chacune leur histoire, leur culture, leur style de management, leur façon de se représenter leur environnement, leur façon de décider, leur image. Elles ont, chacune, monté des partenariats, organisé des plateaux techniques en flux tendus avec leurs fournisseurs. Elles sont implantées dans différents pays. Elles décident de ne pas fusionner leurs systèmes d'information, ni de choisir un seul des systèmes pour l'imposer à l'autre : trop complexe, trop risqué. Elles préfèrent poser le problème en termes d'interopérabilité : le nouveau périmètre est trop vaste, il n'est pas gérable par un seul système, il faut l'organiser en sous-systèmes autonomes mais reliés, capables de coopérer. Commence alors un chantier ambitieux : il faut maîtriser la signification des informations, définir l'architecture des échanges, rendre ces échanges fiables, intègres, traçables, et mettre en place, morceau par morceau, la nouvelle architecture sans altérer le fonctionnement de l'ancienne, en minimisant les perturbations. De la qualité des analyses initiales et de l'habileté des gestionnaires du projet dépendra le bon déroulement des opérations.

Ces cinq exemples exposés, nous pouvons à présent définir les notions de base : données, informations, connaissances, compétences, relations et structure.

DÉFINITIONS : DONNÉES, INFORMATIONS, CONNAISSANCES, COMPÉTENCES, RELATIONS, STRUCTURE

Données

Les données sont des faits objectifs, sans intention ni projet. « Cette page est noire et blanche » ou « le chiffre d'affaires de cette entreprise est de trois millions d'euros » sont des données. Attention toutefois : les données ne sont pas données. Leur collecte a un coût (en temps, en budget) mais, surtout, elles doivent être construites. Supposons, par exemple, que l'on cherche à mesurer le volume d'un coffre de voiture. On trouvera facilement une méthode pour évaluer ce volume en litres. Mais imaginons que l'on s'intéresse au volume de ce coffre vu par son utilisateur : à volume égal, certains coffres seront plus pratiques que d'autres, c'est-à-dire que l'on pourrait plus facilement y loger ses bagages. Comment mesurer cela ? L'une des méthodes est de convenir d'un ensemble standard de bagages qui puisse permettre de comparer les différents coffres. Mais que signifie alors « charger facilement son coffre avec le jeu de bagages standard » ? On voit ici qu'une simple « donnée » peut supposer un travail de réflexion important.

Informations

Les informations sont des données qui ont été communiquées avec une intention, un projet. L'information crée une différence. C'est « une collection de données organisées pour donner forme à un message » (Prax, 2000). Par exemple, si l'on dit à des personnes qui se trouvent dans un bureau qu'il y fait 20 degrés, c'est une donnée. Si l'on dit aux mêmes personnes, lorsqu'elles s'apprêtent à sortir, qu'il fait 12 degrés à l'extérieur, certaines vont mettre un manteau. L'information aura produit un effet : certaines personnes auront agi différemment.

Connaissances

Une connaissance est « un ensemble de formulations organisées de faits ou d'idées, présentant un jugement raisonné ou un résultat de l'expérience, et transmis à d'autres sous une forme systématique *via* un vecteur de communication » (Bell, 1973). La connaissance, c'est donc ce que l'on sait pour l'avoir appris soit par raisonnement, soit par expérience. Reprenons notre exemple de la température extérieure. Je peux sortir sans manteau alors qu'il fait 12 degrés et n'avoir froid qu'après une demi-heure. J'aurai alors appris, par expérience, que je peux rester dehors sans manteau par 12 degrés pendant une demi-heure sans avoir froid. Si le lendemain, on m'informe que la température extérieure est de 6 degrés, je pourrai en déduire qu'il vaut mieux que je mette un manteau, si je ne veux pas avoir froid au bout de quelques minutes. La connaissance s'énonce ainsi : « lorsqu'il fait 12 degrés, je peux rester sans manteau trente minutes sans avoir froid, puisque c'est ce qui m'est arrivé plusieurs fois » (connaissance acquise par expérience), ou « lorsqu'il fait 6 degrés je ne tiens pas sans manteau plus de quelques minutes, puisqu'à 12 degrés je ne tiens pas plus d'une demi-heure » (connaissance acquise par un raisonnement). Des exceptions à ces connaissances exprimées pourraient venir progressivement enrichir la base ainsi commencée : par exemple, la résistance au froid est différente selon que l'on vient de rester immobile pendant plusieurs heures ou que l'on vient, au contraire, de pratiquer une activité sportive.

Une typologie aujourd'hui classique distingue les connaissances théoriques (savoirs), les connaissances pratiques (savoir-faire) et les connaissances relationnelles ou comportementales (savoir-être). Une typologie plus récente (Hatchuel et Weil, 2002) distingue les savoir-faire (connaissances de l'artisan), les savoir-comprendre (connaissances du réparateur) et les savoir-combiner (connaissances du stratège).

La figure 10.1 ci-dessous, reprise de Reix (2004), résume les liens qui existent entre données, informations et connaissances.

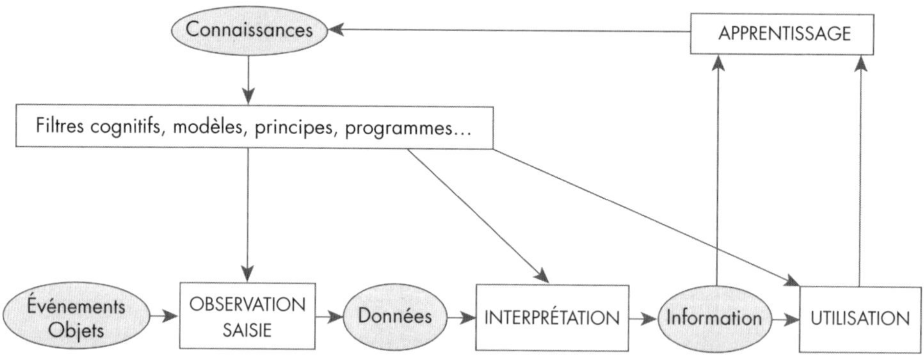

Figure 10.1 – Données, informations et connaissances

Compétences

Être compétent, c'est savoir mobiliser au bon moment les connaissances nécessaires, dans un certain périmètre d'action et de légitimité. Les compétences sont « un ensemble de connaissances, de capacités d'action et de comportements structurés en fonction d'un but et dans un type de situation donné » (Prax, 2000). La compétence suppose l'appropriation et la maîtrise d'un espace de connaissances.

Relations

Les relations sont l'ensemble des connexions par lesquelles un acteur pense qu'il peut modifier les connaissances et les actions des autres acteurs (Hatchuel, 1998). Le système de relations est une composante indispensable à l'action collective, symétrique et complémentaire du système de connaissances. Le système formé par les savoirs, les relations et leur interaction constitue en effet une axiomatique de l'action collective (Hatchuel, 2001). Penser simultanément système de connaissances et système de relations est la garantie d'une bonne formulation des problèmes d'organisation en général, et de SI/KM en particulier.

Structure

On peut, avec Desreumaux (1998), définir la structure comme « la configuration formelle de rôles et de procédures, officiellement consacrée et destinée à orienter les comportements des membres de l'organisation en spécifiant ce qu'ils doivent faire et ce qui sera récompensé ». On distingue, dans une structure, deux catégories d'éléments : les principes fondamentaux de division du travail et de coordination des tâches, et les dispositifs qui permettent l'accomplissement coordonné des activités. Parmi ces derniers, on trouve notamment les systèmes de planification et de contrôle et les systèmes de récompense et de sanction. Si l'on veut prendre en compte les aspects informels, une conception plus large de la structure la définit comme l'ensemble des régularités dans les comportements des acteurs, tels qu'ils sont observables au cours du temps. Un système d'information ou de gestion des connaissances est donc à concevoir en lien étroit avec la structure de l'organisation.

Ces définitions de base étant données, nous pouvons aborder la définition et les propriétés des systèmes d'information, et approfondir la nature des liens qui existent entre SI et organisation.

SYSTÈMES D'INFORMATION : DÉFINITION, PROPRIÉTÉS ET INTERACTION AVEC L'ORGANISATION

Définition et propriétés

Reix (2004) définit un système d'information comme « un ensemble organisé de ressources – matériel, logiciel, personnel, données, procédures – permettant d'acquérir, de traiter, de stocker, de communiquer des informations (sous forme de données, textes, images, sons, etc.) dans et entre des organisations ».

Un système d'information combine différentes ressources. Il ne se réduit pas à sa partie informatisée. Il concerne les différents niveaux :

- individuel (consulter une base de données, faire son reporting de la semaine) ;
- collectif (gérer l'agenda au niveau d'un service, aider à la décision de groupe) ;
- organisationnel (gérer le suivi commercial pour l'ensemble de la force de vente) ;
- interorganisationnel (gérer les achats et les approvisionnements de manière intégrée entre clients et fournisseurs).

Le système d'information peut être utilisé en mode *externe* (par exemple, l'inspecteur du travail de notre exemple 1 utilise une liste d'entreprises ayant fait l'objet d'un contrôle sur les trois dernières années), en mode *interactif* (par exemple, un expert du bureau de certification de notre exemple 2 parcourt la base de données pour voir comment des cas similaires à l'affaire qu'il doit traiter ont été résolus), ou de manière *intégrée*, obligatoire (notre inspecteur du travail est obligé d'utiliser le module logiciel de gestion des procédures d'intervention). Dans certains cas, le système d'information est par lui-même le système de production : les *kanbans,* ou fiches d'information qui vont de l'aval à l'amont, dans le système de *lean production* mis au point par Ohno dans les années 1950 chez Toyota, ou le logiciel qui gère les réservations SNCF de billets de train sur Internet sont des configurations dans lesquelles on ne peut pas distinguer le système d'information du système de travail – dans lequel, pour le cas de la SNCF, des données sont entrées directement par l'utilisateur final.

La conception et la mise en œuvre d'un système d'information supposent que l'on prenne en compte simultanément la dimension informationnelle (le système d'information produit des représentations), la dimension technologique (le système d'information s'appuie sur des technologies de l'information et de la communication, que ces technologies soient informatiques ou non) et la dimension organisationnelle (le système d'information s'inscrit dans une organisation, il en constitue l'un des éléments). Dans tout projet de système d'information, il faudra donc faire des choix : quelles représentations retenir, sur quelles technologies s'appuyer, quelles transformations de l'organisation mettre en œuvre à l'occasion du projet ou pour lui ?

Les SI et l'organisation : des interactions complexes

Concevoir et mettre en œuvre un système d'information, c'est transformer de nombreux aspects du fonctionnement de l'organisation : normalisation du langage et homogénéisation des règles, évolution de la division du travail et consistance des métiers, conformation de la relation aux clients et aux usagers, production d'outils et d'une doctrine de pilotage.

Les SI sont porteurs d'une normalisation du langage

Concevoir un système d'information suppose avant tout que le vocabulaire relatif aux processus concernés soit explicité. Des notions apparemment aussi claires que « client », « gestion contentieuse », « vente » ou « prestations » se révèlent ambiguës et leur clarification peut donner lieu à des discussions difficiles. Par exemple, une banque qui ajoute au système d'information en place un module de *scoring* doit, avant toute chose, se demander ce qu'elle appellerait un « bon » ou un « mauvais » dossier.

Les méthodes de *scoring* permettent, à partir des caractéristiques de l'emprunteur et du prêt sollicité, de calculer le niveau de risque que prend la banque en accordant le prêt. Ces méthodes supposent le calibrage d'un modèle statistique sur les données du passé, pour lesquelles on dispose à la fois des caractéristiques de l'emprunteur et des éléments sur le bon ou le mauvais déroulement du plan de remboursement. Des questions d'organisation se posent immédiatement : qui va utiliser l'outil ? Est-ce le chargé de clientèle dans les agences bancaires, pour prendre de meilleures décisions ? Est-ce la direction générale, pour contrôler la performance des agences et mieux anticiper les créances douteuses ?

De même, une institution d'enseignement qui mettrait en place un système formalisé d'évaluation des enseignements et des enseignants devrait d'abord se demander ce qu'est, à ses yeux, un « bon » ou un « mauvais » cours. Notre bureau de certification (exemple 2 de l'introduction), pour codifier la connaissance des experts, doit d'abord se demander qui est expert : des personnes de l'entreprise qui n'ont pas le titre statutaire d'expert mais qui sont des « connaisseurs » reconnus ne sont-ils pas dignes de voir leurs connaissances prises en compte ? Une connaissance commune se crée ainsi. Certains acteurs peuvent résister, ne reconnaissant pas la spécificité de leur activité dans le langage qui leur est proposé.

Les SI tendent à homogénéiser les pratiques

Concevoir un système d'information, c'est expliciter un certain nombre de processus. La mise en place d'un progiciel de comptabilité analytique, par exemple, peut obliger à distinguer très clairement et dans le détail différents postes budgétaires. Si par ailleurs les règles de gestion en place interdisent les mouvements entre ces lignes budgétaires, alors le nouveau système, bien que plus rigoureux, est vécu comme une rigidité supplémentaire. C'est la fin des petits arrangements avec les règles. Dans de nombreux cas, c'est précisément l'un des objectifs de la mise en œuvre du système d'information que d'homogénéiser les pratiques. Le risque est alors d'aller trop loin dans cette homogénéisation et, dans un esprit trop centralisateur, d'oublier l'intérêt que peuvent avoir des savoir-faire locaux s'ils se justifient par rapport à leur contexte. De même se pose la question de savoir quelles pratiques sont sélectionnées et généralisées : sont-elles simplement déduites des textes réglementaires ou sont-elles sélectionnées sur le terrain parmi les meilleures pratiques locales ? Enfin, il peut être tentant de vouloir tout informatiser. En pratique, dans de nombreux cas, le nombre d'exceptions aux règles est tel qu'il est pratiquement impossible de tout intégrer sans consacrer un temps et des ressources très au-delà du raisonnable.

Les SI ont des effets structurants

Les systèmes d'information ont des effets structurants tant en interne que sur la relation aux clients ou aux fournisseurs. En retour, les changements d'organisation supposent des changements dans les systèmes d'information.

Concevoir et mettre en œuvre un système d'information, c'est souvent redéfinir une partie de la structure de l'organisation. La mise en place par la Direction générale des impôts de la déclaration en ligne a ainsi modifié la frontière entre l'administration et l'administré : en saisissant lui-même sa déclaration, le contribuable effectue une partie du travail qui était auparavant réalisé en interne, en back-office. De même, le fait de mettre à disposition des personnels en contact, c'est-à-dire ceux qui gèrent directement la relation client, l'ensemble des données nécessaires à l'instruction des demandes (renseignement, mais aussi, par exemple, traitement direct des demandes simples et orientation vers le technicien compétent pour des demandes plus compliquées, avec prise de rendez-vous) transforme radicalement les flux d'information et la division du travail : l'activité est à la fois plus décentralisée et mieux coordonnée.

Le contenu des métiers est une dimension importante. Un exemple classique est le passage du dessin à la conception assistée par ordinateur, dans un certain nombre d'entreprises d'ingénierie, et l'évolution des compétences (informatique plutôt que dessin) que cela a entraîné à l'époque. Un autre exemple classique est celui de l'évolution du travail des secrétaires dans les laboratoires de recherche : depuis l'apparition des micro-ordinateurs et des traitements de texte, elles ne tapent plus les articles des chercheurs. Elles peuvent donc consacrer du temps à des tâches nouvelles : gestion de la documentation, tâches d'animation du laboratoire, par exemple. En revanche, comme elles ne dactylographient plus les textes, elles savent beaucoup moins ce que les chercheurs écrivent et ne peuvent plus aussi facilement renseigner et aiguiller les personnes qui prennent contact.

La généralisation du courrier électronique et des sites Web a par ailleurs rendu cette fonction de renseignement et d'aiguillage obsolète. Nos inspecteurs du travail de l'exemple 1, selon que l'on retiendra une philosophie plutôt policière et répressive ou plutôt d'accompagnement et de prévention, utiliseront un système d'information et une informatique différents : leur métier sera donc en partie différent. Dans le cas de la RATP, le passage à la carte intégrale, qui suppose non seulement un abonnement nominatif, mais aussi un enregistrement nominatif du client dans la base de données (gestion des prélèvements bancaires, renouvellement gratuit en cas de perte ou de vol, etc.) a obligé l'entreprise à faire une distinction entre payeur et usager (normalisation du langage) et à organiser un suivi de clientèle différent, dans le cadre d'une relation de service permanente et plus sophistiquée que la relation précédente. Des agents ont dû être formés, des agences commerciales ont été ouvertes, le service gestion et contentieux a été renforcé.

Les systèmes d'information obligent à formuler des doctrines d'action et à faire des choix stratégiques

Un bon système d'information peut être celui qui est « invisible » : c'est le cas s'il fonctionne de manière transparente pour les utilisateurs, si l'on considère qu'il ne fallait surtout pas changer des habitudes de travail jugées très performantes. Mais dans de nombreux cas, il est difficile de changer les systèmes d'information sans changer en partie l'organisation. C'est particulièrement vrai dans le cas de fusions ou d'acquisitions, qui supposent souvent que l'on passe de plusieurs systèmes d'information à un seul, ou de fonctionnements en réseau dans lesquels la question de l'interopérabilité des systèmes d'information, c'est-à-dire la capacité des différents systèmes à communiquer entre eux, malgré leur hétérogénéité, est centrale.

Le projet d'informatisation des services extérieurs du ministère du Travail (exemple 1) a été bloqué parce qu'aucun choix explicite n'avait été fait en ce qui concerne la mission fondamentale des inspecteurs du travail. Une recherche menée il y a une dizaine d'années a montré que le système d'information en place dans des organismes de recouvrement comme les Urssaf était parfaitement adapté à trois univers d'utilisation : l'interrogation au cas par cas, les traitements de masse (envoi automatique des appels à cotisation, par exemple) et les procédures comptables. Mais ce système est incapable de répondre directement à une question du type « l'envoi d'un avis amiable avant toute procédure contentieuse est-il efficace et, si oui, dans quelles situations ? » Autrement dit, la philosophie gestionnaire du système en place ne pouvait pas comprendre la philosophie « d'aide à la décision » que véhiculait cette question. Techniquement, l'architecture du système informatique ne permettait pas le rapprochement des données ni les calculs nécessaires sans la mise au point d'un programme spécifique de requête.

Ces deux exemples montrent que l'informatique seule ne peut trancher les débats d'organisation et de stratégie (inspection du travail) et que, inversement, l'évolution des besoins de management d'une logique d'information à une logique d'aide à la décision (Urssaf) suppose des transformations profondes de la structure technique du système d'information et l'évolution concomitante de l'organisation, des métiers et des compétences.

GESTION DE LA CONNAISSANCE : DÉFINITION, OUTILS, PÉRIMÈTRE

Gérer la connaissance est ce que fait tout système organisé depuis que les sociétés humaines existent. Le fait que la gestion des connaissances soit mise en avant depuis une quinzaine d'années est une conséquence de l'importance croissante du capital intangible – investissements de formation, d'éducation, de R&D, d'information, de coordination, de santé – dans les économies contemporaines. La production de connaissances s'accélère, mais aussi sa dépréciation ; l'innovation devient l'activité dominante et le management de l'innovation devient une priorité des directions générales. Les emplois liés à la production, au traitement, au transfert de connaissances sont en expansion. Les sources de connaissances se multiplient : les départements de R&D, mais aussi le personnel dans son ensemble, les clients et usagers, les fournisseurs.

La différence fondamentale entre information et connaissance est que l'information est facilement reproductible alors que la connaissance l'est plus difficilement : cette reproduction n'est pas indépendante, notamment, des systèmes de relations au sein de l'entreprise ou, plus généralement, dans la société. Le compagnonnage, par exemple, est une configuration relationnelle qui favorise la transmission de connaissances dont certaines peuvent être très contextualisées. La codification de la connaissance est donc une tâche ardue : codifier, c'est placer sa mémoire en dehors de soi-même. On comprendra dès lors que la conception et la mise en œuvre d'un système de gestion des connaissances rencontrent toutes les difficultés que nous avons évoquées à propos des systèmes d'information, outre des difficultés spécifiques dues au fait que l'on manipule des connaissances et non des informations.

Définition

On peut, avec Prax, poser ainsi le problème du knowledge management (KM), en amplifiant notre question introductive : le rêve du manager serait qu'on lui apporte l'information dont il a besoin, au moment où il en a besoin, et si possible sans qu'il en fasse la demande. On en déduit trois caractéristiques qui définissent le KM :

> *« Le KM est une approche qui tente de manager des items aussi divers que pensées, idées, intuitions, pratiques, expériences, émis par des gens dans l'exercice de leurs fonctions. C'est aussi un processus de création, d'enrichissement, de capitalisation et de diffusion des savoirs qui implique tous les acteurs de l'organisation, en tant que consommateurs et producteurs. Le KM suppose enfin que la connaissance soit capturée là où elle est créée, partagée par les hommes et finalement appliquée à un processus de l'entreprise » (Prax, 2000, p. 17).*

La connaissance est toujours liée à un contexte, dont il est plus ou moins aisé de l'extraire. Dans certains cas, la connaissance est tacite et se transmet par apprentissage « sur le tas », comme le souligne l'exemple dans l'encadré ci-dessous : la connaissance n'a pas été codifiée, elle est restée analogique, elle s'est transmise « collée au contexte ».

Apprendre à faire du plâtre, ou la transmission des connaissances par socialisation

Gerardo est maçon carreleur et Albert l'aide, en tant que manœuvre, dans différentes tâches. Un jour, Gerardo demande à Albert de faire un peu de plâtre pour sceller un bâti de fenêtre. « Tu m'as vu faire plusieurs fois, à toi de jouer », lui a-t-il dit. Albert est ennuyé : il ne sait quelle proportion exacte de poudre et d'eau mélanger. La réponse du maçon est sans appel : « Tu mets ton eau, tu verses ta poudre, et tu vois. » Albert part de son côté pour faire des essais. Au bout d'un certain temps et après avoir fait beaucoup de mauvais dosages, il sait à peu près faire du plâtre. Tant et si bien qu'ultérieurement, à l'un de ses amis qui, sachant qu'il était un peu bricoleur, lui demandait comment faire du plâtre, il s'est entendu répondre : « C'est simple, tu mets ton eau, tu verses la poudre, et tu vois. »

Ceci est une histoire vraie. J'aimerais dédier ce chapitre à mon beau-père, Gerardo Rodriguez-Gonzalez.

Dans d'autres cas, la connaissance est explicitée puis réintériorisée : si vous observez votre grand-mère en train de cuisiner votre plat préféré et que vous preniez des notes pour écrire la recette, vous aurez explicité la plus grande partie des connaissances nécessaires à la réalisation de cette recette, quand bien même vous n'arriveriez jamais à obtenir exactement le même goût ou la même consistance. Et à force de réaliser cette recette, vous n'aurez bientôt plus besoin des instructions écrites et vous développerez votre propre style : les connaissances vont partiellement se réintérioriser, jusqu'à ce qu'éventuellement vos propres petits-enfants veuillent à leur tour écrire la recette.

Enfin, dans de nombreuses situations, ce sont des connaissances explicites qui sont combinées dans l'action, tels le livre de recettes, le mode d'emploi du four et un guide pour choisir le vin qui accompagnera un plat.

Les outils et le périmètre du KM

Comme dans le domaine des systèmes d'information, il existe en knowledge management de nombreuses méthodes qui permettent de passer de la formulation initiale du problème au système en fonctionnement. Fondamentalement, gérer la connaissance, c'est être capable de la capitaliser, c'est-à-dire de la repérer, de l'actualiser, de la valoriser et de la préserver (voir figure 10.2 ci-après, inspirée de Grundstein, 2001a).

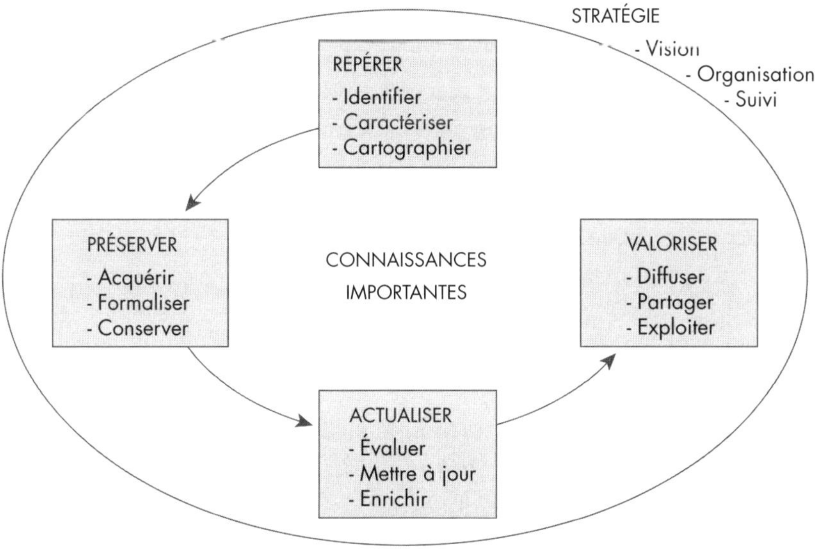

Figure 10.2 – La gestion des connaissances

Nous allons ici nous concentrer sur une fonction centrale du management des connaissances : la capitalisation de l'expérience.

Comment capitaliser l'expérience : l'exemple des fiches « leçons de l'expérience » à la Snecma (repris de Prax, 2000)

La vie d'un moteur d'avion n'est pas de tout repos : c'est un organe très sollicité, qui doit, pour des raisons de sécurité évidentes, assurer un fonctionnement sans faille sur de longues périodes. Les incidents, défaillances et pannes diverses sont donc étroitement surveillés. Comme toutes les entreprises qui fabriquent ce type de produit, la Snecma a mis en place une procédure spécifique qu'elle a appelée « leçons de l'expérience ». La procédure comprend 9 étapes. Tout d'abord – étape 1 –, l'événement est recueilli, ce qui suppose que l'on soit capable de l'identifier comme tel par rapport au fonctionnement « normal » du moteur. Après un premier tri – étape 2 –, une fiche événement est rédigée – étape 3.

Une enquête est ensuite menée – étape 4 – pour approfondir l'affaire et – étape 5 – mettre à jour la fiche événement. Vient l'étape 6, au cours de laquelle des spécialistes des « leçons à retenir » se réunissent pour voir ce que l'on peut apprendre de cet événement : que pourrait-on faire en conception et en développement pour éviter ce type d'incident ? L'étape 7 voit la fiche événement complétée d'une fiche « leçons à retenir » qui est validée à l'étape 8. La base documentaire, enfin, est mise à jour – étape 9 – de sorte que toute personne qui la consulte, par exemple au moyen de mots-clés, voie sortir cette fiche parmi celles qui sont pertinentes pour le problème qu'elle se pose.

La simple lecture de la fiche permet de savoir quelle panne a été rencontrée. Supposons qu'un arrêt du moteur se soit produit en vol. C'est un incident particulièrement critique. La fiche « leçon de l'expérience » mentionnera :

- Les mots-clés qui qualifient l'incident : arrêt du moteur en vol, maintenance, facteur humain, fuite d'huile, démarrage ; ainsi, toute personne qui saisira l'un de ces mots-clés dans le système de KM verra sortir, entre autres, cette fiche.
- La description de l'événement : « Le moteur s'est arrêté en vol suite à une chute de pression d'huile due à l'oubli du joint torique sur l'arbre du démarreur lors de la réinitialisation de celui-ci. »
- Les leçons à retenir, par exemple : ajouter un joint permanent en plus du joint existant (redondance), assurer une installation « anti-erreur » du joint et effectuer un essai moteur sans joint pour vérifier que la procédure d'essai détecte la fuite.

Une fiche complémentaire « erreur humaine » conclut, par exemple, à une manœuvre non intentionnelle par un technicien qualifié qui pensait appliquer la procédure, et qui a commis une erreur de routine en omettant une étape de la procédure.

Gestion des connaissances et capitalisation de l'expérience en univers peu codifiable : slogans, récits, métaphore

Lorsque la connaissance est peu codifiable, parce que la réalité à décrire est complexe, ou parce que l'on est en situation d'innovation – c'est le cas lorsque l'on gère des projets automobiles, par exemple –, on doit pouvoir résumer les choses, que ce soit en quelques mots (slogan) ou en quelques pages (récit), de sorte que le processus d'élaboration des connaissances soit guidé et que la connaissance puisse tout de même être gérée et capitalisée.

Certains slogans fonctionnent très bien : ainsi, « la robustesse » a été un fil conducteur précieux et efficace pour un projet automobile de Renault à la fin des années 1980. De même, « Nous avons les clés de la ville, nous faisons du service territorialisé » résume sous forme de slogan la vision stratégique de la RATP moderne. Dans les situations d'innovation, des concepts comme « l'aspirateur sans sac » ou « l'appareil à raclette sans odeur », au moment où, respectivement, Dyson et Tefal commencent à y réfléchir, fonctionnent comme des générateurs de connaissances très puissants : pour concevoir un aspirateur sans sac, il faut revenir au fonctionnement de base de l'aspirateur – un appareil qui permet de séparer l'air de la poussière – et à la fonction du sac, qui agit comme un filtre qui laisse passer l'air mais pas la poussière. Pour imaginer un aspirateur sans sac, il faut concevoir soit un filtre qui ne soit pas un sac, soit un système de séparation air-poussière qui ne soit pas un filtre. La force centrifuge est une option viable, qui oblige à explorer un univers de connaissance nouveau pour un fabricant d'aspirateur : la physique de l'air et de la poussière dans les mouvements circulaires de type cyclone.

Certains projets, enfin, doivent être racontés. Du « reporting » au « raconting » (Boudès et Christian, 2000), il y a un pas important. Faire un reporting, c'est rendre compte de ses performances sur une grille d'indicateurs établie. Raconter l'histoire – comme l'a fait Midler (1993), par exemple, avec le projet Twingo de Renault –, c'est faire passer des éléments de contexte beaucoup plus riches, c'est permettre en conséquence à des lecteurs ultérieurs du récit de transposer l'expérience à leur propre contexte en meilleure connaissance de cause.

En conclusion, pour les systèmes de KM comme pour les systèmes d'information, il faut consacrer le temps nécessaire pour formuler correctement ce que l'on souhaite faire et analyser informations et connaissances dans leur contexte. Ainsi pourra-t-on penser SI et KM dans leur diversité : tout décideur sait que les informations quantifiables et les connaissances codifiables ne sont qu'une partie des éléments sur lesquels se fonde une bonne décision.

Pour aller plus loin, consulter la bibliographie en ligne.

Chapitre 11

Comptabilité et contrôle de gestion

Claude Simon

Professeur émérite à l'ESCP-EAP,
président du cabinet d'expertise comptable Ethix

Les disciplines comptables souffrent indéniablement d'une mauvaise image, notamment en France. En effet, elles sont trop souvent perçues soit comme conduisant à des fonctions d'enregistrement peu valorisantes dans lesquelles la capacité à additionner vite et bien est principale, soit, au contraire, comme des techniques sans éthique permettant aisément de nombreuses manipulations. La contradiction entre ces deux conceptions, bien évidemment rarement fondées, est évidente.

En réalité, elles reposent d'une part sur des techniques, parfaitement logiques, dont la maîtrise suppose une pratique suffisante (réaliser des exercices), et d'autre part sur des concepts délicats. Elles ont effectivement comme fonction de donner une représentation (une image) d'une entité économique ; or, comme dans la photographie, produire une image requiert non seulement la maîtrise technique des appareils, mais aussi l'exercice de choix (cadrage, objectif, éclairage…) délicats qui font de la photographie un art véritable et authentique. Ainsi, et pour reprendre la distinction de Pascal, les disciplines comptables mettent en œuvre à la fois un esprit de géométrie (la rigueur de l'aspect technique) et un esprit de finesse (les principes nécessaires à la représentation), dont les fondements sont souvent philosophiques.

Si l'on veut bien aborder les disciplines comptables, il faut avoir un goût pour chacune de ces dimensions, mais également, ce qui est plus malaisé encore, pour leur interpénétration. Historiquement, le vocabulaire français a distingué jusqu'au XIXe siècle la *tenue de livres* de la *comptabilité*. La première avait pour objet, d'une part, de servir de preuves aux opérations commerciales et, d'autre part, de faciliter l'administration des entreprises en renseignant par exemple sur les sommes dues par les clients (les créances) et celles dues aux fournisseurs (les dettes). La seconde s'inscrivait davantage dans la lignée du développement du capitalisme et consistait à « rendre des comptes » par des tableaux synthétiques (le bilan, le compte de pertes et profits) aux actionnaires. Probablement du fait de son caractère peu gratifiant, la première expression a disparu, la seconde englobant les deux. Tel n'est pas le cas dans les pays anglo-saxons qui conservent les deux termes et distinguent deux métiers : *bookkeeping* et *accounting*.

Dans ces pays, la famille des dérivés du mot *account* est riche : *accounting* (la discipline comptable), *accountable* (être responsable de quelque chose envers quelqu'un), *to account for* (rendre compte de). En français, les appariements existent mais sont plus éloignés : « rendre des comptes » est à peu près synonyme d'« être responsable de ». Ne traitant pas ici de la tenue des livres comptables (le *bookkeeping*) mais des disciplines comptables, nous voyons par ce survol linguistique que leur objet central est celui des relations sociales économiques : il s'agit de rendre compte, de rendre des comptes, entre les différentes parties prenantes (dirigeants, actionnaires, investisseurs, salariés, administration, clients, fournisseurs…) de l'entreprise. Le rôle central de l'information entre les différentes parties prenantes de l'entreprise est l'objet de la *théorie de l'agence*.

Pour une première introduction à cette théorie, on pourra se reporter à l'Annexe 1 en ligne, « La théorie de l'agence ».

Sans rentrer dans les détails de la « tenue de livres », nous aborderons successivement les bases de la technique des disciplines comptables dans une première partie, puis leurs problèmes fondamentaux et leurs limites dans la seconde partie.

COMPTABILITÉ ET CONTRÔLE DE GESTION : LES BASES DE LA TECHNIQUE

Il ne s'agit pas ici d'initier à la technique au sens du *bookkeeping* tel que mentionné plus haut, mais de présenter les bases indispensables à la compréhension managériale ou économique des documents produits par les disciplines comptables. Tandis que la comptabilité financière globalise l'entité, la comptabilité de gestion (autrefois appelée comptabilité analytique) la découpe par produits ou entités (centres de responsabilité, *business units*...).

Rendre compte du tout : la comptabilité financière

Pour rendre compte de l'entité considérée comme un tout indissociable, l'ensemble de la comptabilité financière se synthétise en deux tableaux : le bilan et le compte de résultat.

Les documents de synthèse : le bilan et le compte de résultat

Le bilan donne une représentation de la situation financière de l'entité à un instant donné (au moins une fois par an, à la date dite de fin d'*exercice comptable*). Il constitue donc une photographie qui oppose :

- Les *passifs*, ou ressources financières, qui ont été mis à sa disposition : les capitaux apportés par les actionnaires ou les bénéfices qu'ils ont laissés pour autofinancer le développement (les réserves) ; les emprunts (capitaux obtenus des banques ou des marchés) ; et enfin les dettes, c'est-à-dire les sommes non encore réglées à la date du bilan mais nées des opérations antérieures à celle-ci.

- Les *actifs*, ou emplois des fonds, qui ont été mis à la disposition de l'entité : les immobilisations (terme comptable) ou investissements (terme économique) ; les stocks de marchandises ou matières ; les créances – ce qui est dû à l'entité, principalement par ses clients ; et enfin la trésorerie dont elle dispose à cette date.

Tableau 11.1 – Le bilan

Bilan

Actif	*Passif*
Immobilisations	Capitaux propres
Stocks	
Créances	Emprunts et dettes
Trésorerie	

Par construction, il y a nécessairement égalité entre l'actif et le passif puisque, en cas de bénéfice (actifs supérieurs aux passifs) par exemple, celui-ci est porté au passif. En effet, d'une part ce dernier constitue une nouvelle ressource, d'autre part il représente une dette de l'entité vis-à-vis de ses propriétaires (société ou groupe) ou autres ayants droit (association).

Le compte de résultat traduit davantage l'idée d'un film (en langage économique, il traduit les *flux* d'exploitation alors que le bilan, lui, représente des *stocks* financiers), qui reprend pour l'ensemble de la période (l'*exercice comptable*) :

- les *produits*, principalement les ventes réalisées au cours de l'exercice ;
- les *charges* (achats de matières ou de services, charges de personnel, impôts et taxes…).

La différence (le *solde*) entre les produits et charges explique le résultat (bénéfice ou perte) que l'on constate au bilan. En quelque sorte, le compte de résultat constitue un agrandissement du poste « résultat » qui figure au bilan, où il apparaît comme un résidu.

Tableau 11.2 – Le compte de résultat

Compte de résultat

Charges	Produits
Bénéfice	

La dynamique du bilan et du compte de résultat

Pour bien appréhender la logique comptable, il faut comprendre comment les principales opérations économiques mises en œuvre par l'entité se traduisent dans les deux documents de synthèse que sont le bilan et le compte de résultat. De ce point de vue, six types d'opérations peuvent être distingués.

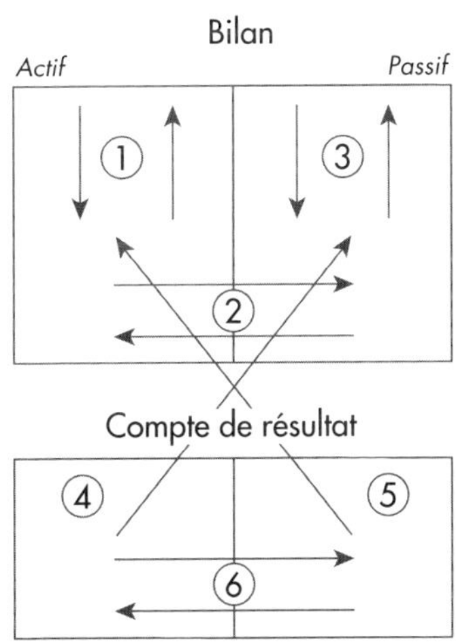

Figure 11.1 – Les opérations traduites dans le bilan et le compte de résultat

- Les opérations du type 1 :
  - *Signification comptable :* elles traduisent l'augmentation d'un actif (emploi ou débit), corollaire de la diminution d'un autre actif (ressource ou crédit).
  - *Signification économique :* elles traduisent une modification dans la composition des éléments positifs du patrimoine, mais qui n'affecte pas la valeur globale de celui-ci.
  - *Exemples :* l'encaissement d'une créance sur un client (emploi : trésorerie ; ressource : créances clients) ; l'acquisition d'une immobilisation (emploi : immobilisations ; ressource : trésorerie).
- Les opérations du type 2 :
  - *Signification comptable :* elles traduisent l'augmentation d'un actif (emploi ou débit), corollaire de l'augmentation d'un passif (ressource ou crédit) – auquel cas l'ensemble du bilan augmente –, ou inversement la diminution d'un actif (ressource ou crédit), corollaire de la diminution d'un passif (emploi ou débit) – auquel cas l'ensemble du bilan diminue.
  - *Signification économique :* elles traduisent soit une augmentation simultanée des éléments positifs (les actifs) et négatifs (les passifs) du patrimoine, soit, inversement, une diminution de ceux-ci.
  - *Exemples :* le règlement d'une dette (emploi : dettes ; ressource : trésorerie) ; l'emprunt (emploi : trésorerie ; ressource : emprunt).
- Les opérations du type 3 :
  - *Signification comptable :* elles traduisent l'augmentation d'un passif (ressource ou crédit), corollaire de la diminution d'un autre passif (emploi ou débit).
  - *Signification économique :* elles traduisent un changement dans la nature juridique ou économique des dettes ou éléments négatifs du patrimoine, mais qui n'affecte pas sa valeur globale.

- *Exemples :* ces opérations sont en fait relativement rares. On peut cependant citer l'affectation du bénéfice ou encore l'augmentation de capital par incorporation de réserves ou de comptes courants.

- Les opérations du type 4 :
  - *Signification comptable :* elles traduisent l'augmentation d'une charge (emploi ou débit), corollaire de l'augmentation d'une dette (ressource ou crédit, type 4) ou de la diminution d'un actif (ressource ou crédit), auquel cas l'opération correspond à la somme vectorielle d'une opération de type 2 et d'une autre de type 4.
  - *Signification économique :* elles traduisent toute charge payée soit à crédit (type 4), soit au comptant.
  - *Exemples :* toutes les charges (achats consommables, salaires…) correspondent à ce type. Du point de vue du bon enregistrement comptable (*bookkeeping*), et même lorsque le règlement est réalisé au comptant, il convient de distinguer l'enregistrement de la charge (justifié par une facture ou un bulletin de paie) de celui du règlement (justifié par une opération de banque). La plupart de ces charges donnent lieu à un décaissement, qui peut être immédiat (la paie du personnel), ou légèrement différé de quelques semaines et jusqu'à deux ou trois mois (les charges sociales, les achats à crédit à d'autres entreprises).
  - Mais la bonne mesure du résultat (bénéfice ou perte) conduit à prendre également en compte l'effet de l'usure des équipements, de même que le particulier qui souhaite, en fin d'année, déterminer le coût de son véhicule, doit bien sûr considérer l'essence consommée, l'assurance… ainsi que la perte de valeur de ce véhicule entre le début et la fin de l'année, même si cette perte de valeur ne se traduit pas par un chèque à quiconque. En comptabilité, cette perte de valeur par usure ou obsolescence donne lieu à une charge au compte de résultat – la dotation aux amortissements – et à une diminution de la valeur des immobilisations à l'actif – les amortissements. D'autres éléments de l'actif tels que

les titres (actions ou obligations) et les créances (client risquant de devenir insolvable) peuvent également perdre de la valeur, mais de façon imprévisible et inéluctable : cela se traduit par des dotations aux provisions (charge du compte de résultat) et des provisions en diminution de la valeur des éléments correspondants de l'actif. Il peut également exister des provisions dites *de passif* lorsqu'un risque pourrait faire naître une dette : c'est le cas, par exemple, d'un procès en cours.

- Les opérations du type 5 :
  - *Signification comptable :* elles traduisent l'augmentation d'un produit (ressource ou crédit), corollaire de l'augmentation d'un actif (emploi ou débit, type 5), ou de la diminution d'un passif (ressource ou crédit).
  - *Signification économique :* elles s'appliquent à tout produit.
  - *Exemples :* tous les produits – ventes, produits financiers… – correspondent à ce type d'opérations. Les reprises de provisions pour risques et charges, ou encore les abandons de créances qui se traduisent par une augmentation des produits et une diminution d'un passif peuvent s'analyser comme la somme d'une opération de type 5 et d'une autre de type 2.
- Les opérations de type 6 :
  - *Signification comptable :* elles traduisent l'augmentation d'une charge (emploi ou débit), corollaire de l'augmentation d'un produit (ressource ou crédit), ou l'inverse. Mais dans les deux cas l'opération ne doit avoir aucune incidence sur l'actif (notamment les créances) ou le passif (notamment les dettes).
  - *Signification économique :* elles traduisent une modification dans la structure du compte de résultat sans impact ni sur le bilan, ni sur le solde global du compte de résultat (bénéfice ou perte).

  - *Exemples* : les cas sont assez rares et correspondent, pour l'essentiel, au reclassement d'une charge (ou d'un produit) qui par sa nature relève des opérations courantes (salaires...), mais qui par son occurrence reste exceptionnelle ou extraordinaire. L'évolution des règles comptables, qui conduit à restreindre considérablement le contenu du poste « exceptionnel » ou « extraordinaire », contribue encore à la raréfaction de ce type d'opération.

L'interprétation des six opérations types

Les documents comptables fournissent un ensemble d'informations parmi lesquelles celles qui portent sur le montant du résultat (bénéfice ou perte) constituent un élément majeur. De ce point de vue, les six types d'opérations peuvent être regroupés en deux catégories : celles qui impactent le résultat et celles qui ne l'impactent pas.

- Les opérations qui n'impactent pas le résultat :
  - Les opérations des types 1, 2 et 3 modifient la structure du patrimoine mais ne traduisent pas, par elles-mêmes, une augmentation de celui-ci due à une performance de l'entité. Certes un investissement ou un emprunt ont bien cet objectif, mais ce sont leurs conséquences ultérieures qui montreront ou non si celui-ci a été atteint. Le modèle comptable se borne à constater les opérations financières élémentaires sans anticiper leurs effets futurs.
  - De même, les opérations de type 6 modifient la structure du compte de résultat, mais n'affectent pas son résidu ou solde et donc la mesure de la performance de l'entité.
- Les opérations qui impactent le résultat :
  - Inversement, les opérations de type 4 impactent négativement le résultat (augmentation des charges et des passifs), alors que les opérations de type 5 l'impactent de façon positive (augmentation des produits et des actifs). Le modèle de la comptabilité financière (mais non celui de la comptabilité de gestion) ne permet pas d'apprécier le bien-fondé d'une charge (qui peut s'avérer très

rentable) ou d'un produit (qui peut correspondre à une vente à perte) ; il se borne à constater l'effet immédiat – et isolé de son contexte – de chacune des opérations élémentaires.

Proposition d'une « loi » comptable

Il résulte de ce qui a été vu ci-dessus que l'on peut énoncer la « loi » comptable suivante :

> Pour que la traduction comptable d'une opération impacte le résultat (positivement ou négativement), il faut et il suffit que l'une de ses parties (emploi ou débit, ressource ou crédit) soit traduite dans le compte de résultat et l'autre dans le bilan.

Cette « loi » est en réalité une tautologie puisque l'objet du compte de résultat est de mesurer et de contribuer à expliquer le résultat. Pour autant, elle facilite le raisonnement comptable de deux façons :

- Soit on propose une traduction comptable d'une opération qui par exemple impacte le résultat (type 4 ou 5), auquel cas on pourra valider le raisonnement par le jugement porté sur l'opération concernée : est-il normal que celle-ci impacte le résultat dans ce sens et pour ce montant ? La même démarche peut s'appliquer à une traduction comptable qui n'impacte pas le résultat (type 1, 2, 3 ou 6).

- Soit, inversement, le jugement conduit à estimer que l'opération doit impacter le résultat (ou, *a contrario*, ne pas l'impacter), auquel cas sa traduction comptable doit être du type 4 ou 5 (ou, *a contrario*, du type 1, 2, 3 ou 6).

C'est ainsi que raisonnent les comptables (au sens d'*accountants*), notamment dans les cas complexes ou qui demandent une finesse de jugement.

Rendre compte de parties : le contrôle de gestion

Le contrôle de gestion pénètre dans la boîte noire que constitue l'entité et produit des informations partielles, destinées aux décisions internes et généralement non divulguées hors de l'entreprise. L'angle d'analyse concerne soit les produits dont on va chercher à calculer les coûts pour éclairer les décisions prises à leur égard, soit les entités de gestion (centres de responsabilités, *business units*) dans une logique de mise sous tension des responsables opérationnels.

Au niveau des produits : le calcul des coûts

Le calcul des coûts unitaires des différents produits de l'entité se heurte généralement à deux difficultés principales. La première met en exergue l'opposition entre les charges variables (dont le niveau global est fonction du niveau d'activité) et les charges fixes (réputées non corrélées, du moins sur le court terme, avec le niveau d'activité) ; la seconde oppose les charges directes (spécifiques à un produit ou une activité) et les charges indirectes (communes à plusieurs produits ou activités).

La prise en compte du critère fixe/variable – le *direct costing*, coût marginal –, conduit à considérer :

- Y = coûts totaux ;
- y = coût unitaire d'un produit ;
- a = coût variable unitaire ;
- x = quantité totale de produits (ou niveau d'activité) ;
- b = charges fixes.

- Les charges totales de l'entité (en supposant que la loi de variabilité est la proportionnalité, ce qui est le plus souvent une approximation réaliste de la réalité) s'expriment donc par l'équation :

$$Y = ax + b$$

- Mais si l'on considère que l'entité est mono-produit ou encore que l'équation ci-dessus ne traduit que les coûts relatifs à un seul des produits, le coût unitaire d'un produit devient :

$$y = Y/x = a + b/x$$

- On constate ainsi que, au niveau unitaire, les charges variables sont fixes et qu'inversement, les charges globalement fixes deviennent variables (décroissantes selon une fonction hyperbolique). Là encore il s'agit d'une tautologie, mais il est indispensable de l'avoir constamment à l'esprit. Ainsi, si l'on veut calculer le coût d'un kilomètre pour un véhicule automobile, le carburant constitue l'exemple type de la charge variable (proportionnelle au kilométrage réalisé), mais le coût d'un kilomètre est fixe quel que soit le kilométrage annuel. À l'inverse, l'assurance constitue l'exemple de la charge fixe, mais qui va décroître avec le nombre de kilomètres parcourus dans l'année.
- Cette approche est particulièrement utilisée pour réaliser des prévisions ou des simulations. Transposée à l'ensemble de la gamme des produits (ou lignes d'activités) de l'entité, elle est couramment désignée sous le nom de *direct costing* (ou méthode des coûts variables) et conduit à des analyses du type :

Tableau 11.3 – L'analyse des coûts marginaux avec le *direct costing*

	P1	P2	P3	TOTAL
Chiffre d'affaires	x	x	x	1
Coût variable	x	x	x	2
Marge sur coût variable	x	x	x	3
Charges fixes				CF
Résultat				R

- Le coût marginal, qui correspond au coût d'une unité additionnelle, est, du point de vue opérationnel, le plus souvent assez proche du coût variable. L'exemple du billet d'avion est illustratif :

lorsque l'avion n'est pas plein, le coût de la présence d'un passager supplémentaire est proche de zéro (son plateau-repas, s'il en est fourni un), et donc très éloigné du coût moyen d'un passager puisque les charges sont fixes pour l'essentiel. Par contre, en période de fort trafic, ou si, pour répondre à la demande spécifique d'un groupe, il faut affréter un avion supplémentaire, le coût marginal ne sera plus nul et sa détermination requerra un calcul spécifique.

La prise en compte du critère direct/indirect – le coût complet :

- Le deuxième problème majeur dans le calcul des coûts est lié à l'existence de charges communes à plusieurs produits ou activités, ce qui conduit à distinguer :
  - les charges directes : celles qui concernent sans ambiguïté l'objet du coût calculé (un produit, une activité) ;
  - les charges indirectes : celles qui sont communes à plusieurs objets de coûts.
  - Dès lors, on peut distinguer deux grands types de coûts :
  - le coût direct = somme des charges directes ;
  - le coût complet = somme des charges directes + une quote-part des charges indirectes.
- La bonne allocation des charges directes passe principalement par une bonne organisation de l'entité, par exemple une saisie fiable des temps consacrés à chacun des projets dans un bureau d'études (pratique souvent mal vécue par les personnes concernées et donc souvent détournée), mais les problèmes de principe sont rares.
- En revanche, la répartition des charges indirectes entre les différentes activités ou produits repose nécessairement sur des conventions toujours discutables (et discutées). La méthode française classique, dite *des sections* ou *des centres*, consiste à répartir ces charges dans différents types de centres :
  - les centres auxiliaires (locaux, entretien…) qui ne correspondent pas à des fonctions ;

– les centres de support (administration, ressources humaines, comptabilité...) ;

– les centres plus opérationnels (production, maintenance, logistique, etc.).

- Ensuite, par un mécanisme de cascade, les centres les plus indirects (auxiliaires, de support) font l'objet d'une répartition primaire (ils sont « vidés ») dans les centres plus opérationnels, puis ceux-ci font à leur tour l'objet d'une répartition secondaire dans les coûts des différents produits ou activités. On le voit, cette mécanique de tris successifs est certes empirique, mais elle est logique. Elle conduit cependant parfois à développer de véritables « usines à gaz » dans les grandes entités, ou lorsque les conseils auxquels il a été fait appel ont trouvé intérêt à compliquer la réalité.

- La méthode dite *ABC* (pour *activity based costing*), plus récente et d'inspiration anglo-saxonne, est en réalité peu différente. Pratiquement, elle s'appuie sur des techniques assez proches, mais elle met davantage l'accent sur les dimensions transversales des entités. Ainsi, plutôt que de chercher à calculer le coût du service achats pour le répartir sur le coût des matières consommées, cette méthode préférera calculer par exemple le coût d'une commande dont le traitement consomme des activités réparties dans toutes les fonctions : le commercial, les achats, la production, la comptabilité, la logistique... Il ne s'agit donc plus de découper les coûts en sections, mais au contraire de les regrouper dans le cadre d'une autre vision de l'entité, laquelle a, par exemple, conduit de nombreuses entreprises à réduire la gamme de leurs produits. En effet, par sa seule existence, un produit engendre des coûts cachés : sa présence dans les catalogues, le besoin de matières spécifiques en stock... Ainsi, avant sa prise de contrôle par Renault, le producteur japonais d'automobiles Nissan offrait tellement d'options pour ses véhicules que l'on disait que chaque Nissan était unique. Lorsque Carlos Ghosn en a pris la direction, il a « tué les coûts » en réduisant de façon drastique le nombre des options, lesquelles, parce qu'elles complexifiaient les processus de l'entreprise dans toutes ses activités (conception, achats, production, commercialisation...), généraient des coûts diffus et cachés mais réels.

Au niveau de l'entité de gestion : le contrôle de gestion

Si le calcul des coûts des produits est censé fournir les bonnes informations à la direction générale pour la gestion globale de l'entité par ses produits, le contrôle de gestion a des objectifs à la fois plus modestes et plus ambitieux : il s'agit pour lui de modifier les comportements par une mise sous tension de l'ensemble de l'organisation, afin de permettre à celle-ci d'être plus efficiente (en économisant ses moyens) et plus efficace (en atteignant mieux ses objectifs).

Techniquement, les outils mis en œuvre sont en réalité très proches de ceux du calcul des coûts évoqués ci-dessus :

- Ainsi, au lieu de chercher à répartir des charges entre des centres d'analyse selon des *clés de répartition*, on mettra en place un véritable marché interne, dans lequel les différentes directions ou divisions négocieront entre elles les prestations qu'elles s'échangent et se facturent, quitte à faire appel à une entreprise extérieure si elle est plus compétitive.
- De même, les sections ou centres de coûts, que seuls les comptables utilisent pour calculer les coûts, vont devenir des centres de responsabilité sur la base desquels les opérationnels qui en ont la charge devront rendre des comptes mensuellement, et sur la base desquels ils seront jugés – c'est le *reporting*.
- Les budgets constituent également un élément clé du contrôle de gestion. Ils permettent de fixer clairement les objectifs et facilitent ainsi les délégations sous contrôle, ainsi qu'une gestion par exception fondée sur l'analyse des écarts entre les réalisations et les objectifs consignés dans le budget.

Pour autant, cette modélisation – et structuration – de l'entité par les budgets et les centres de responsabilité est actuellement remise en cause. Dans une certaine mesure, les critiques ne sont pas très éloignées de celles qui étaient adressées aux économies planifiées : lourdeur ; accentuation d'un fonctionnement bureaucratique plus favorable à ceux qui savent bien négocier leur budget en interne qu'à ceux qui mettent leurs compétences au service de la confrontation de l'entité à son environnement ; facteur d'inertie : il s'agit davantage de se comporter conformément aux hypothèses du budget que d'accepter, voire de créer le changement...

En conséquence, la tendance actuelle est de mettre davantage l'accent sur les tableaux de bord, c'est-à-dire des batteries d'indicateurs comparant des objectifs à des réalisations. Les indicateurs retenus sont tant qualitatifs que quantitatifs, plus opérationnels et moins centrés sur les données financières : on y retrouve couramment des délais, des taux de rebuts, des indices de satisfaction des clients.

COMPTABILITÉ FINANCIÈRE ET CONTRÔLE DE GESTION : LES PROBLÈMES, LES LIMITES

Contrairement à une opinion largement répandue, les professionnels des disciplines comptables font généralement preuve d'humilité. Ils prétendent rarement détenir la vérité mais espèrent, en donnant des images fidèles de la réalité, éclairer les différentes parties prenantes dans leurs prises de position. Derrière les débats, souvent âpres, que se livrent actuellement les spécialistes, quatre grands problèmes peuvent être discernés : le tout est-il égal à la somme des parties ? Peut-on réellement arrêter le temps ? Quelle unité de mesure (quelle valeur) doit-on prendre ? La réalité économique peut-elle différer de la réalité juridique ?

Le tout est-il égal à la somme des parties ?

Fondamentalement, les disciplines comptables sont très cartésiennes. René Descartes, dans ses « principes » (*Discours de la méthode – deuxième partie* : « Principales règles de la méthode ») préconise une méthode analytique : « [...] diviser chacune des difficultés que j'examinerais, en autant de parcelles qu'il se pourrait [...], faire partout des dénombrements si entiers, et des revues si générales, que je fusse assuré de ne rien omettre ». Ce type de raisonnement, qui fonde encore une grande partie de la pensée occidentale, postule que le tout est égal à la somme des parties. Or la philosophie comme l'économie modernes savent que la réalité est plus complexe.

En comptabilité financière, le bilan est censé traduire la valeur de l'entité en additionnant tous ses actifs et en en soustrayant les passifs externes. Or il est très rare que cette valeur comptable corresponde à celle qui prévaut dans le cadre d'une transaction ; la différence constitue un *goodwill* si la valeur attribuée dans la transaction est supérieure à celle donnée par la comptabilité, et un *badwill* dans le cas inverse. Pourtant, ces éléments incorporels que sont le *goodwill* et le *badwill* ne correspondent à aucune rubrique du bilan : ils ne traduisent donc pas un problème d'évaluation des différents éléments qui composent celui-ci mais, au contraire, mesurent précisément, à un instant donné – celui de la transaction –, l'écart entre les parties et le tout. Mais alors, entre deux transactions qui portent sur l'entité, quelle information nous donne le bilan ? Nous n'entendons pas que le bilan et les autres documents comptables ne sont pas utiles ; ils donnent au contraire beaucoup d'informations pertinentes, utiles notamment pour procéder à une évaluation globale. Il ne faut cependant pas en attendre plus qu'ils ne peuvent apporter.

Nous avons évoqué le même type de problème en contrôle de gestion : le découpage de l'entité en centres de coûts ou de responsabilité ignore les transversalités, les processus, bref tout ce qui concerne la vie de l'entité. Pour établir un parallèle, aux premiers temps de la biologie (notamment à l'époque de Descartes, mais aussi bien ultérieurement), l'homme espérait, par la dissection et l'anatomie, parvenir à la connaissance et à la compréhension complète de la vie. Pour autant, les interactions entre les différentes parties (les relations entre les différents systèmes, digestifs, nerveux, etc.) étaient ignorées, et plus encore les interactions avec l'environnement, que l'on a fait réellement apparaître il y a quelques décennies seulement, avec l'écologie. Or, en découpant l'entité, la comptabilité de gestion prend de même le risque de masquer la vie : elle n'est pas neutre, elle ne fait pas qu'observer, elle agit et modifie ce qu'elle représente.

Le photographe qu'est le comptable n'est donc pas un amateur discret et neutre mais, au contraire, un acteur majeur, comme le sont les médias pour la vie économique ou politique.

Peut-on réellement arrêter le temps, et selon quel rythme ?

Le temps est indiscutablement un phénomène continu sur lequel l'homme n'a pas de prise. Le comptable, lui, a pourtant cette prétention : par exemple, il élabore un bilan au moins une fois par an ou des tableaux de bord de gestion mensuels. Or ces rythmes – l'année, le mois – ont des fondements logiques dans une société essentiellement agricole, où la rotation de la Terre autour du Soleil détermine des saisons et donc les cycles économiques. Cela reste encore vrai pour un certain nombre d'industries (le tourisme, une partie de l'habillement...), mais ne l'est plus pour une partie croissante des activités économiques (l'informatique...).

Ne pas faire de bilan – au sens large du terme – avant la fin d'un cycle normal et prévisible serait donc logique ; en imposer un selon un rythme plus court est présomptueux et, surtout, risque d'engendrer des comportements à très – trop – court terme. Deux questions concrètes peuvent illustrer ce problème : comment évaluer un grand chantier (par exemple celui du viaduc de Millau) lorsqu'il n'est encore qu'en cours de réalisation ? Faire faire des tableaux de bord de gestion sur une base mensuelle à partir de comptes rendus journaliers a-t-il un sens pour des activités intellectuelles telles que la recherche ou la création de nouveaux logiciels ? Là encore, si l'on rend ou demande des comptes selon des rythmes inadaptés, on risque non seulement de déformer l'image de la réalité, mais aussi d'influencer les comportements des acteurs de façon inadéquate.

Pire, même, pour évaluer certains actifs et passifs, la comptabilité met en œuvre des techniques d'actualisation qui consistent à ramener le futur à l'instant où l'on arrête les comptes. Prenons à nouveau un exemple concret : quelle est la valeur d'une centrale nucléaire actuellement très rentable, car ancienne et donc déjà très amortie, mais qu'il faudra un jour (non encore prévisible) démanteler – son exploitation deviendra moins rentable et générera des risques – selon des techniques, et donc des coûts, non encore connus ?

Quelle unité de mesure (de valeur) doit-on prendre ?

Le concept de valeur est central dans toutes les sciences de l'économie, il en constitue d'ailleurs un thème de différenciation. On a longtemps reproché à la comptabilité financière d'être éloignée de la réalité par l'effet de son principe de maintien des *coûts historiques* (ceux auxquels les biens ont effectivement été achetés) dans les bilans, alors que les valeurs réelles ont pu considérablement évoluer à la hausse. Aujourd'hui, sous la pression des Anglo-Saxons et dans le cadre des normes internationales, appelées *International financial reporting standards*, ou normes IFRS (élaborées par l'International Accounting Standard Board, IASB), certains postes du bilan doivent être évalués selon leur *juste valeur.*

L'expression a été bien vendue : pourquoi ne pas prendre en compte la juste valeur et laisser de côté une valeur que l'on sait fausse, car obsolète ? Pour des titres (actions ou obligations) cotés sur un marché organisé et liquide, l'application ne souffre guère de difficulté. Par contre, la généralisation de ce principe est beaucoup plus hasardeuse (et l'évaluation risque alors de devenir subjective ou pour le moins contestable). À titre illustratif, on peut reprendre l'exemple de la centrale nucléaire ou encore celui des titres (actions ou obligations), mais cette fois-ci non cotés et peu liquides. Dans ce contexte, faut-il s'attacher à la cohérence (tout en coûts historiques, tout en juste valeur ?) ou accepter des incohérences (certains postes en coûts historiques et d'autres en juste valeur ?). Cette seconde position est aujourd'hui en vigueur mais le débat n'est pas achevé ; les normes comptables sont en permanente évolution et personne ne peut préjuger de celles qui seront en vigueur dans quelques années.

La réalité économique peut-elle différer de la réalité juridique ?

Dans la conception latine et de l'Europe continentale, la comptabilité est « l'algèbre du droit ». Ainsi l'actif du bilan correspond-il à ce que l'entité possède et le passif à ce qu'elle doit. Tel n'est pas le cas dans la conception anglo-saxonne dont l'un des principes comptables fondamentaux s'énonce ainsi : « *substance over form* » (c'est-à-dire « le fond l'emporte sur la forme » ou « prééminence de la réalité économique sur la forme juridique »). De la sorte, les biens utilisés par l'entité dans le cadre d'un contrat de crédit-bail sont inscrits à l'actif du bilan dans les comptes anglo-saxons (l'entité en a le contrôle et les utilise), alors qu'ils ne peuvent y figurer dans une comptabilité conforme aux principes latins puisqu'ils ne sont pas sa propriété.

Ces conceptions très différentes ont des conséquences techniques importantes : le mode de prise en compte du crédit-bail en est la plus courante. Mais d'autres aspects plus fondamentaux en découlent. Ainsi, le statut de l'information comptable est différent dans les deux systèmes. Le point central de divergence concerne naturellement le statut ou la nature du résultat (bénéfice ou perte) comptable :

- Dans la conception anglo-saxonne, il a pour fonction de constituer l'un des indicateurs (généralement considéré comme le plus significatif) de la performance de l'entité (de nombreuses règles comptables découlent de cette conception).
- Dans la conception latine, il mesure ou détermine un droit, à savoir ce que l'entreprise peut distribuer à ses actionnaires au titre de dividende. Dans cette approche, la comptabilité – algèbre du droit ou née du droit – fait à son tour naître des droits. Ainsi, l'intégration de gains latents est cohérente avec une conception du résultat centrée sur la fonction du résultat comme indicateur de performance, mais non avec une conception où prédomine la fonction du résultat comme mesure d'un droit de distribution aux actionnaires. Par exemple, prendre en compte la plus-value latente sur un immeuble est cohérent avec la mesure de sa performance économique, mais ne l'est pas avec celle d'un bénéfice distribuable ; en effet, pour procéder à la distribution, il faudrait obligatoirement vendre l'immeuble au préalable, ce qui n'est ni logique ni nécessairement la solution rationnelle du point de vue économique.

Plus généralement, cette divergence illustre le fait que les disciplines comptables sont en réalité très dépendantes de leur environnement culturel et social. Dans le contexte actuel de mondialisation des économies, l'uniformisation des systèmes comptables n'est ni simple ni neutre. Par leur fonction de représentation du monde économique, les disciplines comptables agissent sur celui-ci mais évoluent également avec lui.

Pour aller plus loin, consulter la bibliographie en ligne.

Chapitre 12

Finance

CHRISTOPHE THIBIERGE

Professeur associé, ESCP-EAP

La finance consiste à obtenir et à investir de l'argent. L'allocation de cet argent doit se faire de manière optimale : on ne recherche pas la meilleure rentabilité, mais plutôt le meilleur compromis risque/rentabilité. La finance se focalise donc non seulement sur l'argent, mais aussi sur la mesure, et la gestion, des risques. Un bon investissement financier est un investissement qui rapporte plus qu'il n'a coûté, ou bien, ce qui est équivalent, un investissement qui rapporte plus que ce que ses financeurs en exigeaient, compte tenu du niveau de risque du projet. On dit alors que l'investissement *crée de la valeur.*

LA PLACE DE LA FINANCE DANS NOTRE MONDE

Si, pour chaque transaction financière réalisée (paiement, opération sur les marchés financiers, couverture de risque, octroi de crédit...), une petite lumière s'allumait, le globe terrestre serait constamment illuminé par des milliards de lueurs, et ce, jour et nuit. La finance est omniprésente dans nos vies : nous payons par carte de crédit, les journaux parlent des taux d'intérêts ou des marchés boursiers, les publicités proposent des crédits à la consommation ou des solutions d'assurance-vie, et nos parents se demandent comment financer l'achat d'un nouveau logement… ou leur future retraite. En effet, en parallèle d'une économie réelle (échanges de biens et de services), un autre circuit d'échanges s'est développé depuis des siècles : il s'agit du *système financier*, qui englobe tous les moyens de paiement, toutes les formes de financement (y compris les marchés financiers), et une multitude de solutions pour gérer les risques. Ce système financier est tellement développé que, de nos jours, le volume des transactions financières peut représenter jusqu'à cent fois, ou mille fois, la taille des échanges réels (c'est-à-dire les livraisons effectives de biens). Il faut toutefois compter avec la technicité des différents pays : certains systèmes financiers locaux ne compteront que des fonctions de base, tandis que d'autres économies développées auront des systèmes financiers nantis de nombreuses fonctions extrêmement complexes.

Notre propos est de présenter quelques fonctions financières, elles-mêmes sous-tendues par quelques concepts fondateurs de la finance moderne. Mais pour cela, faisons d'abord un bref rappel historique.

HISTOIRE DE LA FINANCE

Il est difficile de situer la date de naissance de la finance. On peut noter néanmoins quelques grandes étapes.

Les activités financières sont très anciennes

Que ce soit dans l'Ancien Testament ou dans les tablettes d'argile retrouvées dans les vestiges de Sumer (5 000 ans avant J.-C.), on trouve des traces d'activités de crédit, de transfert de monnaie, voire de transactions à terme (achat ou vente de récoltes plusieurs mois avant que celles-ci ne soient disponibles). Et même antérieurement à ces périodes, il est fort probable que des foyers d'humanité ont pratiqué des transactions à base d'unités monétaires (cailloux, crânes d'ennemis vaincus, dents de tigre) ou de troc (si toi me donner viande, moi te donner bonne massue). Si l'on considère que la notion de finance ne nécessite pas obligatoirement d'avoir une monnaie, et que le troc suffit à établir un système financier, alors on peut considérer que la finance remonte aux origines de l'humanité.

À chaque période correspond une forme de finance

À différentes périodes de l'histoire humaine ont correspondu différentes fonctions – de plus en plus évoluées – de la finance. Par exemple, l'une des premières fonctions financières qui est apparue est la gestion d'une *monnaie* qui sert de référence (étalon de valeur) aux transactions. Cette monnaie a généralement été créée d'abord sous forme numéraire (pièces, puis billets). Au fil de l'inventivité des êtres humains, on a vu progressivement se développer d'autres moyens de paiement : de la monnaie papier (les chèques), de la monnaie électronique (les virements), de la « monnaie plastique » (les cartes de crédit). De manière analogue, d'autres fonctions financières sont apparues, puis ont progressivement gagné en complexité. Par exemple, les banques étaient à l'origine les *bancs* des changeurs de monnaie.

La naissance de la finance moderne

Au cours des siècles récents, la finance a été alternativement considérée comme une technique empirique (la gestion financière des entreprises) ou comme une discipline théorique (en fait, une sous-discipline de l'économie), qui serait le domaine de chercheurs. On situe généralement la naissance de la « finance moderne » à la fin des années 1950, période à laquelle cette discipline essentiellement empirique et pragmatique s'est vue adjoindre une réflexion de fond, fortement sous-tendue par des modèles d'optimisation et par la construction de théories explicatives. En bref, depuis 1958, la finance a progressivement acquis ses lettres de noblesse grâce aux mathématiques, à la modélisation et aux statistiques. On peut comparer cette évolution à celle de la navigation :

il y a d'abord eu une période où les navigateurs bourlinguaient « au jugé », en se fondant sur leur expérience, puis les développements de l'astronomie et l'introduction de nouveaux concepts comme le Nord magnétique ont permis d'ajouter de la précision dans les décisions et de diminuer l'incertitude des trajets maritimes.

LES CONCEPTS MAJEURS DE LA FINANCE

La finance moderne est structurée aujourd'hui par une série de théorèmes, d'outils d'optimisation et de propositions qui ont été modélisés par des chercheurs, puis généralisés et appliqués dans les entreprises.

Nous allons à présent définir la notion de finance, puis nous promener parmi quelques concepts de la finance moderne : la valeur de l'argent au fil du temps, la gestion du risque, la création de valeur.

Définition de la finance

La finance est la discipline qui se préoccupe de la gestion des ressources monétaires (comment les obtenir, comment les allouer de manière optimale). Deux paramètres jouent dans *toutes* les décisions financières : le temps et le risque.

Le *temps*, car une décision financière prise aujourd'hui aura des conséquences futures : par exemple, décider d'emprunter de l'argent induira une obligation de remboursement de la dette au fil du temps ; placer de l'argent sur un compte d'épargne (ou investir dans une société) induira un flux de revenus financiers.

Le *risque* est aussi une dimension importante en finance, car toute prévision du futur induit une incertitude. Or, les financiers n'ont pas de boule de cristal (même si certains investisseurs boursiers prétendent le contraire). Donc toute décision financière sera assortie d'un flou sur les résultats futurs.

Finalement, prendre une décision financière, c'est comme prendre sa voiture pour faire un long trajet : il faut tenir compte du temps de voyage et du risque, par exemple en planifiant l'itinéraire, en se renseignant sur la météo, et en s'assurant que la voiture est correctement entretenue. Néanmoins, il restera toujours une petite zone de risque incompressible (accident, panne, attaque de tyrannosaures) qui nécessitera de s'en remettre à Saint Christophe, à Sainte Rita ou à la baraka.

La valeur de l'argent au fil du temps

Le temps et le risque : quelques approfondissements

La finance consiste à gérer des ressources monétaires. Ces ressources sont rarement de l'argent numéraire (pièces, billets) : le plus souvent, ce sont des écritures électroniques (opérations bancaires), voire des contrats (par exemple, les *créances* sont des promesses de mes clients de me payer à une date définie). Toutes ces ressources ont en commun deux dimensions : le *délai* d'obtention des fonds et le *risque* de ne pas toucher la somme convenue. Par exemple, de l'argent sur un compte-chèques est disponible dès maintenant (délai nul) et sans risque (l'argent ne s'évapore pas, et la valeur de cette somme ne fluctue pas, à l'inflation près). Par opposition, une créance client représente une promesse de paiement dans quelques mois (il y a donc un délai d'attente avant de toucher les fonds), et il existe toujours un risque d'impayé (le client peut faire faillite… ou être de mauvaise volonté).

Pour d'autres actifs financiers, le risque ne se résumera pas uniquement à « être ou ne pas être payé », car la valeur finale que l'on touchera sera elle aussi incertaine. C'est le cas par exemple des actions cotées en Bourse, qui sont des titres dont on connaît le prix d'achat, mais dont on ignore à quel prix on pourra les revendre dans un mois ou dans dix ans. Il faut donc que le financier dispose d'un outil permettant de tenir compte du temps qui passe, et du risque. Cet outil existe, et s'appelle le *taux d'intérêt.*

Le taux d'intérêt rémunère le temps et le risque

Le taux d'intérêt est un pourcentage qui s'applique à un capital (argent investi ou argent emprunté) et va représenter la rémunération (ou le coût) du capital.

- *Le taux d'intérêt est d'abord un compteur de temps :* pour un capital placé, plus le temps passe, plus les intérêts s'accumulent. On appelle souvent l'intérêt le *loyer de l'argent*, car la situation est analogue à l'immobilier : un appartement occupé doit rapporter un loyer à son propriétaire ; de même, un capital immobilisé doit rapporter un intérêt à son propriétaire.
- *Le taux d'intérêt intègre aussi une dimension de risque :* le risque d'impayé, le risque d'inflation, le risque de fluctuation de valeur, le risque politique du pays concerné, etc. Plus les risques sont élevés, plus le taux d'intérêt doit être élevé, pour compenser l'incertitude sur les revenus futurs.

La comparaison des sommes au fil du temps

En finance, il existe deux adages : « Un euro aujourd'hui n'est pas égal à un euro demain » ; « Un euro risqué n'est pas égal à un euro non risqué. » Le taux d'intérêt sert donc de traducteur : il permet de traduire une somme actuelle en sa *valeur future*, ou bien d'exprimer une somme future en son équivalent actuel (on parle de *valeur actuelle*). Par ailleurs, le taux d'intérêt tient aussi compte du risque encouru, en traduisant les sommes en *valeurs ajustées au risque*.

Ainsi, savoir travailler avec les taux d'intérêts permet de pouvoir comparer différentes sommes d'argent entre elles. Cela permet de résoudre des dilemmes cornéliens du type « vaut-il mieux investir 100 € dans l'action Coolos, qui est peu risquée, et qui devrait rapporter 120 € dans trois ans, ou bien mettre nos 100 € dans l'action Thanatos, qui est beaucoup plus risquée, mais qui pourrait valoir 165 € dans cinq ans ? » Dans cette interrogation abyssale, on peut noter que les deux investissements coûtent tous deux 100 €, mais ne rapportent pas la même somme, n'ont pas la même durée et ne présentent pas le même risque. En d'autres termes, ce serait une erreur que de dire « 165 € risqués dans cinq ans valent plus que 120 € peu risqués dans trois ans ». Ce qui nous sauvera ici, si nous sommes bons en finance, ce sera de trouver les taux d'intérêt qui s'appliquent à chaque action (les deux actions n'ayant pas le même niveau de risque, il ne peut y avoir un unique taux d'intérêt qui s'applique en même temps aux deux).

Or, la finance moderne nous donne des modèles d'estimation qui permettent d'obtenir le taux d'intérêt raisonnablement applicable à Coolos (mettons 5 %) et le taux applicable à Thanatos (disons 10 %). Appliquer la *valeur temps de l'argent* consistera alors à traduire les 120 € futurs de Coolos en leur équivalent actuel ajusté au risque. On trouve (faites-nous confiance, le calcul est juste) une valeur actuelle de 103,70 euros pour Coolos, et en procédant de même pour Thanatos (en utilisant le taux correspondant au risque de Thanatos), on trouve que les 165 € futurs de Thanatos sont équivalents à 102,50 € actuels, après ajustement au risque.

Nous pouvons maintenant comparer ces deux valeurs actuelles, puisqu'elles ont été « traduites dans la même unité » (des euros actuels ajustés au risque). Nous décidons alors que l'action Coolos est plus intéressante.

La feuille de calcul correspondant à ce calcul est disponible en téléchargement : voir l'Annexe 1 en ligne, « Calcul des valeurs actuelles de Coolos et Thanatos ».

Un travail d'observation et de statistique

Dans notre exemple, tout tient à la détermination des deux taux d'intérêts, qui ont l'air de tomber du ciel. Nous pouvons même aller plus loin : les deux valeurs anticipées (120 € dans trois ans, 165 € dans cinq ans) ont aussi l'air de sortir de la cuisse de Jupiter. Est-ce vraiment le cas ? Évidemment non.

Tout le travail du financier réside dans des estimations raisonnables, et l'application de modèles éprouvés. Les marchés financiers fournissent une grande aide. En effet, ils ne sont pas simplement des sources de revenus (ou de pertes) pour les investisseurs, *ils sont aussi des sources d'information sur les valeurs et les risques*. Grâce à l'observation raisonnée des niveaux des taux de rentabilité pour différents types d'actifs (très risqués, moyennement risqués, peu risqués), on peut déterminer les taux d'intérêts à retenir. De même, par l'observation des fluctuations de valeur et des taux de croissance, on peut déterminer des scénarios « probables » de valeurs futures. Dans ce domaine, on a recours aux statistiques historiques, aux probabilités et aux notions mathématiques d'*espérance* et de *variance*. Une action risquée sera une action dont la valeur varie beaucoup. Un placement sera peu risqué si, par exemple, le capital est garanti quoiqu'il arrive.

Quantifier les risques demande au financier de raisonner par analogies à partir d'autres actifs : si une société réalise 40 % de son activité dans le commerce de détail et 60 % dans la sidérurgie, on peut supposer que son risque correspondra à : 40 % du risque d'une société de commerce de détail + 60 % du risque d'une société de sidérurgie.

Tout cela inclut un certain flou de prévision. Mais le financier supporte bien cette incertitude, à partir du moment où les taux de rentabilité sont suffisants pour compenser l'angoisse de se tromper.

En résumé, pour pouvoir comparer des investissements alternatifs, il faut pouvoir déterminer le taux d'intérêt correct, c'est-à-dire celui qui intègre tous les risques perçus, et qui rémunère donc correctement le financier pour sa prise de risque. La finance consiste donc à prévoir l'amplitude des risques futurs, et à fixer une valeur à ces risques. En ce sens, un assureur a un métier éminemment financier : son métier consiste à être capable de déterminer quelle prime d'assurance correspond à quel type d'individu. L'assureur réussit ce tour de divination grâce à l'observation attentive des dossiers de sinistres passés, comparés aux profils de risque des assurés. Si l'assureur constate que les assurés qui ont un nez rouge et qui sentent l'alcool sont ceux qui ont le plus d'accidents automobiles, il est probable qu'il fera payer une prime plus élevée aux individus éthyliquement olfactifs et nasalement rubiconds.

La gestion des risques

Nous avons beaucoup parlé des risques, et pour l'instant, nous n'avons évoqué qu'une stratégie passive face au risque : être attentif, et réclamer un taux d'intérêt qui compense ce risque. Mais il existe quantité de cas où cette stratégie n'aura pas de sens, car on préférera plutôt réduire, voire annuler le risque. Imaginons que l'on vous propose de traverser le désert du Sahara. Une attitude passive consisterait à dire : « Pour compenser mon risque d'insolation, de déshydratation et de coups de soleil, je veux 10 000 €. » Vous finirez votre traversée du désert avec une peau carbonisée, des reins cuits et une cervelle bouillie, mais vous aurez 10 000 € de plus en portefeuille. Une attitude active de gestion du risque consistera par exemple à emporter une grande quantité d'eau, une ombrelle et un jerrycan de crème solaire.

L'attitude face au risque

Nous ne sommes pas tous égaux face au risque. Certaines personnes préfèrent partir en voyage organisé, où tout est prévu à l'avance (moyens de transport, étapes, excursions) car elles détestent l'imprévu ; d'autres personnes aiment bien prendre un sac à dos, un « vol sec » vers la première destination qui se présente, et se débrouiller sur place.

- La première catégorie (les voyageurs « pépères ») a ce que l'on appelle une *aversion au risque.* Ces personnes fuient l'incertitude et le risque, elles détestent les situations où elles perdent le contrôle des événements, car cela leur donne des ulcères ; elles sont donc prêtes à payer plus cher pour n'être confrontées qu'à un niveau de risque minimal. On parle de personnes *risquophobes*.

- La seconde catégorie (les « baroudeurs ») a un *appétit pour le risque.* Ces voyageurs ne fuient pas le risque, et iront même jusqu'à aimer prendre des risques, en échange d'une rémunération supplémentaire. En effet, sortir des sentiers battus permet de faire des rencontres enrichissantes, de découvrir des paysages ignorés des circuits touristiques traditionnels et d'avoir un contact plus authentique avec la population locale. Mais cela nécessite d'accepter d'être piqué par des moustiques et des scorpions, voire d'être détroussé par des pseudo-guides, des commerçants sympathiques ou des autochtones armés. Pour ces individus *risquophiles*, même une agression peut avoir un certain charme : passé le moment désagréable, ils prendront plaisir à raconter leur histoire et à se faire passer pour des aventuriers. Dans les dîners mondains, ces individus parlent de leurs voyages atypiques, des coups fumants qu'ils ont réussi au poker ou de leurs naufrages financiers en Bourse.

- Il existe aussi une troisième catégorie, souvent plus théorique que réelle, qui rassemble les personnes qui ont une *neutralité au risque.* Pour celles-ci, le risque n'est pas un paramètre important : elles ne prendront jamais leurs décisions en fonction du niveau de risque perçu, mais plutôt sur la foi d'autres critères. De la même manière qu'une personne qui a perdu le sens du goût n'aura aucune préférence dans la nourriture qu'elle choisit, et de même qu'une personne sourde ne peut pas préférer Eric Clapton à Erik Satie, ces personnes n'auront pas « le sens du risque », qui leur permettrait d'établir des préférences personnelles. Elles utiliseront donc leurs autres sens (goût de l'argent, recherche de reconnaissance sociale, intérêt intellectuel) pour établir leurs préférences et faire des choix.

En fonction de son appartenance à une de ces trois catégories, il va de soi que chaque individu aura une manière différente d'appréhender et de gérer le risque : certains chercheront à diminuer le risque, d'autres se borneront à demander une compensation, d'autres encore combineront plusieurs risques entre eux.

Par ordre de complexité croissante, nous allons successivement présenter différentes manières de gérer une exposition au risque :

- annuler totalement le risque : se couvrir ;
- limiter le risque de perte : s'assurer ;
- diminuer le risque général : se diversifier.

Ces stratégies ne sont pas exclusives ; une personne pourra les combiner entre elles, en fonction de ses besoins.

La couverture des risques

La première manière de se protéger contre un risque est de *se couvrir.* Cette stratégie doit être prise au sens littéral d'un bunker dans lequel on s'enferme : on est parfaitement protégé, mais avec une liberté de mouvement limitée, et pour tout dire nulle. Cela dit, c'est la manière la plus simple de se protéger, elle est peu coûteuse, et consiste juste à passer un contrat fixé à l'avance.

Prenons l'exemple des vacances au ski d'Erri Ské et de Sandra Couverture. Erri Ské est risquophile, il ne réserve jamais. Le premier jour de ses vacances, il va à la gare acheter un billet de train. De temps en temps, il n'y a plus de place, et il est obligé de voyager debout avec des ruminants en 3e classe. Quand il arrive à la gare de destination, s'il n'y a plus de navette, il monte dans les alpages jusqu'à la station de ski. De temps en temps, il se fait encorner par un chamois enragé. Enfin, arrivé à la station de ski, il s'enquiert d'un logement possible, et suivant les cas, il a une chambre dans un hôtel sept étoiles ou une paillasse dans les abattoirs. Par opposition, Sandra Couverture n'a jamais rien laissé au hasard dans sa vie : elle a choisi le sexe de ses enfants, la couleur des cravates de son mari, et a déjà réservé son cercueil, on ne sait jamais. Quand Sandra part au ski, elle réserve plusieurs mois à l'avance, non seulement son billet de train, mais aussi sa chambre d'hôtel, en pension complète, ainsi que ses skis et ses chaussures. Le grand avantage pour Sandra est de ne plus rien avoir à faire sur place : tout est conforme à ce qu'elle a demandé, et elle dispose de plusieurs contrats (hôtelier, ferroviaire, de location) qui lui garantissent un certain nombre de prestations fixées à l'avance, le tout pour un coût (temps d'organisation, versement d'arrhes) très modique. Le petit inconvénient – peu important à ses yeux – est que, de temps en temps, elle se dit qu'elle aimerait bien manger une fondue le soir, mais hélas, le menu planifié à l'avance dit que le lundi, c'est raviolis. Il arrive aussi qu'elle envie un peu Erri Ské, quand elle le voit dans le jacuzzi sur terrasse de son hôtel sept étoiles, mais elle ricane bien fort les années où elle le voit arriver à pied. Sandra a un bunker, mais un bunker doré.

En finance, on pratique la couverture des risques avec le même type de démarche : il suffit de passer des *contrats à terme* avec des prestataires (des banques ou des opérateurs de marchés financiers) pour fixer précisément les conditions que l'on obtiendra. Prenons un directeur financier qui signe un contrat aujourd'hui, pour livrer 100 000 fouets dans trois mois. Les fouets sont facturés 1 euro pièce, mais le client est un Américain qui souhaite payer en dollars. Au cours d'aujourd'hui, un euro vaut un dollar, donc le directeur financier accepte le contrat suivant : il livrera 100 000 fouets au client dans trois mois, en contrepartie de quoi le client lui paiera 100 000 dollars. Le risque que subit le directeur financier est un *risque de change* : c'est le cours d'aujourd'hui qui a servi à fixer le montant payable en dollars, mais personne ne sait comment le dollar va fluctuer d'ici la livraison dans trois mois. Si dans trois mois, un dollar ne vaut plus que 0,80 euro, le paiement de 100 000 dollars ne rapportera que 80 000 euros, c'est-à-dire que le directeur financier y perdra beaucoup.

Pour *se couvrir*, le directeur financier va passer un contrat de *vente à terme* de 100 000 dollars, au cours de 1 euro pour 1 dollar. Cette opération, réalisée sur les *marchés à terme*, garantira au directeur financier que, dans trois mois, quand il touchera ses 100 000 dollars, il pourra les échanger contre 100 000 euros, *quel que soit le cours de change réel sur les marchés*. La magie de ce contrat tient au prestataire qui, en face du directeur financier, a garanti qu'il verserait 100 000 euros en échange de 100 000 dollars. Ce prestataire n'est pas un bon samaritain ni un gogo ; c'est par exemple un autre directeur financier, qui avait le souci inverse : il devait toucher 100 000 euros dans trois mois et voulait les convertir en un montant sûr en dollars.

Dans la pratique, il n'y a même pas besoin de trouver une personne qui ait un besoin exactement inversé : les contrats sont standardisés, s'achètent et se vendent par unité, aussi chacun fait-il son shopping et construit-il son contrat à terme sur mesure, sans se préoccuper de qui se trouve en face. Évidemment, pour que ce système fonctionne correctement, des autorités de marché surveillent la bonne exécution des contrats et vérifient tous les jours que le marché fonctionne de manière efficiente.

Par ailleurs, cette opération est tellement standardisée que son coût est très faible : la vente à terme de 100 000 dollars occasionnera des frais, donc un coût de la couverture de l'ordre de 30 dollars.

L'assurance des risques, par les options et produits dérivés

Une deuxième manière de gérer ses risques est de *s'assurer*, en utilisant des outils financiers comme les options. S'assurer, c'est réserver un bunker, mais sans être obligé de s'enfermer dedans : on garde sa liberté de choix jusqu'au bout. Ainsi, si les conditions deviennent très mauvaises, on demandera à bénéficier du bunker, qui nous protégera, mais en revanche, si les conditions tournent à notre avantage, on n'ira pas s'enfermer à double tour dans le bunker, et l'on profitera plutôt du soleil pour bronzer.

Reprenons l'exemple des 100 000 fouets à livrer. Avec un *contrat à terme* (couverture), le directeur financier est enfermé dans un bunker. Certes, si le dollar chute à 0,80 euro, le directeur financier sera bien content d'être protégé par un contrat qui lui garantit que pour chaque dollar qu'il apporte, il obtiendra un euro en échange. Mais si le dollar grimpe à 2 euros, le directeur financier se sentira frustré du manque à gagner : il sera obligé d'exécuter son contrat (vendre 100 000 dollars pour 100 000 euros), alors qu'en vendant ses dollars sur le marché des devises, il aurait obtenu 200 000 euros. L'*assurance*, par le truchement des options, est un mécanisme de protection que l'on ne déclenche qu'en cas de mauvaise nouvelle. Ainsi, si le directeur financier décide de s'assurer en achetant une option, il gardera sa liberté de choix jusqu'au bout. Si le dollar descend à 0,80 euro, le directeur financier exercera son option, et pourra vendre ses dollars 1 euro pièce. Si le dollar monte à plus d'un euro, le directeur financier abandonnera son option (c'est-à-dire qu'il ne fera pas jouer l'assurance) et il pourra ainsi bénéficier des bonnes conditions offertes par le marché des devises. En résumé, avec une option, le directeur financier aura la garantie qu'il touchera *au minimum* 100 000 euros, mais il n'y aura pas de maximum fixé à ses gains.

Ces options ont l'air tentantes, mais elles peuvent coûter très cher (on a dit qu'une vente à terme sur 100 000 dollars coûterait de l'ordre de 30 dollars ; s'il s'agit d'une *option* de vente à terme, le coût sera plutôt de l'ordre de 2 000 dollars, donc significativement plus cher). En effet, les *acheteurs* d'options ont la liberté de choix : ils peuvent décider d'exercer l'option ou pas, jusqu'à la dernière minute. Les *vendeurs* d'option doivent alors être prêts à tout moment à octroyer la protection, sans certitude qu'on fera appel à eux. Ces vendeurs vendent donc les options à un prix qui tient compte de leur perception du risque futur, et c'est par une confrontation entre les prix demandés et les demandes des acheteurs que l'on atteint un prix d'équilibre tel qu'il satisfait tout le monde.

Réduire les risques : la diversification

Une troisième manière de gérer les risques pour limiter son exposition est la *diversification*. Illustrée par la sagesse populaire, elle postule qu'« on ne doit pas mettre tous ses œufs dans le même panier ». En effet, mettre une partie de ses œufs dans le panier, une autre dans le buffet et une dernière partie à la banque permet d'éviter qu'une catastrophe ponctuelle ne détruise tous les œufs. Il faut évidemment pousser la réflexion plus loin : par exemple, vendre une partie des œufs pour acheter des poules et des coqs permet d'être moins exposé au risque de pourrissement des œufs actuels. Mais pour réduire l'impact d'une grippe aviaire, il faudrait acheter aussi des veaux et vaches. Ce qui nous expose à la maladie de la vache folle, certes, mais il est peu probable qu'on connaisse *en même temps* un pourrissement des œufs, la grippe aviaire et des vaches folles. Le but final de toute cette démarche est de disposer de différents actifs, de telle sorte qu'une catastrophe ponctuelle dans un secteur donné n'impactera qu'un dixième ou un centième de notre patrimoine global.

La diversification permet d'ailleurs bien plus qu'une simple répartition : elle permet aussi d'annuler certains risques. Imaginons qu'on ait une incertitude quant à l'alimentation future des Européens : soit ils iront vers une nourriture de plus en plus saine, naturelle et bio, soit ils augmenteront leur consommation de hamburgers et de pizzas grasses. Cette incertitude représente un risque pour un investisseur : dans quelles actions doit-il investir, sachant qu'il ne peut prédire la tendance de la consommation future ? Une manière de gérer ce risque consistera par exemple à acheter en même temps des actions de sociétés bio et des actions de sociétés pharmaceutiques spécialisées dans les maladies cardio-vasculaires : si les Européens vont vers une alimentation bio, la valeur des sociétés bio augmentera, et l'amélioration de la santé induira une baisse des maladies cardiovasculaires ; ainsi, la détention d'actions en proportion égale fera que la hausse des unes compensera la baisse des autres. Inversement, si les Européens se lancent dans une consommation effrénée de malbouffe, les sociétés bio verront leur chiffre d'affaire – donc leur valeur – baisser, mais les sociétés pharmaceutiques vendront plus de traitements anticholestérol, et leur cours boursier augmentera. La constitution d'un portefeuille diversifié permet ici de s'immuniser contre l'incertitude : que le bio l'emporte ou que les fast-foods gagnent la partie, le portefeuille diversifié en sera peu impacté.

Conclusion sur la gestion des risques

La finance offre plusieurs solutions pour limiter ou annuler les risques. Un bon financier ne prendra jamais de risques inutiles, c'est-à-dire des risques qui pourraient être facilement assurés ou couverts. Paradoxalement, c'est la multiplicité des risques, et des incertitudes, qui a permis le développement de solutions qui fonctionnent bien : devant la forte demande des entreprises, des sociétés financières ont mis au point des outils de plus en plus techniques, des organisations ont créé des marchés financiers de plus en plus spécifiques, et c'est la forte demande de protection qui assure le développement et l'efficacité de la majorité de ces solutions.

Le concept de création de valeur

On lit souvent, dans la presse économique, le terme de « création de valeur ». Mais ce terme est trompeur, voire source de fantasmes qui s'apparentent aux rêves de transformer le plomb en or ou de créer quelque chose à partir de rien. Or cela est bien connu : rien ne se perd et rien ne se crée. Parler de création de valeur est un raccourci de langage assez simpliste pour désigner le fait que l'on a su trouver « un bon projet ».

Un bon projet, ou encore un projet qui crée de la valeur, est un projet qui rapporte plus que le coût de son financement.

Prenons un exemple. Jacques Glabre veut lancer un nouveau produit : un rasoir à sept lames, qui coupe, re-coupe, et re-re-coupe le même poil de barbe sept fois. Cet entrepreneur obtient un financement de la part d'un banquier, qui accepte de lui prêter la somme nécessaire en échange d'une reconnaissance de dette, d'une hypothèque sur sa maison et d'un parchemin signé de son sang. Le taux d'intérêt sur cette dette est de 8 % par an. Si le projet rasoir rapporte plus de 8 % par an (par exemple, une rentabilité de 10 %), le banquier sera payé de ses intérêts, et le supplément ira dans la poche de Jacques Glabre. On pourrait croire que, dans ce cas précis, il y a création de valeur : Jacques Glabre transforme une dette qui coûte du 8 % en un projet qui rapporte du 10 %, donc « crée » 2 % de valeur supplémentaire. Ce n'est pas exact : le projet qui rapporte du 10 % préexistait, sous forme d'une idée dans la tête de Jacques Glabre. Et c'est parce que ce créateur a trouvé un financement qui coûtait moins cher qu'il a décidé de lancer ce projet. Si jamais un banquier avait exigé du 11 % sur ce type de dette, il est clair que le créateur n'aurait pas lancé son projet, car celui-ci aurait coûté plus cher qu'il n'aurait rapporté.

Il ne faut donc pas se tromper dans l'ordre des choses :

- On cherche d'abord des bons projets, et quand on les a trouvés,
- on cherche ensuite un moyen de les financer.

Et non l'inverse : ce qui fait la valeur, ce n'est pas le fait d'avoir obtenu un financement, c'est le fait d'avoir eu une idée intéressante. Car avoir de l'argent importe moins qu'avoir des idées : si vous avez de l'argent qui dort et pas d'idées, vous n'augmenterez pas votre fortune. En revanche, si vous avez des idées intéressantes, ne vous inquiétez pas : quantité de gens avec de l'argent, et sans idées, seront prêts à vous écouter et éventuellement à vous financer.

Les bons projets sont comme les pépites du chercheur d'or

Imaginons un prospecteur d'or. Il a une mule, une pelle, un tamis et quelques semaines de nourriture. Il prospecte les torrents, s'enfonçant toujours plus loin au fin fond du Saskatchewan. S'il découvre une rivière à forte teneur en or, il sait qu'il ne pourra pas l'exploiter seul : ce n'est pas avec un tamis qu'on devient riche. Il faudra acheter les terrains, construire des barrages, loger des équipes de prospection. Ce prospecteur devra alors bâtir un dossier bien argumenté, expliquant combien cela va coûter, quels sont les débouchés possibles et pourquoi c'est l'affaire du siècle. Il aura intérêt à être convaincant et précis : en effet, si l'affaire tourne mal, la rumeur populaire dira « le vieux Bill est un escroc ». Plusieurs mois de travail pourront ainsi être réduits à néant. La réputation des chercheurs d'or est un actif aussi précieux pour eux que leur expérience.

De la même manière, quand les conquistadors sont partis à la recherche du métal jaune, ils ont vendu une idée à leurs financeurs. L'idée était que, au-delà des mers, des explorateurs avaient trouvé des cités d'or. Ce n'est qu'après négociations, études, et estimation des risques que les financeurs espagnols ont accepté de contribuer à ce projet.

Il existe des marchés du financement

Autant les prospecteurs (entrepreneurs) vivent en solitaire, autant les financeurs vivent en groupe. En effet, les premiers sont à la recherche d'une idée : ils ne peuvent souvent la trouver que dans une orgueilleuse solitude, en se méfiant notamment de tous ceux qui pourraient leur voler leur projet. Par opposition, l'argent appelle l'argent, et les détenteurs de capital se regroupent sur la place du village, ou dans l'auberge, pour parler affaires. Mais l'auberge a des horaires fixes, et on ne peut pas se réunir sur la place du village quand il pleut ; par ailleurs, les financeurs ne peuvent pas se promener tout le temps avec leur capital sur eux, dans l'espoir qu'un prospecteur va arriver avec une nouvelle idée. C'est pour cela que les marchés financiers ont été créés : pour faciliter la communication entre le marché des idées et celui des capitaux.

- Le prospecteur arrive sur le marché avec un projet (« je veux produire des téléphones portables lyophilisés ») et une manière de le mettre en œuvre (« j'ai besoin de 10 millions d'euros pour bâtir l'usine et avancer l'argent de la production »).
- Ce prospecteur vend ce projet sous forme de parts. Chaque investisseur peut acheter une ou plusieurs parts, et évidemment, ceux

qui achètent le plus de parts auront le plus de droits : droits de propriété sur l'usine, droits sur les bénéfices futurs, droits de vote pour prendre des décisions. Dans ce cas, les parts seront appelées des *actions*, et les acheteurs deviendront *actionnaires* (copropriétaires) du projet.

- Le prospecteur sera aussi actionnaire, mais là où les autres apporteront des capitaux, lui aura apporté l'idée. On pourra avoir par exemple une idée valorisée à 10 millions d'euros et un apport de 10 millions en argent, qui aboutissent à une entreprise valorisée à 20 millions, dans laquelle l'entrepreneur aura 50 % des actions (10/20).
- L'avantage des actions, et plus généralement des parts d'entreprise, est que la propriété est dissociée de l'activité : imaginez un immeuble dont les locataires sont stables, mais dont les copropriétaires revendent régulièrement leurs appartements. Cela arrive régulièrement dans toutes les grandes villes. Le nouveau propriétaire, dès qu'il arrive, commence à recevoir les loyers. Il en va de même pour les actions : les copropriétaires (actionnaires) achètent ou revendent des actions de sociétés sans que les locataires (les activités) en soient affectés. En allant plus loin, un directeur général n'a pas besoin d'être au courant de l'identité des actionnaires pour lesquels il travaille : les actionnaires changent régulièrement, et tout ce qu'ils demandent, c'est le maintien des bénéfices ainsi qu'une saine gestion des risques (et évidemment le pouvoir de contrôler tout cela).
- Il en va de même avec d'autres marchés financiers : parallèlement au marché des actions, il existe un marché des dettes (marché obligataire), où des financeurs acceptent de prêter de l'argent aux entreprises par le biais de titres financiers. Même si l'on n'a plus affaire à des copropriétaires (ce sont plutôt des créanciers), l'approche reste la même : la somme des apports d'un grand nombre de financeurs individuels peut déboucher finalement sur un financement très important.

CONCLUSION

Nous avons vu trois grands concepts en finance : la valeur de l'argent au fil du temps, la gestion des risques, la création de valeur. Même si la finance ne se résume pas à ces trois piliers, on y retrouve l'essentiel des décisions financières.

La stratégie des sociétés consiste en effet à mener de front plusieurs objectifs, en utilisant les outils de la finance :

- Il s'agit d'abord d'essayer de limiter les risques encourus, pour ne plus subir qu'un socle « résiduel » de risques incompressibles.
- Il faut ensuite quantifier ce que représentent ces risques, et la prime de risque que les financeurs exigeront pour accepter de financer une entreprise qui subit ce niveau de risque. On aboutira alors à une exigence de rentabilité.
- Il restera enfin à trouver de nouveaux projets qui rapportent plus que ce que les financeurs exigent comme rentabilité.

Tout cela paraît bien mécanique, et trop précisément scientifique. Mais ces concepts ne sont que des outils d'*aide à la décision*. Les décisions finales sont prises par des êtres humains, dont la rationalité est souvent plus limitée qu'ils ne l'imaginent. Ce qui reste vrai, et qui est digne d'intérêt, est que le marché sera toujours prêt à financer des idées originales, pour peu qu'elles créent de la valeur.

Pour aller plus loin, consulter la bibliographie en ligne.

Composé par Nathalie Bernick
Achevé d'imprimer : EMD S.A.S.

N° d'éditeur : 3515
N° d'imprimeur : 17557
Dépôt légal : juillet 2007
Imprimé en France

Cet ouvrage est imprimé - pour l'intérieur - sur papier Ambergrahic 90 g des papeteries Navarre, dont les usines ont obtenu la certification environnementale ISO 14001 et opèrent conformément aux normes ECF et EMAS